健康食品经济学

JIANKANG SHIPIN JINGJIXUE

陈 蕊 龙 蔚 赵鸭桥 主编

中国农业出版社
北 京

图书在版编目（CIP）数据

健康食品经济学 / 陈蕊，龙蔚，赵鸭桥主编.
北京：中国农业出版社，2024. 5. -- ISBN 978-7-109
-32458-9

Ⅰ. F426.82

中国国家版本馆 CIP 数据核字第 2024E5J214 号

健康食品经济学
JIANKANG SHIPIN JINGJIXUE

中国农业出版社出版

地址：北京市朝阳区麦子店街 18 号楼
邮编：100125
责任编辑：贾　彬　　文字编辑：耿增强
版式设计：王　晨　　责任校对：吴丽婷
印刷：中农印务有限公司
版次：2024 年 5 月第 1 版
印次：2024 年 5 月北京第 1 次印刷
发行：新华书店北京发行所
开本：787mm×1092mm　1/16
印张：11.25
字数：260 千字
定价：68.00 元

编写人员名单

主　　编：陈　蕊（云南农业大学）

　　　　　龙　蔚（云南农业大学）

　　　　　赵鸭桥（云南农业大学）

副 主 编：付　伟（西南林业大学）

　　　　　王　静（云南农业大学）

　　　　　吕　明（云南开放大学）

编写人员：杨　洁（云南农业大学）

　　　　　万媛媛（云南农业大学）

　　　　　赵　梅（云南农业大学）

　　　　　金　璟（云南农业大学）

　　　　　王孟宇（云南农业职业技术学院）

　　　　　唐　季（云南开放大学）

目　　录

第一章

CHAPTER 1

导 论

第一节 健康食品经济学的产生背景

一、相关概念

(一)食品与食物

食品是指各种供人食用或者饮用的成品和原料以及按照传统既是食品又是药品的物品,但是不包括以治疗为目的的物品,主要指供人们饮食的,可维持、改善或者调节人体代谢机能,具有营养性、功能性、多样性的食物类产品。

食物是指能够满足机体正常生理和生化能量需求,并能延续正常寿命的物质。对人体而言,能够满足人的正常生活活动需求并利于寿命延长的物质称为食物。食物的来源可以是植物、动物或者其他界的生物,例如真菌,或是发酵产品,如酒精。食品是一种产品,是由食物加工而来的。

(二)健康食品

关于健康食品,国内并没有概念界定,本书认为健康食品(Healthy food)是食品的一个种类,具有一般食品的共性,但由于其含有丰富的有益健康的成分,所以是能调节人体机能、促进人类健康的食品。健康食品既包含农产品(初级产品),也包括加工食品,涵盖了绿色食品、有机食品、功能食品、保健食品。

(三)保健食品

保健食品,是指声称具有保健功能或者以补充维生素、矿物质等营养物质为目的的食品。保健食品适宜于特定人群食用,具有调节机体功能,不以治疗疾病为目的,并且对人体不产生任何急性、亚急性或慢性危害的食品。

2016 年 3 月 4 日,国家食品药品监督管理总局网站下发通知,停止冬虫夏草用于保健食品的试点工作。通知明确,2012 年 8 月,原国家食品药品监督管理局印发的《冬虫夏草用于保健食品试点工作方案》,从通知发布之日起停止执行。2018 年 12 月 20 日,国家市场监督管理总局关于进一步加强保健食品生产经营企业电话营销行为管理的公告发布,明确规定,保健食品企业不得宣传保健食品具有疾病预防或治疗功能。

(四)功能食品

作为舶来词的"功能食品"(functional food),可追溯至 20 世纪 80 年代日本厚生劳动省出台的一项管理法规:在宣称具有生理调节功能、用以改善人体健康功能等特殊用途的食品，经政府审查部门颁发"特定保健食品"（food for specific health uses，FOSHU）许可标志后，即可作为功能食品在市场流通，并对其功能效用进行描述和宣传（Food with Nutrient Function Claim）。功能食品主要是指具有特定营养保健功能的食品，即适宜于特定人群食用，具有调节机体功能，不以治疗疾病为目的的食品。功能食品属于食品，不是保健品[①]。

二、健康食品的兴起

（一）国家和全民健康意识不断提高

随着人们生活水平不断提高，越来越多的人开始关注健康，关注体型和预防身体提前衰老、病变。汉堡、甜点等原本广受消费者喜爱的食品近年来衰退明显，此类高脂肪、高糖快餐食品企业大规模裁减门店甚至倒闭，行业昔日繁荣可以说一去不返，轻食、健身餐等新概念健康食品市场却逐步成长起来。同时，随着人口老龄化的不断加重，对日常膳食的特殊要求也变得愈加普遍，这也意味着特定市场正在逐年壮大。根据第七次全国人口普查数据显示，我国 60 岁及以上人口约有 2.64 亿，占总人口的18.7%。心血管疾病、糖尿病、骨骼关节疾病和各类器官癌变是老年人中最常见的健康问题，这些疾病除了药物治疗以外，还需要日常有偏向性地从膳食中摄取特殊营养，或避免特定类型食物的摄入。安全、营养成为我国食品产业发展关键词。据相关数据统计，2015 年我国健康食品市场规模达到 6 500 亿元，随着市场规模的持续扩大，健康食品种类也不断增多，2020 年我国健康食品市场规模突破 8 000 亿元。

（二）食品生产技术和品质不断提高

近年来，我国崛起了一批大型食品生产及相关配套企业，从食材种植/养殖、采收、粗加工、精深加工到后期包装设计、推广等各环节开展一体化或标准化生产，产品不断推陈出新，食品品质不断提升，形成一批具有较强国家竞争力的知名品牌、跨国公司和产业集群，推动食品产业从注重数量增长向提质增效全面转变；加强全链条过程控制，提高食品安全保障水平；强化技术成果转化服务，实现科研成果产业化。伊利、蒙牛、海天、康师傅、统一、旺旺等品牌更是在英国品牌评估机构"品牌金融"（Brand Finance）发布的"2020 全球食品和饮料品牌"排行榜（Food & Drink 2020）中列入前50 强行列。食品企业在生产技术和品质上的提高为健康食品的蓬勃兴起奠定了坚实基础。

（三）电商与物流系统的快速发展

食品产业拥有许多类似时尚产业的特点，追求品牌化、话题度和高周转，健康食品更是被赋予了时尚和未来潮流趋势的标签。电商平台制造话题和时尚度的能力较强，能够为健康食品的推广提供更丰富有效的模式。在线直播宣传、产品监督，这些曾经被少数企业或机构掌握的宣传销售渠道，如今通过直播、网店等更为丰富的方式增加了健康食品消费者和生产者直接接触的机会，在降低经营成本的同时也增加了经济发展活力和规模。同时，食品通常需要发达的物流系统保证产品新鲜，拒绝防腐剂和添加剂的健康

① 赵阳. 浅议功能食品的广告边界：以功效宣称合规性为视角 [J]. 法制与社会，2021 (11)：66-67.

食品对新鲜、高周转要求更高。发达的电商与物流系统能够实现对健康食品从种植到加工到包装运输进行全过程跟踪，为我国健康食品产业发展插上了翅膀，将健康食品产业推向一个新高度。

（四）乡村振兴助推优质农产品进入国内外市场

《中共中央 国务院关于实施乡村振兴战略的意见》提出，实施产业兴村强县行动，推行标准化生产，培育农产品品牌，保护地理标志农产品，打造一村一品、一县一业发展新格局。在政策支持下，农业产业专家、农业科研工作者深入基层、服务乡村，很多乡村根据当地特色资源，通过组织化、专业化、规模化生产以及丰富多样的营销渠道把当地优质特色农产品销往国内外市场。中国向西、向南通道的不断成熟完善能够将中国的商品通过陆路向西、向南运输到广大的亚欧大陆上。方便快捷而成本又低于航空运输的送货渠道将为中国商品走向世界打开新通道，中国的健康食品将迎来更为广阔的发展空间。

三、健康食品经济学的产生

"健康食品"这一概念最早出自欧美，来源于消费者保健意识的日渐萌发，很多人希望通过健康饮食来维护自身健康，以此减少未来的医疗开支。近年来，这一趋势正在席卷包括中国在内的东南亚国家，越来越多的亚洲人开始意识到"健康饮食才是健康的根本保障"。

习近平总书记在十九大报告中指出，进入中国特色社会主义新时代，社会主要矛盾已经转化为人民日益增长的美好生活需要和不平衡不充分的发展之间的矛盾，具体到食品产业，人们的饮食习惯以及对于营养和健康的需求都发生了巨大变化，特别是人们在了解和关注健康医疗大数据后，会更加倾向于追求健康、原生态的食品，这也顺应了发展绿色经济、低碳经济、循环经济的必然要求。人们对健康食品需求的增长，促进了健康食品产业的发展，从而进一步催生了健康食品经济学[①]。

第二节 健康食品市场

一、健康食品市场的内涵与类型

伴随着近年来消费者需求的快速增长，健康食品市场已形成一个巨大的潜力蓝海。
（一）概念
健康食品市场是供健康食品购买者与销售者进行交易，相互决定健康食品价格和健康食品数量的场所。包含四层含义：一是健康食品交换场所和领域；二是健康食品生产者和健康食品消费者之间各种经济关系的汇合和总和；三是购买力的需求；四是现实顾客和潜在顾客。健康食品市场是社会分工和健康食品经济发展的必然产物。
（二）特征
（1）开放性。任何性质、规模和形式的健康食品企业都可以自由参与市场活动。对

---

① 朱冰清，王建毅，彭蕊．新食品经济的发展趋势及其对食品产业的影响［J］．衡水学院学报，2018，20（3）：51-53.

健康养生的热爱所形成的消费人群吸引着越来越多的生产者加入这个广阔的市场。

（2）多元性。健康食品市场是一个多元化的完备体系，不仅可供交换的健康食品多种多样，而且参与市场活动的主体、交易方式、交易手段也是多元的。在线上，电商消费在总消费中的占比越来越大，爆款、流量的出现多种多样[①]。

（3）创新性。健康食品市场的迅速发展得益于各种社交新媒体的崛起，小红书、B站、抖音等年轻人聚集平台，以喜闻乐见的方式进行健康食品传播，为认知新健康食品品类创造了良好的土壤。

（4）竞争性。平等进入，公平竞争，是健康食品市场的基本原则。通过公平竞争，实现优胜劣汰。尤其是在电商消费愈加普及的条件下市场竞争愈加剧烈，对新品牌提出了更大的挑战。

（5）差异性。区别于过去几十年物质供应相对匮乏时期食品品牌多以美味作为驱动力吸引消费者的传统观念，健康食品的消费者相对来说可支配收入更多，更关注健康，甚至出现极度关注食材的脂肪含量、蛋白、能量等的"成分党"。

（三）分类

1. 按健康食品市场的主体不同分类

消费者市场——指为满足个人消费而购买健康食品和服务的个人和家庭所构成的市场。消费者为了满足自身对健康消费的需要获得健康食品所需要的交易市场。

生产商市场——也叫生产者市场或产业市场，指健康食品生产商为了组织健康食品的生产而需要购买相应产品和服务的市场。

政府市场——指各级政府为了开展日常政务活动或为公众提供服务，在财政的监督下，以法定的方式、方法和程序，通过公开招标、公平竞争，由财政部门直接向健康食品供应商付款的方式，从国内市场为政府部门购买健康食品的行为。

2. 按食品或服务供给方的状况（即市场上的竞争状况）**分类**

（1）完全竞争市场。完全竞争市场又称纯粹竞争市场或自由竞争市场，是指健康食品行业中有非常多的生产销售企业，它们都以同样的方式向市场提供同类的、标准化的健康食品。卖方和买方对于健康食品的价格均不能控制。在这种竞争环境中，由于买卖双方对价格都无影响力，只能是价格的接受者，企业的任何提价或降价行为都会招致对本企业健康食品需求的骤减或利润的不必要流失。因此，健康食品价格只能随供求关系而定[②]。

（2）完全垄断市场。完全垄断市场指在市场上只存在一个供给者和众多需求者的市场结构。完全垄断市场的假设条件有三点：第一，市场上只有唯一的厂商生产和销售健康食品；第二，该厂商生产的健康食品没有任何接近的替代品；第三，其他厂商进入该行业都极为困难或不可能，所以垄断厂商可以控制和操纵市场价格。

（3）垄断竞争市场。垄断竞争市场是指许多厂商生产产品相近，但不同质量的健康

---

① 张欣茹. 鲨鱼菲特强小明：造爆款，做销冠，千亿健康食品市场突围记 [J]. 国际品牌观察，2021（23）：25-27.

② 黄洪民. 现代市场营销学 [M]. 青岛：青岛出版社，2000.

食品市场，是介于完全竞争和完全垄断两个极端市场结构的中间状态。垄断竞争市场理论是 20 世纪 30 年代由美国经济学家张伯伦和英国经济学家罗宾进提出的具有垄断竞争市场现象的这类结构模型①。

（4）寡头垄断市场。寡头垄断市场是介于完全垄断和垄断竞争之间的一种市场模式，是指某种健康食品的绝大部分由少数几家大企业控制的市场。每个大企业在相应的市场中占有相当大的份额，对市场的影响举足轻重。在这种市场条件下，健康食品市场价格不是通过市场供求关系决定的，而是由几家大企业通过协议或默契形成的。这种联盟价格形成后，一般在相当长的时间内不会变动。垄断竞争市场与寡头垄断市场被称为不完全竞争市场，后者更靠近完全垄断市场，而前者更靠近完全竞争市场，因为企业在其中进入和退出不受限制。

3. 按照健康食品区域范围分类

（1）国际市场。国际市场是健康食品交换在空间范围上扩展的产物，它表明健康食品交换关系突破了一国的界限。国际市场又是不同的文明、文化在时间、空间上交织而成的多维概念。从时间上看，国际市场是一个历史的概念，有其萌芽、形成和发展的过程；从空间上看，国际市场是一个地理的概念，它总是相对于某一个具体范围内的市场而言，即探讨健康食品交换、劳务交换和资源配置在一定范围内的特征。

（2）国内市场。国内市场是一国范围内健康食品和劳务交换的领域，随着健康食品经济的出现而形成，并随着健康食品经济的发展而扩大。

4. 按照经营健康食品的专门化和综合性分类

（1）专业性市场。专业性市场是指同类健康食品积聚于某一场所进行的交易、流通和配送，它所呈现的是特定的客户定位、特定的经营行业定位。专业性市场从农场兴起，是传统集贸市场向专业化方向发展的结果，因此其"专业"性是相对于集贸市场而言的。与集贸市场相比，专业性市场的"专业"性主要表现在：首先是健康食品的专门性，其次是市场交易以批发为主，最后是交易双方的开放性。将这些特点综合起来，简而言之，健康食品专业性市场的内涵就是"专门性商品批发市场"。

（2）综合性市场。综合性市场即兼营各类健康食品的市场。交易对象包括健康食品使用者和消费者，批发、零售兼营，交易对象可以是农副产品也可以是专业的食品企业（公司）加工的健康食品。

二、世界健康食品市场的发展

（一）世界健康食品市场的兴起

健康食品在欧美又称"保健品"或"营养食品"，德国称为"改良食品"，日本先称"功能性食品"，1990 年改为"特定保健食用品"，并纳入"特定营养品"的范畴。世界各国对健康食品的开发都非常重视，新功能、新产品、新造型和新的食用方法不断出现。

早在 1988 年，美国的健康食品已达 2 000 多种，销售额超过 72 亿美元。日本健康

① MBA 智库百科。

食品销售额从 1980 年起就以每年 50 亿日元的速度增长，1989 年已有 6 500 亿日元的市场规模。德国的健康食品也非常畅销，据该国《商报》报道，特定食品及健康食品的销售额达到 51.5 亿马克。

自改革开放以来，我国食品工业快速发展，产业结构不断优化，产品质量总体稳定，食品安全和营养水平逐步提升，食品工业在国民经济中的支柱产业地位进一步增强。随着我国经济的快速发展，城乡居民食品消费向健康型、享受型转变，从"吃饱、吃好"向"吃得安全，吃得健康"转变，食品安全营养健康成为国民健康长寿的重要因素。

健康食品行业作为全球性的朝阳行业，近些年发展迅速。而我国随着居民生活水平的进一步提升，人民保健意识的不断增强，健康食品市场更是呈现爆发性增长，已经成为健康消费的新潮流。据彭博数据显示，预计 2025 年我国健康食品市场规模为 11 408 亿元，同比增长 5.6%。2012—2020 年，我国功能性食品占健康食品市场的比重从 19.5% 提升到 22.6%，日本和美国功能性食品发展大约领先我国 10 年时间，2015 年日本和美国功能性食品占健康食品的比重分别为 24.0% 和 24.8%，预计 2025 年国内该比重达 24%，据此计算功能性食品市场规模约为 2 738 亿元。

（二）世界健康食品的区域分布

1. 欧洲健康食品市场

（1）德国。自 20 世纪初，德国消费者的健康意识不断提高，对健康食品的需求日增，市场规模逐步扩大，早在 2004 年销售额就已达到 35 亿美元。推崇健康理念的健康食品产业不断发展，围绕机能性和有机性的市场在逐步扩大，其他食品产业也纷纷借道健康的路线，推出机能性食品、营养医药食品等以抢占市场。

（2）英国。2006 年，英国环境食品农村事务局提供的报告显示，英国国民在食品和饮料上的消费金额平均为 34.31 英镑/周，其中健康食品所占比例逐渐上升，英国人的饮食正趋于健康化，在 2006 年的国际健康食品配料展览会上，英国食品公司也表示要给消费者提供更加健康的食品。

（3）法国。法国被视为保健品和功能食品领域内的投资首选。根据 2007 年 10 月易普索（Ipsos）的一份市场调查，52% 的法国消费者关注他们的日常食品是否对健康有利。根据法国政府投资部的统计数据显示：2002—2007 年，功能食品领域内诞生了 200 个新的外国投资项目，占这一期间项目总数的 7%，这些项目共创造了 9 610 个工作岗位，占所有新增工作岗位的 5%。2006 年法国功能食品市场规模为 9 亿欧元，现在正以每年超过 10% 的速度增长，由此可见，法国的健康食品市场正在持续增长中。

（4）俄罗斯。俄罗斯商务咨询网站 2019 年 4 月 24 日报道，根据 INFOLine 机构编制的 2018—2019 年俄罗斯和世界食品市场现实趋势调研所引数据，在消费者需求增加的背景下，被归类为"健康食品"的产品产量有所增加。这既与消费者希望健康和美丽有关，也与节约有关。在俄罗斯联邦，健康食品被称作"生物活性食品补充剂"。受新冠疫情和西方制裁影响，消费者担心价格上涨以及销售渠道受阻，2022 年第一季度，俄罗斯对生物活性食品补充剂的需求同比增长 19.5%，销售额达到了创纪录的 293 亿卢布（同比增长 45.2%）。

2. 北美健康食品市场

（1）美国。美国健康食品的发展引导着世界健康食品产业，其发展速度已居世界之冠，主要是由以下几个因素促成的。

首先，完善的市场监督和高昂的违法成本。美国于 1994 年颁布的《膳食补充品健康与教育法令》，在保证健康食品市场健康发展的同时，严禁对健康食品进行虚假宣传。同时，在法律规定非常完备和消费者维权意识强烈的美国，发布虚假和违法广告将面临行政机关的重罚和消费者可能提起的巨额诉讼索赔。惧于高昂的违法成本，健康食品生产企业很少在电视节目中发布广告。

其次，饮食与环境导致了疾病模式的改变。随着社会进步和生产的发展，优裕的生活水平和生活习惯导致了"现代富贵病"频发，过度精细的食品、空气和食品中化学物质的污染，使得一些疾病产生。原先主要危害人们健康的传染性疾病逐渐减少，而非传染性疾病正逐步威胁人们的健康。疾病模式的变化促使人们重新认识饮食与现代疾病的关系，从而引发了饮食革命，刺激了保健食品的消费。

再次，科技进步推动了健康食品的发展。近半个世纪以来，美国生命科学取得了迅速发展，人们认识到如何通过营养素的补充及科学调剂饮食以调节机体功能从而进行防病抗病。人们对健康食品的认识从感性阶段上升到理性阶段，从而推动了健康食品的发展。

最后，回归大自然的热潮加速了健康食品的发展。自从 20 世纪 70 年代以来，首先从欧美国家兴起了回归大自然的热潮，遍及全球，而且愈演愈烈。健康食品相当部分是以天然材料制造，一般富含膳食纤维、低脂肪、低胆固醇、低糖、低热量，符合人们取粗、取天然、取清淡的要求。

（2）加拿大。加拿大于 2003 年颁布《天然健康产品规定》（Natural land Drugs Act，NHPR），成为全球较早建立天然健康产品监管制度的国家之一。加拿大的健康产品包括了营养补充产品和天然健康产品，其市场销售额从 2014 年的 131.76 亿元人民币增长到 2020 年的 170.38 亿元人民币，复合年增长率为 4.4%。尽管 2021 年受到新冠疫情影响，其上半年的销售额仍达到 87.62 亿元，同比增长 6%。

3. 澳洲健康食品市场

（1）澳大利亚。澳大利亚农业资源丰富，食品加工为第二大制造业，其健康食品工业发展亦较早，健康食品年销售额约有 4 亿澳元，主要销售渠道为健康食品店，全国约有 1 200 多家，其销售占比约为 74%，其余部分则由超级市场、药房及专业开业医师等渠道销售。近年来零售店形态逐渐改变，在基因改良食品安全性尚未得到证实的情况下，有机食品也逐渐受到欢迎，因此健康食品与有机食品专卖店也逐渐增多。澳大利亚市面上所出售的健康食品约有 80% 以上为本地生产，其余 20% 则来自国外进口，由于澳大利亚产品品质较好，受到亚洲各地市场消费者的喜好，因此近年来其出口有逐渐增加之势。

在澳大利亚健康食品市场上，亚洲消费者约占 15%，他们对天然产品有较深的认识，购买最多的产品为蜂王浆、花粉及多种维生素等产品。另外，近年来鱼油、鲨鱼软骨粉、蜂胶制品等也深受亚洲消费者青睐。早在 2001 年，澳大利亚所有健康及营养食品均已规范在各级政府监督管制之下，全部食品都需要有许可执照，商品广告也受政府严密监视，产品成分及标示等均有严格规定，不可误导消费者。澳大利亚健康食品产业各类组织林立，较有代表性的组织为澳大利亚食品及杂货协会，其会员包括大部分连锁超市和零售店。此外，自然健康报推广团体及澳大利亚全国草药协会等组织团体也在此产业扮演重要角色。

（2）新西兰。新西兰一直以来重视农业与食品生产，注重保护天然环境，享有丰富的自然资源，这些因素共同创造出一个回报颇丰并不断壮大的天然健康品行业。从利用麦卢卡蜂蜜的独特抗菌性，到研发无热量天然甜味剂，新西兰在开发与利用天然产品的药用及营养价值方面所取得的成果有迹可循。新西兰的麦卢卡蜂蜜、绵羊油、乳制品、肉类产品、水果等以高品质食品的形式出口到全球。新西兰天然健康产品行业每年产值约为 14 亿纽币，并且还在不断增长。亚洲及北美已成为新西兰较成熟的出口市场，而欧洲市场的份额也在不断提升。严格的加工流程及食品出口法规，再加上新西兰为维护其在动物健康方面全球领先地位所做出的承诺，成为这一行业得以持续扩张的基石。

新西兰健康产品协会总经理可丽•沃恩（Kerry Warn）说，2018 年新西兰保健行业出口增长了 5 个百分点，过去 3 年增长了 15%，尤其中国市场的增长幅度在全球中是最高的。所以对于新西兰健康食品行业的企业来说，中国市场是他们未来最重要的目标市场。据沃恩女士介绍，新西兰健康食品生产企业必须遵守严格的监管，来确保产品的安全和可追溯性，新西兰健康产品协会旗下的企业必须签署合约，作为出口的企业都有相应的 GMP、ISO、PICE、TGA 等国际认证证书。她认为，正是因为新西兰保健食品在质量、安全和可追溯性方面的严格把控，才吸引了中国消费者的极大关注。

4. 亚洲健康食品市场

（1）中国。当前，在消费升级背景下，我国食品产业已从基本的"保障供给"向"营养健康"转变，食品工业进入了以"营养与健康"为导向的深度转型期。随着社会经济水平的不断提高，饮食结构优化及居民人均可支配收入水平上升，人们对食品的消费已然出现质的改变，越来越多的消费者不仅要追求营养均衡，还要健康养生，对日常的营养健康食品需求也不断增加，这对我国的营养健康食品与营养健康市场起到了巨大的促进作用。除进口健康食品外，国内健康食品概念也逐步形成，并开始受到关注。有业内人士表示，中国健康食品是一片待开发的蓝海，市场规模超千亿元，潜力十分巨大，食品企业亟须在健康食品领域发力。

据相关数据统计，2015 年，中国健康食品市场规模达 6 500 亿元，2020 年，市场规模突破了 8 000 亿元，预计 2025 年我国健康食品市场规模为 11 408 亿元。伴随着市场竞争加剧，我国健康食品行业市场规模逐年攀升，正成为全球最大的消费市场。

我国健康食品行业的发展，主要受益于六大因素驱动。其一，2016 年起我国正式发布《"健康中国 2030"规划纲要》，此后，国家相继出台一系列引导政策，包括 2017 年的《国民营养计划（2017—2030）》、2018 年的《关于促进"互联网＋医疗健康"发展的意见》等。其二，在基本生理需求和安全需要层次中，健康是最基本的生存追求。而我国老龄化进程逐步加快，使得健康需求更为迫切。其三，随着我国经济的发展，居民饮食结构不断优化，丰富程度不断提升，对健康饮食的追求越来越高。其四，近年来,我国居民营养慢性病风险上升,由慢性病导致死亡的人数占比显著上升,而健康食品作为健康饮食的重要方式之一,越来越受到国民重视。其五,随着我国居民人均可支配收入水平上升,人们对食品的消费出现改变,从"吃饱"到"吃好"到"吃出健康",食品需求从温饱升级为健康。其六,此次疫情催生人们对生活方式的改变,健康饮食的观念在人们的日常生活进一步加深。

(2)日本。日本从战后到1991年,健康食品自由发展,管理缺乏规范,在此期间主要由民间团体"财团法人、日本健康食品协会"作为政府外的行业自主管理体系,制定健康食品标准,办理许可手续。1991年日本修改通过了《营养改善法》(现改称为《健康促进法》),通过实施营养改善法细则,日本将健康食品的管理纳入了法制轨道。日本民众对于健康产品较为熟悉,这也使得一定阶段内的健康食品得到了长足发展。据统计,2008年度日本的健康食品总市场规模为6 698亿日元,比2007年减少1.4%,而2009年度则进一步减少至6 620亿元。而据2020年发布的健康食品产业销售榜,健康相关产业销售额超100亿日元的企业有50家,但受新冠疫情等因素影响,TOP50企业的整体销售额比上一年度有所减少。

(3)韩国。韩国于2002年8月制定《健康机能性食品法》,旨在确保食品的安全性,规范并提升食品品质,健全流通与销售渠道,以增进消费者健康并保证消费者利益。根据2015年MFDS的统计资料显示,韩国健康食品市场规模由2010年的10.67亿美元增加到2014年的16.31亿美元,其中国内消费金额高达15.64亿美元,显示出韩国国民对健康食品的极大需求。

(4)新加坡。为了改变国民的饮食习惯,增强身体素质,新加坡保健促进局于2012年推出了"健康饮食计划",力促饮食中心为民众提供更加健康的食品,改善民众健康状况。具体来说,就是倡议饮食中心的摊贩们为食客提供少油、少糖和少盐的健康美食,从而帮助人们改变长期以来养成的不健康的饮食习惯。

随着新加坡社会的老龄化越来越严重,经济和社会的发展也使得人们更加关注健康。2017年的统计结果显示,新加坡健康食品销售额已高达5.03亿新币。在新加坡,健康食品是一个完全开放的市场,也是国际性健康食品品牌进入东盟十国的第一站。为了树立品牌形象,健康食品企业都相继加大了新加坡市场的营销力度,加剧了市场竞争。

第三节 健康食品经济学的研究对象与内容

一、研究对象

任何一门应用学科,都是由于社会实践的需要,为解决社会某一领域中的实际问题而产生的,新产生的学科必须有自己特定的研究对象、完善的理论体系、系统的研究方法、明确的研究任务,才能不断发展。

本书在参考国内相关教材的基础上,认为健康食品经济学是研究健康食品供求矛盾运动中的经济活动、经济关系及其发展规律的科学。健康食品经济学是以健康食品供求关系的矛盾运动为主线,以健康食品供给、需求、市场及宏观调控与政策为主要内容的交叉学科。

研究对象的选择依据是研究对象所具有的特殊矛盾性以及研究对象所包含的生产力与生产关系之间的矛盾关系。

（1）研究对象所具有的特殊矛盾性。健康食品经济运行中的特殊矛盾性表现为健康食品生产的快速发展和健康食品消费刚性增长之间的矛盾。健康食品供给和需求的矛盾不仅体现了健康食品生产和消费的矛盾，同时也体现了生产力与生产关系等深层次矛盾。因此，健康食品供求关系矛盾成为健康食品经济学的研究中心。

（2）研究对象背后所隐藏的生产力与生产关系之间的矛盾，健康食品供求关系体现了各种经济活动和经济关系。经济活动多属于生产力方面，即研究健康食品经济活动就是要在对各种资源优化配置的基础上，为实现健康食品供给与需求的基本平衡，选择正确合理的健康食品经济运行方式。经济关系属于生产关系范畴，研究经济关系就是研究如何处理和协调健康食品经济活动中人与人的关系，保证健康食品经济运行的正确方向，维护社会主义生产关系。

二、研究内容

健康食品问题涉及宏观经济政策、市场、运输和价格是否有利于消费者获得所需的食物。消费者所需食品的种类，以及健康食品选择的决定因素，包括消费者的知识水平、家庭环境、健康状况和收入。健康食品经济学研究的是与健康食品有关的人类行为和社会选择以及人们能否获得维持人体健康所需食品的原因，包括人类对营养和健康食品经济学的研究。

经济学是研究人类社会在各个发展阶段各种经济活动和各种相应的经济关系及其运行、发展规律的学科。健康食品经济学则是经济学在健康食品开发和食品工程领域中的应用。

本书共有 9 章 32 节，包括：

第一章"导论"，介绍了健康食品经济学的产生背景、健康食品市场、健康食品经济学的研究对象与内容以及健康食品经济学研究方法和意义。

第二章"食品与健康"，介绍了人类的营养需求、食品的营养价值和食品营养与健康。

第三章"资源、技术与健康食品"，内容包括健康食品的内在要求、资源与健康食品和技术与健康食品。

第四章"健康食品供给与需求"，介绍了健康食品需求与供给、健康食品价格。

第五章"健康食品市场中的消费者行为"，内容包括消费者对健康食品的认知和购买决策、健康食品消费的经济学分析和案例分析。

第六章"健康食品市场的生产者行为"，内容包括生产者对健康食品的认知、健康食品生产者的生产行为决策、健康食品生产的经济学分析（成本－收益分析）和案例分析。

第七章"健康食品监管"，内容包括监管的必要性与意义、健康食品的监管体系、健康食品的认证标识、健康食品的可追溯系统和健康食品的信息传递。

第八章"健康食品与国际贸易"，内容包括健康食品与国际标准、国际贸易壁垒与健康食品和健康食品对国际贸易的影响。

第九章"健康食品市场失灵与管理政策"，内容包括市场失灵及其原因、国际健康食品管理制度，以及我国健康食品管理体系。

第四节　健康食品经济学的研究方法和意义

一、健康食品经济学的研究方法

（一）食物系统观

当我们更深入地了解这个错综复杂且相互联系的世界时，我们认识到，必须从整个食物系统的角度全盘考虑问题，并且用这一思想指导我们的政策研究工作。仅仅研究生产还远远不够，例如，农民的生产系统对土地和水资源利用、气候、贫困、营养及其他条件均产生影响，而人们对食物、纤维和燃料的消耗同样对所有这些领域产生影响。我们需要超越传统食物系统的思维方式，更多地着眼于新研究领域，使食物产业更具包容性、更高效并更有利于促进健康饮食和可持续的生产和分配。食物系统观点有时存在权衡取舍，但我们希望尽量减少这些冲突，推动双赢与多赢的解决方案。我们的目标不应当仅是发展高产农业系统，而是要发展一个健康、可持续的农业食物系统，以便能够满足受冲突、气候变化与城市化影响的世界的需求[①]。

（二）系统分析法

系统科学认为，任何一个正常运转的系统，必然有着与外界环境的关系，整体和部分的关系，部分与部分之间的关系，从而形成系统整体，产生系统整体性功能。因此，系统分析法并不只是用单独的孤立的思维方法去研究健康食品经济，而是自始至终把它作为一个系统整体来对待，并从整体与部分、部分与部分，以及其与外界环境的联系中加以认识和改造的一种科学方法。运用系统工程的原理和系统分析方法，把健康食品经济发展战略目标在整个国民经济系统与外界环境关系中进行总体的考察和研究，正确估计实现战略目标的条件，使其更具有实践性和可行性。

（三）比较分析法

比较是研究健康食品经济学的重要方法。比较的方法很多，一是纵向比较，即历史源流、发展的比较；二是横向比较，即选择同一个时期与不同对象的比较；三是相同比较，即取其相同点的比较；四是不同的比较，即择其不同点进行比较；五是同异交叉比较，即取其相同点和不同点进行比较；六是关联比较，即取其第三方，或多方对象相互关联起来进行比较。上述六种比较可以根据不同的对象和要求，求同存异，求常求变，交叉使用。

进行比较研究要遵循以下原则：一是要注意可比性。内容、时间、范围、性质等要大体相符或者相近，否则无法进行比较。二是比较要有统一标准。对同一事物，在同一时期内进行比较，必须用同一标准进行比较，才能达到预期的目的。三是要注意科学

---

① 樊胜根.40年食物政策研究工作的感想［J］.全球食物安全（22）：33-36.

性。在进行比较时要注意坚持从实际出发，实事求是，防止主观、片面。四是要注意全面性，要了解食物的全面性和多维性，客观事物千变万化的客观事实，要求在进行比较时了解事物的全面性，才能揭示事物的本质及其发展规律。

（四）定性与定量分析法

定量分析是在认识事物的规定性前提下，揭示事物量的规定性和把握事物数量界限的一种科学方法。其内容包括：一是揭示事物量的规定性，即解释这一事物区别于其他事物的数量（规模、程度、速度的大小、高低、快慢）关系。二是明确事物实际的数量界限，即事物规模、程度、速度的限额度。任何事物一定的质都具有一定的量，事物的质和量的统一叫做度。超过一定的度，事物的性质就发生变化。这个能使事物性质发生变化的度就叫做"数量界限"。三是进行图表计算和数据分析。认识客观事物的本质和规律，不仅要用文字的叙述和概括，还要用图表、数据来分析和说明，这样会使人们对事物的认识更明确、具体，也容易使人接受，甚至还可以简化和加速人们的认识过程。

定量分析和定性分析是有区别的，前者是试图借助各种数量关系和统计方法描绘经济现象和规律；而后者则以一般的和系统的方法去研究经济运动和规律。如我们在研究健康食品生产、健康食品加工和健康食品流通时，定性分析主要揭示它的最一般的规律，如生产资料和消费资料的关系，简单再生产和扩大再生产的实现条件，以及生产资料和消费资料内部结构及其比例关系等。而定量分析则是从事物数量关系上揭示其各种经济变量关系，即在确定的一定经济关系前提下预测某种范围的数量关系特征，如供给、收入、价格、需求等各种变量关系。在实践工作中，定量分析和定性分析是不能分开的，在数量计算中能够找到一定的策略和方法，在策略和方法中又包含着一定的数量的规定性。这是质和量的辩证法。健康食品经济结构复杂，数量关系繁多，单从定性或定量某一方面进行分析，难以达到预期的目的。所以，必须将定量与定性结合起来进行分析，才能使研究结果更符合实际[①]。

二、健康食品经济学研究意义

健康食品经济的发展水平，是一个国家国民经济发展的重要标志。随着人民生活水平的不断提高，对食品的要求从原先的吃饱，到绿色有机食品，再到现在的味觉享受，进一步发展为满足健康需求，这说明人民膳食结构的改善和营养水平的提高。在我国开展健康食品经济的研究，对于发展我国农村经济、食品经济以至整个国民经济具有十分重要的意义，我国在健康食品方面的研究还处于起步阶段，相关理论还需完善，本书的出版，既能弥补健康食品经济学研究的空白，也能为食品经济研究提供参考。

（一）顺应世界健康食品发展趋势

随着经济的发展和人们健康意识的不断增强，绿色有机食品将不能满足人们对于健康及养生的需求，而健康食品应运而生，将成为当今社会消费新时尚，必将成为食品消费主流。目前，健康食品在我国尚处于起步阶段，如何加快其发展，充分发挥其提高我国农产品质量安全水平及国际市场竞争力的突出优势，就成为国际化进程中我国需要着

---

① 胡浩.中国畜产经济学［M］.北京：科学出版社，2012.

力解决的重要问题，加强绿色食品及健康食品研究也尤为重要，现实意义十分突出。

（二）引导食品产业更加绿色健康发展

健康食品经济的发展，将提高我国食品领域的基础与应用自主创新能力以及核心技术研发和产业核心技术创新能力。在未来，健康食品企业为充分满足消费者对健康食品的需求会不断改进食品的生产线和供应链，以实现经济可持续发展为目的，以改善生态环境为基础，实现对原材料生产及食品生产、包装、运输等多个环节的整合，使健康食品行业的集聚度不断提升，集约化发展趋势越来越明显，不仅可以改善生态环境，还可以为生产者创造利润，促进人体健康，推动食品产业更加绿色健康发展。

（三）促进上游、下游部门及相关产业协调统一发展

研究健康食品经济不但促进食品经济本身发展，而且还可以带动农业经济，带动农业机械、有机肥料、农产品运输、加工、储藏、保鲜技术及设备的发展，带动添加剂工业、包装材料技术、装潢设计等部门的发展；对农业食物原料进行深加工、精加工提高农产品的附加值，促进农业增产增收。发展健康食品将充分利用我国丰富的食物资源，按更高的国际标准和需求生产、加工、包装，发展名、优、特食品，使我国健康食品进入国际市场。

（四）保障食品安全

健康食品的兴起，有利于协调食品产业部门的发展，进行食品的宏观调控和微观管理。健康食品经济如此地受到欢迎，是因为传统农业过于依赖人工合成的农药和化肥来维持农业生产，这样的粗放型农业生产方式不仅容易导致对水资源的污染，而且也不利于土壤肥力的保持，对于生物链和生态系统的破坏也较大。而健康绿色食品经济强调对于化肥、农药、生长调节剂等人工化学物品使用的限制，重视对生态环境的保护和改善。不仅有利于解决我国环境污染问题，转变农业生产方式，而且也能不断提高农产品品牌的核心竞争力，有助于提高农民收入，应对国际市场的绿色贸易壁垒并扩大出口，还有助于我国根据实际情况制定食品政策，保障食品安全，所以开展健康绿色食品经济与农业可持续发展研究具有重要的现实意义。

第二章
CHAPTER 2
食品与健康

第一节　人类的营养需求

一、人体需要的能量

人类每天均需要能量（energy）以进行工作、生活，以及满足生长、发育、生殖等需要。机体能量来源于蛋白质、脂类、碳水化合物在体内的氧化代谢，因此，上述三种营养素又称为产热营养素、能量营养素或热源质。

（一）能量的单位与来源

以往能量一般以卡（calorie，cal）或千卡（kilocalorie，kcal）表示，1kcal 指将 100g 水的温度由 15℃升高到 16℃所需要的能量。现在能量通用单位为焦耳（J），1J 能量指用 1 牛顿力把 1 000g 物体移动 1m 所需要的能量，两种能量单位换算关系如下：

$$1kcal = 4.184kJ$$

蛋白质、脂类、碳水化合物三种营养素理论上每克氧化后产生的能量分别为 17.15kJ、39.54kJ、23.64kJ，由于受到消化吸收及氧化不全等因素影响，三种产热营养素实际上在体内每克产生能量分别为 16.7kJ（4.0kcal）、36.7kJ（9.0kcal）、16.7kJ（4.0kcal）。另外，作为简单碳水化合物之一，酒类中的乙醇在体内氧化产生的能量较高，每克可产生 29.3kJ（7.0kcal）能量。

（二）能量的消耗与测定

机体的能量消耗主要包括维持基础代谢、从事体力活动以及食物热效应三方面，处于生长发育的机体，还应考虑生长发育所需要的能量。

1. 基础代谢（basal metabolism）

指机体在清醒、静卧、空腹放松状态下，气温 20℃时维持基本生命活动，如呼吸、心跳、肝肾等功能所需要的能量，它受高级神经活动、内分泌系统、外界气候条件、体重、体表面积、性别、年龄等因素影响。

2. 体力活动

除基础代谢之外，体力活动（physical activity）是影响机体能量消耗的主要因素。体力活动所消耗的能量与体力活动强度、持续时间以及熟练程度有关。人类体力活动种类很多，一般分为职业活动、社会活动、家务活动、休闲活动等，按能量消耗分为轻、中、重体力活动。

3. 食物热效应（thermic effect of food，TEF）

又称食物特殊动力作用（specific dynamic action，SDA），指摄入食物而引起能量代谢额外增加的现象，主要原因是由于机体对食物中营养素进行消化、吸收、代谢转化等，需要额外消耗能量，同时引起体温升高并散发热量。蛋白质的热效应最强，相当于其本身所产生能量的30%；碳水化合物为6%；脂肪为4%；普通混合膳食的热效应约为基础代谢所需要能量的10%。

（三）能量的推荐摄入量

成年人每日能量推荐摄入量（RNI）按体力活动强度而定，能量摄入不足，会引起饥饿，导致体力与工作效率的下降；能量摄入过多，会引起肥胖以及相关慢性疾病如高血压、心脏病、糖尿病等发病率的升高。中国营养学会2000年修订的膳食参考摄入量建议我国成年男性轻、中、重度体力活动每日能量摄入量分别为10.03MJ/kg、11.29MJ/kg、13.38MJ/kg，成年女性分别为8.80MJ/kg、9.62MJ/kg、11.30MJ/kg，其中，蛋白质占12%～15%，脂肪占20%～30%，碳水化合物占55%～65%。

二、人体需要的营养素

（一）蛋白质

蛋白质（protein）是由氨基酸（amino acid）组成的高分子化合物，含有碳、氢、氧、氮、硫、磷等元素。由于碳水化合物和脂类中不含氮，所以，蛋白质是机体氮的唯一来源。

1. 蛋白质生理功能

蛋白质是构成生物组织的重要成分，成年人体内蛋白质含量约为16.3%；机体内许多重要生理活性物质本质上就是蛋白质，如参与氧运输的血红蛋白，具有催化作用的酶蛋白，维持机体体液免疫功能的免疫球蛋白等；当食物中其他两种产热营养素供应不足时，体内组织中蛋白质或由食物提供的蛋白质分解产生氨基酸，再进一步氧化分解产生能量，以满足机体的能量需要。

2. 必需氨基酸

氨基酸为组成蛋白质的基本单位，人体内有20余种，其中9种为人体不能合成或合成量较少的氨基酸，必须由食物提供，称之为必需氨基酸（essential amino acids）。

3. 蛋白质的来源与供给量

蛋白质按食物来源分为植物性蛋白质与动物性蛋白质两大类，植物性蛋白质除了豆类蛋白质以外营养价值均较低，而豆类蛋白质与动物性蛋白质营养价值均较高，因此又称为优质蛋白质。日常生活中，蛋类、奶类以及各种瘦肉类所含蛋白质是食物蛋白质的良好来源。蛋白质摄入不足将引起蛋白质能量营养不良，处于生长发育阶段的儿童对之尤其敏感。蛋白质摄入过多同样对机体有害，因为，大量蛋白质进入体内后代谢产生含氮的代谢产物，需要由肾脏排出，从而增加了肾脏的负担；蛋白质摄入过多还将增加尿钙的排出，造成体内钙质的丢失；此外，蛋白质摄入过多往往伴有动物性食物摄入的增加，造成动物脂肪和胆固醇摄入过多。

人体蛋白质需要量：中国营养学会2000年修订的膳食参考摄入量建议我国成年男

性轻、中、重度体力活动蛋白质推荐摄入量（RNI）分别为 75g、80g、90g，成年女性分别为 65g、70g、80g。

（二）脂类

脂类（lipids）是由活细胞合成的一组非均一的有机化合物，稍溶或不溶于水，溶于非极性的醇、醚、氯仿及其他脂溶剂，包括中性脂肪和类脂。中性脂肪即甘油三酯（又称三酰甘油），类脂又分为磷脂、鞘脂、糖脂、类固醇及固醇。

1. 脂类的生理功能

脂类在体内以甘油三酯形式储存能量，需要时动员氧化提供能量，人体在休息状态下，60%的能量来源于体内脂肪；脂肪酸与类脂则参与构成机体组织（如生物膜）。此外，脂类还具有促进脂溶性维生素吸收、提供必需脂肪酸、节约蛋白质、维持体温、保护脏器以及增加菜肴色、香、味等作用。胆固醇是体内合成胆汁酸和类固醇激素的原料，由于胆固醇摄入过多与人类高脂血症、动脉粥样硬化、冠心病等有关，因此，人们一般多关注胆固醇的危害。近年来研究发现，脂肪组织还具有内分泌作用，分泌如瘦素、肿瘤坏死因子、白细胞介素-6 与白细胞介素-8 等，脂肪组织可能还有许多尚未发现的作用。

2. 脂肪酸与必需脂肪酸

体内不能合成的脂肪酸为必需脂肪酸，必须由食物提供。以往认为亚油酸、亚麻酸、花生四烯酸为机体必需脂肪酸。人造奶油是用植物油经氢化饱和后制得，其中一些不饱和脂肪酸的结构由顺式转变为反式，产生反式脂肪酸，有研究表明反式脂肪酸不仅可以使血中低密度脂蛋白（LDL）水平升高，同时还能降低高密度脂蛋白（HDL）水平，从而增加心血管疾病的风险。

大量研究表明，鱼油富含的二十碳五烯酸（EPA）和二十二碳六烯酸（DHA）在体内具有重要的生理功能，除与视网膜和脑发育有关外，还具有舒血管、抑制血小板聚集和免疫调节作用，临床应用已取得一定效果。

3. 脂类的来源与供给量

脂类主要来源于动物性食物与植物油、油料作物的种子等。必需脂肪酸的最好食物来源是植物油类。缺乏必需脂肪酸可引起皮炎、皮肤干燥脱屑、湿疹、生长发育不良、肝脏损伤等；必需脂肪酸摄入过多有可能使体内的过氧化物产生增加，引起危害。人体脂肪摄入过量，尤其是动物性脂肪摄入过多将引起肥胖、高脂血症、心血管疾病等慢性疾病。

（三）碳水化合物

碳水化合物（carbohydrate）又称糖类，是由碳、氢、氧组成的一大类化合物。

1. 碳水化合物的生理功能

碳水化合物在体内氧化释放能量较快，是体内主要的能源物质，部分以糖原的形式储存。当膳食中碳水化合物供应不足时，体内蛋白质和脂肪动员分解，严重时引起负氮平衡、酮血症和酮尿症等，影响机体生理功能，因此，碳水化合物具有节约蛋白质、抗生酮作用。

2. 碳水化合物的来源与供给量

膳食碳水化合物主要来源于含淀粉丰富的食物，如谷类、薯类以及豆类；单糖、双糖主要来源于蔗糖、糖果、甜食、含糖饮料、蜂蜜等。

（四）维生素

维生素为维持机体正常代谢和生理功能所必需的一类有机化合物总称，它们在体内不能产生能量，也不是组织构成成分，大部分不能在机体内自身合成，也不能大量储存于体内，必须从膳食中摄取，机体对其需要量较小，但是，一旦缺乏将导致缺乏病的产生。维生素分为脂溶性与水溶性两大类，脂溶性维生素包括维生素 A、维生素 D、维生素 E、维生素 K，水溶性维生素包括维生素 B_1（硫胺素）、维生素 B_2（核黄素）、维生素 B_6（吡哆醇）、维生素 B_3（维生素 PP、烟酸）、维生素 B_{12}、叶酸、生物素、泛酸、肌醇、胆碱以及维生素 C（抗坏血酸）等。

（五）矿物质

人体组织中除碳、氢、氧、氮以外的其他元素统称为矿物质，亦称无机盐或灰分，在人体不能自我合成，必须由膳食和饮水中摄取，其中，占体重 0.01％以上的矿物质称为常量元素，如钙、磷、钾、钠、氯、镁、硫等；占体重 0.01％以下的矿物质称为微量元素。1995 年联合国粮食及农业组织（FAO）/世界卫生组织（WHO）将所发现的微量元素分为三类：第一类为人体必需，包括碘、锌、铁、铜、硒、钼、铬、锰、钴、氟；第二类为人体可能必需，包括硅、镍、硼、钒；第三类为具有潜在毒性但低剂量可能具有作用，包括铅、镉、汞、砷、铝、锂、锡。

（六）水

水是一切生命必需的物质，但是，由于大多数状况下没有缺水情况发生，因此，水的营养问题一般不会引起充分重视。

水在体内的主要功能是组成体液、润滑或滋润各种组织器官，同时，水又是营养物质的载体、代谢产物的溶剂，直接参加各种物质代谢过程，包括转运、转化以及排泄等。此外，水尚具有调节体温的作用，通过蒸发或出汗过程，维持体温的恒定。

水摄入不足或丢失，可引起体内失水。若失水达体重 2％时，产生口渴、尿少等症状；失水超过体重 10％时，可出现烦躁、眼球内陷、皮肤失去弹性、全身无力、体温与脉搏增加、血压下降等表现；失水达体重 20％时，将导致死亡。水摄入过多，超过肾脏排泄能力，可引起体内水中毒，这种情况可见于肾脏疾病、充血性心力衰竭等，临床表现为渐进性精神迟钝、恍惚、昏迷、惊厥等，严重时将引起死亡。

（七）膳食纤维

纤维素是指食物中含有的一些不能被人体消化吸收的纤维类物质。它们虽然不能被人体消化吸收，但却是维持人体健康所必需的，营养学上统称为膳食纤维。膳食纤维具有吸水、结合胆酸、刺激消化液分泌和肠蠕动、抑制腐生菌生长、促进益生菌繁殖、产生丁酸类物质等作用，有助于预防便秘、肠道肿瘤、高脂血症等。

1. 食物纤维素的分类

食物纤维素广泛存在于天然食物中，随着植物的成熟，纤维素逐渐增多，包括纤维素、半纤维素、树胶、果胶、木质素。

2. 食物纤维的生理功能

食物纤维是存在于植物中的一类多糖，由于人体内没有水解纤维素的酶，所以不能消化吸收，故在营养学上一直不被重视。近 20 年来，广泛的流行病学调查中发现了它们对人体健康的意义：

（1）降低餐后血糖，减少胰岛素的释放，对 2 型糖尿病有一定的控制作用。

（2）促进肠蠕动，预防肛肠疾病。

（3）降低胆固醇，预防动脉粥样硬化和胆石症。

（4）预防癌症，降低大肠癌、乳腺癌、胰腺癌发病的危险性。

（5）预防肥胖，减少能量摄入，增加食物体积。

3. 推荐摄入量及食物来源

（1）推荐摄入量因食物习惯不同，食物纤维素的摄入量差异较大。摄入量应根据种族、年龄、饮食习惯和身体状况来决定。我国居民膳食纤维每日的适宜摄入量为 30g。

膳食纤维摄入量不宜过高，长期摄入过多的食物纤维会影响一些维生素和微量元素的吸收。

（2）植物性食物富含纤维素，植物成熟度越高，其纤维素含量越多，一般绿色蔬菜和植物茎含纤维素较多，故提倡适当增加粗粮、豆类及豆制品的摄入。

三、特殊人群的营养需求

伟大的科学家爱迪生曾经预言，医生不再给患者药物，而是给人类饮食开方，以调节人体结构的微量元素平衡，最终达到预防疾病、健康人生的目的。

人类生命过程是一个连续的过程，同一年龄组人群中尽管存在个体差异，但是，其生理上包括营养需要方面尚有一定的共同规律可循。由于不同年龄组人群所处的生理状态、生活方式等诸多方面的不同，必然导致其营养需要上的差异。因此，不同人群的营养需要是营养学的重要内容之一，是保障国民健康的重要内容。

（一）孕妇营养

孕妇妊娠期间一方面需要提供胎儿生长发育所必需的营养，另一方面也要满足自身的营养需要。因此，孕妇的合理营养对于胎儿生长和母体健康均十分重要。

由于同时需要满足母体和胎儿的营养需要，妊娠前后的营养需要变化很大，主要表现在如下几个方面：

（1）能量。2000 年中国营养学会修订的膳食参考摄入量建议，自妊娠 4 个月开始，孕妇每日需要增加能量摄入 0.84MJ。

（2）蛋白质。2000 年中国营养学会修订的膳食参考摄入量建议，妊娠早期（开始 3 个月）每天需要增加蛋白质 5g，妊娠中期（第 2 个 3 个月）每天需要增加蛋白质 15g，妊娠晚期（最后 3 个月）每天需要增加蛋白质 20g，其中优质蛋白摄入至少在 1/3 以上。

（3）矿物质。妊娠期间容易缺乏的矿物质主要有钙、铁、锌、碘等。

（4）维生素。妊娠期间缺乏叶酸、B 族维生素、维生素 A 容易导致胎儿畸形、神经系统受损、骨质软化等病症。

（二）婴幼儿营养

营养是维持生命与生长发育的物质基础，同时也是健康成长的关键。婴幼儿一方面生长发育十分迅速，代谢旺盛，需要足够的营养供给；另一方面，由于消化吸收功能尚不完善，对营养素的吸收利用受到一定限制。因此，如果喂养不当，容易造成消化功能紊乱，导致营养不良的发生，影响机体生长发育。

（1）能量。婴儿活动较少，包括啼哭、喝奶及简单的四肢活动等，因此日常活动的能量消耗较小。能量储存为婴幼儿所特有，用于生长发育时合成自身组织与生长的速度呈正比。

（2）蛋白质。婴幼儿需要足够的优质蛋白质以满足其对氨基酸的需要，膳食蛋白质供给不足时，婴幼儿表现为生长发育迟缓或停滞、消化吸收障碍、肝功能异常、抵抗力下降、消瘦、腹泻、贫血、水肿等蛋白质营养不良的表现。

（3）脂肪是体内重要的能量来源，摄入太少，会导致必需脂肪酸的缺乏；摄入太多，会影响蛋白质和碳水化合物的摄入，并影响钙的吸收。

（4）碳水化合物在为婴幼儿提供能量的同时，尚具有节约蛋白质的作用。早期给婴幼儿添加适量富含淀粉的食品，可以刺激淀粉酶的分泌。

（5）矿物质。一些矿物质对于婴幼儿生长发育十分重要，婴幼儿容易缺乏的矿物质有钙、铁、锌，矿物质的缺乏会导致婴儿发育不良、智力低下、生长停滞等问题。

（6）维生素。几乎所有维生素的缺乏都会影响婴幼儿的生长发育，其中关系最为密切的有维生素 A、维生素 D、B 族维生素中的硫胺素、核黄素等，缺乏可导致夜盲症、佝偻病、干眼症等。

（三）学龄儿童营养

学龄儿童是指 6～12 岁进入小学阶段的儿童。在此期间，儿童仍然保持稳步的生长发育。除了生殖系统外，其他组织器官（包括脑的发育）已逐渐接近成年人水平，独立活动能力增强，可以接受大部分成年饮食。

中国营养学会 2000 年修订的膳食营养素参考摄入量建议，学龄儿童每日能量推荐摄入量（RNI）6.67～10.04MJ，蛋白质每日推荐摄入量（RNI）55～75g，钙、铁、锌、维生素 A 每日推荐摄入量（RNI）或适宜摄入量（AI）分别为 800～1 000mg，12～18mg，12～18mg，500～700μgRE。

一般而言，学龄男童进食量不应低于父亲，女童则不低于母亲，保证吃好早餐，不然会影响上午学习效果。每日至少应喝 300mL 牛奶，吃 1～2 个鸡蛋及其他动物性食品（如鱼、禽或瘦肉）100～150g，供给谷类与豆类食品 300～500g 以及一定量的新鲜蔬菜、水果，同时积极参加户外活动。

（四）青少年营养

青少年是指 12～18 岁阶段，包括少年期和青春发育期，相当于初中和高中学龄期。

满足青少年对能量的需要，每天需要 400～500g 谷类食品。建议多选择粗粮，以增加 B 族维生素的摄入。保证优质蛋白质的供给，每日应不低于 200～250g，奶类 300mL以上，使来源于动物和大豆的蛋白质超过 50%。提供不少于 500g 的新鲜蔬菜和水果，其中，绿叶蔬菜不少于 300g，新鲜蔬菜和水果是维生素 C、胡萝卜素以及矿物质的良好来源，鼓励参加各种体育锻炼活动，保持能量摄入和消耗的平衡。

（五）老年人营养

随着人类寿命的不断延长，人类社会正在逐渐进入老龄化社会，专家估计到 2050

年全世界 60 岁以上老年人将上升至 20 亿人,我国 60 岁以上老年人口呈上升趋势,2012 年达 1.94 亿人,占全国总人口的 14.3%,到 2050 年老年人口的比例估计将达29.8%。老年人群是一个特殊的弱势人群,有着许多特殊的营养需要,合理的营养将有助于延缓衰老、预防疾病。

老年人基础代谢下降、体力活动减少和体内脂肪组织比例的增加,对能量的需要相对减少,若能量摄入过多,将引起肥胖。

老年人肝肾功能下降,摄入过多蛋白质将增加肝肾负担。一般认为每日每千克体重摄入 1.0~1.2g 蛋白质为宜,同时应注意动物蛋白质和豆类蛋白质的摄入,脂肪摄入不宜过多。

老年人摄入的碳水化合物应占总能量的 55%~65% 为宜,而且,老年人应降低甜食或食糖的摄入,增加多糖,包括膳食纤维的摄入。

与其他人群相比,老年人对钙、铁的需要比较突出。老年人容易发生钙摄入不足或缺乏的情况,导致骨质疏松;同时,过多补钙会引起高钙血症、肾结石等。中国营养学会 2000 年修订的膳食参考摄入量建议,老年人每日钙的适宜摄入量（AI）为 1 000mg。老年人对铁的吸收利用能力下降,加上造血功能减退,容易出现缺铁性贫血,人体摄入铁过多对健康也有不利影响。中国营养学会 2000 年修订的膳食参考摄入量建议,老年人每日铁的适宜摄入量（AI）为 15mg。

调查结果显示,老年人容易缺乏维生素 A、维生素 D、维生素 B_{12}、叶酸等。

第二节　食品的营养价值

一、植物类食品营养价值

(一) 谷类食品的营养价值

我国的农耕饮食文化特征主要是以"五谷",即以粮食为主食,占居民膳食中能量来源的 50%~70%。随着经济社会发展,谷类食物在人们饮食中的比例有所下降。

谷类食物传统上是我国人民的主食,以大米和小麦为主。其他谷类食物一般作为米面食物的配合与补充。

(1) 谷类食物中碳水化合物含量达 70%~80%,且大部分是淀粉。

(2) 谷类蛋白质的含量一般在 7%~16%,其蛋白质的氨基酸组成比例与理想蛋白质有较大的差距,一般都缺乏赖氨酸,造成蛋白质的氨基酸不平衡,这是谷类蛋白质营养价值不高的主要原因。

(3) 谷类食物均含有一定量矿物质,为 1.5%~3.0%,但主要是磷、钙和镁,谷类矿物质多集中在谷皮和糊粉层,粗制的米和面由于保留了部分麸皮因此含量较高。

(4) 谷类食物蛋白质在消化时水解为氨基酸,与钙等矿物质形成人体易吸收的可溶性盐类,有利于人体吸收利用。

(5) 谷类食物是膳食中 B 族维生素,特别是硫胺素和烟酸的重要来源,一般不含维生素 C、维生素 D 和维生素 A,只有黄玉米和小麦含少量的类胡萝卜素。谷类胚芽中含有较多的维生素 E,这些维生素多集中于胚芽、糊粉层和谷皮里,因此精白米面中维生素含量低。

（6）谷类食物一般含有 1%～2% 的脂肪，但玉米和小米可达到 4.0%，主要存在于糊粉层及胚芽中。

（二）薯类食物的营养价值

常见的薯类包括马铃薯、甘薯、木薯、山药、芋头、豆薯、魔芋等根块类植物。它们富含大量对身体有益的元素，常吃对身体健康帮助很大。

薯类的营养价值主要包括：

（1）薯类可以部分替代主食，其热能仅为谷类食物的 1/3。每天适当地选择进食薯类食物，可预防肥胖以及诸多慢性疾病。

（2）薯类的蛋白质质量高于一般谷类，特别是马铃薯蛋白主要由盐溶性球蛋白和水溶性白蛋白组成，含有人体所必需的 8 种氨基酸，可显著提高蛋白质生物价值。

（3）薯类食物的脂肪含量极低，用无油或者少油的方法加工、烹制薯类，既可增加饱腹感、提供能量，又能减少脂肪的摄入，起到控制肥胖和代谢性疾病发生的作用。

（4）薯类食物富含丰富的矿物质。红薯和山药中含有在人体内可转化的成脱氢表雄酮的皂苷元，是体内雌激素和睾酮等内分泌素的前提物。食用红薯或山药可增加体内雌激素和睾酮的含量，并能提高对钙的吸收和利用率。马铃薯中含有丰富的钾，钙与镁的含量也比较固定，对于平稳血压有着显著作用，均能帮助调节人体的体液呈碱性，是平衡食物酸碱度时不可缺少的重要角色。

（5）薯类食物中的维生素含量丰富。胡萝卜素含量与一般蔬菜、水果含量相当，高出谷类平均数 10 倍之多；薯类中的维生素 B_1 和维生素 B_2 的含量也是大米的 6～10 倍；维生素 C 含量与一般叶菜相当。

（6）薯类食物中丰富的可溶性膳食纤维，对血糖、血脂代谢都有一定的改善作用。特别是山药和马铃薯中富含抗性淀粉，能控制餐后血糖升高。《中国居民膳食指南》建议我国居民每天吃 50～100g 薯类。

（三）豆类食物的营养价值

按照豆类食物中营养成分含量可将豆类分为两大类。一类是大豆（黄豆、黑豆和青豆等），含有较多的蛋白质和脂肪，碳水化合物相对较少，是植物性食物中唯一能与动物性食物媲美的高蛋白、高脂肪、高热能的食物。大豆是重要的食用植物油生产原料，其副产物豆粕是饲料的重要蛋白质添加物，豆粕还可以生产各类蛋白食品。另一类是除大豆以外的其他豆类，以嫩荚或豆粒供食用的豆类蔬菜，包括菜豆、豇豆、蚕豆、豌豆、扁豆、刀豆。相比大豆都含有较多的碳水化合物，中等含量的蛋白质，少量的脂肪。鲜豆类蛋白质、碳水化合物、维生素和无机盐的含量较丰富。鲜豆中的铁也易于消化吸收，蛋白质的质量也较好。

豆类食物在营养上具有如下优点：

（1）蛋白质含量高。大豆蛋白质含量一般在 40% 左右，其他豆类为 20%～30%。

（2）蛋白质营养价值较高。大豆蛋白质中含有丰富的赖氨酸，比谷类蛋白高 10 倍。豆类食物与其他粮食混合食用，可以弥补谷类食物蛋白质缺陷，使混合食物蛋白质的营养价值明显提高，是谷类理想的互补食物。

（3）无机盐与维生素含量丰富。B族维生素的含量明显高于大米、面粉和玉米粉等谷类食物，豌豆中硫胺素的含量为粮食之冠。大豆虽不含维生素C，但豆芽也是维生素C的良好来源。食用豆制品可补充人体所必需的无机盐和维生素，促进新陈代谢，增进食欲，提高健康水平。

（4）碳水化合物的含量较低。大豆中碳水化合物的含量仅为25%～30%，其他豆类就比较高。按照干物质计可以达到55%～65%，而且其中约有一半是人体不能消化吸收的棉籽糖和水苏糖，是双歧杆菌因子，所以豆类食物是糖尿病患者的优良食物。大豆和豆类还含有丰富的大豆卵磷脂、天冬氨酸、谷氨酸、胆碱、豆固醇等成分，对于促进生长发育、增强记忆力、维护正常肝功能、防止动脉硬化和保持旺盛的活力都有良好作用。目前许多国家都将大豆及其制品视为健康、美容食物。

（四）果类食物的营养价值

果类食物分为鲜果和干果，后者是新鲜水果经加工制成的果干及其糖制品，如葡萄干、杏干、柿饼和各种蜜饯果脯等。在干制和糖制过程中，维生素的损失大，其他营养素基本能够保持。

水果种类繁多，含人体所需多种营养成分，是膳食维生素和无机盐的主要来源。还含有丰富的纤维素、果胶和有机酸，能刺激胃肠蠕动和消化液分泌，对促进食欲助消化有大作用，但蛋白质和脂类含量很低。水果类食物的营养价值主要体现在维生素、矿物质和膳食纤维以及某些活性物质方面。

1. 水果类食物的营养价值概况

新鲜水果主要含维生素和无机盐，尤其是维生素C。水果中蛋白质含量一般不到1.5%，基本不含脂肪，除香蕉含淀粉较高外，一般含糖6%～25%，主要是葡萄糖、果糖和蔗糖，比例因分类不同而异。此外，水果中还含有多种有机酸、单宁、果胶、纤维素和芳香物质，使它们各自具有特殊的风味和品质。

水果是人体维生素和无机盐的重要来源。其中许多新鲜水果是维生素C的良好来源，以鲜枣、野生猕猴桃、金樱子、刺梨、沙棘等含量最丰富。红黄色水果含有较多胡萝卜素。水果还是各种微量元素的良好来源，其铁和铜更容易被吸收利用，对贫血病人有食疗作用。

水果中的有机酸、芳香物质、果胶及纤维素可刺激胃肠道蠕动和消化腺的分泌，引起食欲，有助于食物的消化吸收和排泄。各种水果中还含有一定的酶，如木瓜蛋白酶、菠萝蛋白酶，能促进食物的消化和吸收。

在日常饮食中，任何一种水果食用太多，身体都会受不了。均衡饮食不仅要注意"质"，更重要的是在乎"量"，任何食物都应多样少食。如苹果过量食用会伤脾胃；荔枝吃多了会降低消化功能，影响食欲，导致恶心、呕吐、冒冷汗；杏过量食用会上火，诱发暗疮；瓜果类吃多了会冲淡胃液，引起消化不良、腹痛、腹泻；荔枝、龙眼吃多易上火、燥热；柿饼食用过多容易造成肾脏以及尿道的结石。

2. 常见各种坚果及其营养价值

果实完全成熟后，果皮干燥的果实叫干果或坚果。榛子、核桃、杏仁、腰果，被人们称为"世界四大坚果"，不论从营养成分还是从口感上来说，都是坚果中的佼佼者，富含蛋白质、维生素、脂质。

脂肪是油脂类坚果的重要成分，含量通常可达 40%，是食用油和人体必需脂肪酸的良好来源。其脂肪酸绝大部分是不饱和脂肪酸，包括亚油酸和亚麻酸，对心血管疾病的预防有一定作用。有利于心脏健康，有降血脂、防止血小板凝集、降低血压、加速胆固醇代谢、促进卵磷脂合成的作用。由于亚麻酸在体内可转变为二十二碳六烯酸（DHA），对大脑有营养作用。

坚果一般含蛋白质 12%～22%，是植物蛋白的补充来源。瓜子类含蛋白质在 30%以上，栗子只有 4%～5%。富含淀粉的坚果是碳水化合物的良好来源，干栗子达 77.2%，莲子为 64.2%。含油脂高的坚果中，碳水化合物含量一般在 15% 以下。坚果类还富含膳食纤维，为 9.6%～19.0%，有助于降低血清胆固醇和血糖水平，并有通便、防癌的作用。坚果中富含矿物质，有钾、钠、钙、镁、铁、锌等，其中含钙高达 131～234mg/100g。坚果类还是 B 族维生素的良好来源，含有维生素 B_1、维生素 B_2、叶酸、烟酸，杏仁中维生素 B_2 含量尤其多。油脂类坚果中含大量维生素 E，具有抗氧化能力，可清除体内自由基，使人体内细胞免受损伤，提高机体免疫力，在抗肿瘤细胞增生中起重要作用。

（五）蔬菜类食物的营养价值

凡是以柔嫩多汁的器官作为食物的草本植物和少数木本植物、菌藻蕨类等，统称为蔬菜。调味的八角、茴香、花椒、胡椒等也可算作蔬菜。有的粮食、油料和饲料作物也可作为蔬菜。新鲜的大豆是重要的蔬菜，马铃薯、鲜嫩玉米也作为蔬菜，蔬菜植物的范围广、种类多。还有许多野生、半野生的植物，如荠菜、马齿苋、藜蒿、蒲公英、鱼腥草等，也可作为蔬菜食用。我国蔬菜有一百多种，主要栽培的有四五十种。按其结构及可食部分不同，可分为叶菜类、根茎类、瓜茄类等。所含营养成分各有其特点。

蔬菜在膳食中所占比例较大。一般各种新鲜绿叶蔬菜中维生素含量丰富，瓜类和茄类中含量相对较少。在绿叶菜中，除维生素 C 外其他维生素含量，叶部均比根茎部高，嫩叶比枯叶高，深色的菜叶比浅色的高，在选择蔬菜时，应注意选新鲜、色泽深的蔬菜。

蔬菜是人体无机盐的重要来源，富含钾、钠、钙和镁等元素，在体内最终代谢产物呈碱性，故称碱性食物。而粮、豆、肉、鱼和蛋等富含蛋白质的食物，由于含硫和磷很多，在体内转化后，终产物多呈酸性，故称为酸性食物。人类膳食中的酸性和碱性食物保持一定比例，有利于机体维持酸碱平衡。某些蔬菜因含有较多的草酸，易和钙形成难以被人体吸收的草酸钙，不利于钙的吸收利用。故需要补钙的病人，应注意选择雪里蕻、油菜、芥蓝菜等钙含量高的蔬菜，避免长期大量食用菠菜、芹菜等草酸含量高的蔬菜。

蔬菜含有较多纤维素、半纤维素、木质素和果胶，不能被人体消化酶水解，但可促进肠道蠕动，有利于粪便排出，可防止和减少胆固醇的吸收，所以多吃蔬菜有利于预防动脉粥样硬化。

二、动物类食物营养价值

动物性食物作为一大类食物，主要为人体提供蛋白质、脂肪、矿物质、维生素 A

和 B 族维生素。包括畜禽肉、蛋类、水产品、奶及其制品等，它们之间的营养价值相差较大，只是在给人体提供蛋白质方面十分接近。

（一）动物性食物概述

肉类一般分为畜肉和禽肉。前者包括猪肉、牛肉、羊肉和兔肉等，后者包括鸡肉、鸭肉和鹅肉等。肉类食物含有丰富的脂肪、蛋白质、矿物质和维生素，碳水化合物较少，不含植物纤维素。肉的组分不仅取决于肥肉与瘦肉比例，也因动物种类、年龄、育肥程度及所取部位等不同而呈显著差异。

禽蛋的营养成分大致相同，蛋清中的蛋白质含量为 $11\%\sim13\%$，水分含量为 $85\%\sim89\%$，蛋黄中仅含有 50% 的水分，其余大部分是蛋白质和脂肪，二者比例为 $1:2$。此外鸡蛋还含有碳水化合物、矿物质、维生素、色素。

水产品包括各种鱼、虾、蟹、贝类等，鱼类产量最大。鱼类的营养成分因鱼的种类、年龄、大小、肥瘦程度、捕捞季节、生产地区以及取样部位的不同而有所差异。鱼肉中蛋白质含量高，脂肪含量较低，但不饱和脂肪酸含量多，还含有维生素、矿物质等成分，特别是海鱼含有的碘盐和钾盐，对人体健康有重要意义。

奶类是一种营养丰富、容易消化吸收、食用价值很高的食物，不仅含有蛋白质和脂肪，而且含有乳糖、维生素和无机盐等。不同的鲜奶水分含量为 $87\%\sim89\%$，蛋白质占 $3\%\sim4\%$，脂肪占 $3\%\sim5\%$，乳糖占 $4\%\sim5\%$，矿物质占 $0.6\%\sim0.78\%$，还含有少量维生素。牛奶是人类最普遍食用的奶类，与人乳相比，牛奶含蛋白质较多，而所含乳糖不及人乳，故以牛奶替代母乳时应适当调配，使其化学成分接近母乳。

（二）动物性食物的营养特点

动物性食物含有丰富的蛋白质、脂肪、无机盐和维生素，而且蛋白质质量高，属优质蛋白，在营养上主要具有如下特点：

1. 蛋白质量多质好

畜肉类的蛋白质主要存在于肌肉中。骨骼肌中除去约 75% 水分，基本上就是蛋白质，占 20% 左右，脂肪、碳水化合物、无机盐等占比约 5%。禽肉蛋白质含量为 $11\%\sim25\%$。鱼及其他水产动物种类极多，蛋白质含量相差较大，但多为 $15\%\sim22\%$。动物性食物蛋白质的氨基酸组成基本相同，含有 8 种人体必需氨基酸，比例也接近人体的需要，都具有很高的生物效价。一般认为蛋中蛋白质几乎能全部被人体消化吸收和利用，为天然食物中最理想的优质蛋白质。在评价食物蛋白质营养质量时，一般以全蛋蛋白质作为参考。各种肉类和奶类的蛋白质消化吸收率也很高（$85\%\sim90\%$）。奶中蛋白质含有丰富的赖氨酸，是谷类食物良好的天然互补食物。

2. 饱和脂肪酸和胆固醇含量较高

动物性食物所含的脂类物质不完全一样，总体上饱和脂肪酸和胆固醇含量都比较高。畜肉的脂肪含量依其肥瘦有很大的差异，以饱和脂肪酸为主，多数是硬脂酸、软脂酸、油酸。羊脂中的脂肪酸含有辛酸、壬酸等饱和脂肪酸，其特殊膻味与这些低级饱和脂肪酸有关。禽肉脂肪含量约 2%，水禽类为 $7\%\sim11\%$，其脂肪熔点较低，在 $33\sim44℃$，亚油酸占脂肪酸总量的 20%。鱼肉脂肪含量 $1\%\sim3\%$，主要分布在皮下和脏器周围，肌肉中含量很低，主要由不饱和脂肪酸组成，熔点较低，通常呈液态，人体的消化吸收率为 95％左右。海水鱼中不饱和脂肪酸含量高达 70％～80％，对防治动脉粥样硬化和冠心病具有一定的效果。

蛋的脂肪含量与蛋的种类有关，去壳鸡蛋约含 10.5％，鸭蛋和鹅蛋约含 14.5％。蛋的脂肪主要集中在蛋黄，蛋黄中的脂肪含量高达 33.3％～36.2％，蛋白的脂肪含量为 0.02％～0.03％。蛋中脂肪主要由不饱和脂肪酸组成，在常温下为液态，容易被人体吸收。蛋黄中含有大量的卵磷脂、脑磷脂和神经鞘磷脂，这些成分都是人脑及神经组织生长发育所必需的营养物质。

奶中脂肪的含量与来源有关，约占 4.0％，牦牛奶还高得多。奶类脂肪以微滴分散在乳浆中，很容易被人体消化吸收。以饱和的棕榈酸和硬脂酸为主，约占 40％，饱和的短链脂肪酸如丁酸和己酸约占 9％，不饱和的油酸占 30％，亚油酸和亚麻酸仅占 3％，其余为月桂酸和肉豆蔻酸等。

畜肉胆固醇含量因肥度和部位不同而有很大的差别，为 77～194mg/100g。内脏的胆固醇含量比较高，为 158～405mg/100g。其中脑含量最高，猪脑达 3 100mg；蛋黄中含有很高的胆固醇，胆固醇含量为 634～2 110mg/100g。胆固醇对生长发育过程中的少年儿童是必不可少的，但是中老年人需求的胆固醇少，所以高胆固醇含量的食物要控制。

3. 碳水化合物含量低

动物性食物中碳水化合物的含量都很低，在各种肉类中主要是以糖原的形式存在于肌肉和肝脏，其含量与动物的营养及健壮情况有关。畜肉中瘦肉的碳水化合物含量为 0.2％～8.0％，禽肉为 0.1％～1.0％。各种鱼类的碳水化合物含量相差较大，海蟹、比目鱼等不足 0.1％，鲳鱼超过 7.0％。蛋中所含主要是 0.3％～4.0％的葡萄糖。奶中所含为 4.3％～5.8％的乳糖，乳糖的甜度仅为蔗糖的 1/6，具有调节胃酸、促进胃肠蠕动和消化腺分泌的作用。

4. 无机盐含量比较齐全

肉类中无机盐的含量与畜禽种类及成熟度有关。肥猪肉和瘦猪肉分别为 0.70％、1.10％，肥牛肉和中等肥度的牛肉分别为 0.97％、1.20％，马肉、羊肉、兔肉和各种禽类无机盐的含量约为 1.0％。肉类是铁和磷的良好来源，并含有一些铜，但没有肝脏多，钙在肉中含量比较低（7～11mg/100g）。铁在肉类中主要以血红素铁的形式存在，消化吸收率较高，不易受食物中其他成分的干扰。鱼类无机盐的含量稍高于畜禽类，是钙的良好来源。海产鱼类还含有丰富的碘。蛋类所含无机盐主要为铁和磷，集中在蛋黄里。蛋白中的含量为 0.6％～0.8％，蛋黄中为 1.1％～1.3％，只是蛋中铁的吸收率低。奶类中含有 0.4％～0.9％的微量元素，包括钙、磷、镁、钾、钠、硫、铜、锌、锰等，大部分与酸类物质结合成盐类。牛奶中钙与磷的比值为 1.2∶1；接近人乳的 1∶1。但牛奶中铁的含量比人乳低，所以用牛奶喂养婴儿时要注意强化铁。

5. 维生素含量丰富

动物性食物含有丰富的维生素，畜、禽、鱼肉及其内脏所含的 B 族维生素多，尤其肝脏是多种维生素的丰富来源。海鱼肝脏所含维生素 A 和维生素 D 极为丰富，是其他食物无法相比的。蛋中丰富的维生素主要集中在蛋黄，包括维生素 A、维生素 D、硫胺素、核黄素，蛋清中也含有较多的核黄素。牛奶含有人体所需的各种维生素，含量随着乳牛的饲养条件、季节变化和牛奶加工方式而有所不同，但所含的维生素不多，因此以牛奶为主食的婴幼儿要注意维生素 D 的补充。

三、其他食物的营养价值

随着社会经济发展，人们工作生活节奏越来越快，体现在饮食方面，就是更少有时间自己烹饪食物，以至各种快餐和餐馆饮食在人们食物中所占比例越来越高，特别是商品化的工业食品，可以放在办公室等场所随时食用，其消费量也越来越大，一般消费者也应该了解其营养价值，而不是仅仅依据口味和口感进行选择。

工业食品往往是即食食品，经过工厂的加工处理，可以在冷藏或常温下保存较长时间。经过较长时间保存的食品，其营养价值和口感风味都会不同程度下降，时间越长，下降幅度越大。刚刚超过保质期的食品不能说完全不能食用，但是一般情况下还是不要食用，以免影响身体健康。在保质期内的工业食品，也是离保质截止期越近，其营养价值越低，消费者需要注意。

第三节　食品营养与健康

一、营养与免疫

免疫功能是指机体接触"异己成分"或"抗原性异物"后的一种特异性生理反应，是机体在进化过程中获得的"识别与排斥"的一种重要生理功能。免疫系统对维持机体正常生理功能具有重要意义。人体的免疫功能俗称抵抗力，是人体保护自身健康的防线，包括皮肤与黏膜，血液中的白细胞（巨噬细胞、中性粒细胞等）对病原体的吞噬作用，肝脾中的网状内皮细胞的吞噬消化作用及人体接触病原体后血清中产生的抗体或免疫细胞（T 淋巴细胞、B 淋巴细胞等）的增殖、活化和免疫功能的发挥等。

营养状况的好坏直接影响着体内这些器官的结构及机能的发挥。因为无论是上皮细胞、黏膜细胞、血中白细胞、胸腺、肝、脾以及血清中的抗体都是由蛋白质和其他各种营养素所构成的，是人体免疫功能的物质基础。

均衡的营养和适当的保养，对免疫系统非常有帮助，可预防我们生病。功能健全的免疫系统能抵抗致病生物的侵袭，而营养对这个系统具有举足轻重的作用。营养均衡、适量运动免疫系统就会健康。

1. 蛋白质与免疫

蛋白质是机体免疫防御功能的物质基础，参与免疫组织和器官的构成，因此当蛋白质营养不良时，这些组织和器官的结构和功能均会受到不同程度的影响，从而使免疫功能受损。具体表现为 T 淋巴细胞数目减少，巨噬细胞、中性粒细胞对病原体的杀伤能力减弱，同时营养不良还可导致体内其他重要组织和器官萎缩而丧失其功能。

2. 脂类与免疫

目前的研究认为，摄入足够的脂肪酸对免疫器官的发育和免疫系统的建立是必要的。但动物实验表明，脂肪摄入必须适量，过多或过少都会使其免疫功能受到损伤、机体的患病率增加。另外，胆固醇对维持淋巴细胞功能是必要的，但过量会改变细胞膜的脂质构成，使膜的流动性发生改变而抑制淋巴细胞的增殖，同时高胆固醇也会使巨噬细胞的吞噬功能和细胞清除抗原的能力降低。

3. 糖类与免疫

有些学者认为，多糖对促进和恢复机体免疫功能作用极为明显。活性多糖可以通过激活网状内皮系统和补体，激活巨噬细胞和 T 淋巴细胞、B 淋巴细胞，诱生多种免疫因子，对机体的非特异性免疫系统、特异性免疫系统、细胞免疫及体液免疫产生广泛影响，从而提高机体免疫力。

4. 维生素与免疫

（1）维生素 A 与免疫。维生素 A 对维持呼吸道和胃肠道黏膜的完整性及黏膜表面抗体的生成等具有重要作用，可以抵御致病菌的侵袭。维生素 A 缺乏常常导致 T 淋巴细胞、B 淋巴细胞对病原微生物等抗原的抵抗能力降低。维生素 A 还能影响巨噬细胞的吞噬杀菌能力。维生素 A 缺乏的动物，肺泡巨噬细胞超氧化物歧化酶、谷胱甘肽过氧化酶活性降低，补充维生素 A 后，肺泡巨噬细胞的吞噬能力增强。

类胡萝卜素具有很强的抗氧化作用，可以增加特异性淋巴细胞亚群的数量，增强自然杀伤细胞、吞噬细胞的活性，刺激各种细胞因子的生成，有增强免疫系统潜力的作用。研究表明，对免疫功能受损的人补充 β-胡萝卜素是有益的；对老年人补充 β-胡萝卜素可增强自然杀伤细胞的活性。

（2）维生素 E 与免疫。维生素 E 具有抗氧化功能，在一定剂量范围内能通过维护膜结构的完整性来促进免疫器官的发育和免疫细胞的分化。近来有研究表明：维生素 E 缺乏时，核糖核酸和蛋白质生物合成受到明显抑制。因此，维生素 E 也可能通过影响核酸、蛋白质代谢，进一步影响免疫功能。

（3）维生素 B_6 与免疫。核酸和蛋白质的合成以及细胞的增殖需要维生素 B_6，因而维生素 B_6 缺乏对免疫系统所产生的影响，比其他 B 族维生素缺乏时的影响更为严重。维生素 B_6 缺乏时可使动物胸腺质量减小、脾发育不全、淋巴细胞萎缩、周围血液中的淋巴细胞减少，并且影响抗体的合成，使细胞免疫与体液免疫能力下降。此外，试验证明维生素 B_6 缺乏对子宫中胎儿的免疫功能有显著和长期的影响。

（4）维生素 C 与免疫。维生素 C 能提高吞噬细胞的活性并参与免疫球蛋白的合成，因而补充维生素 C 能提高免疫力。

5. 微量元素与免疫

（1）铁与免疫。铁是维持免疫器官功能和结构完整所必需的营养素。铁可激活多种酶，当铁缺乏时，核糖核酸酶活性降低，肝、脾和胸腺蛋白质合成减少，使免疫功能出现各种异常，如淋巴组织萎缩，胸腺淋巴细胞及外周 T 淋巴细胞减少，淋巴细胞增殖能力、巨噬细胞和自然杀伤细胞（NK）功能均受抑，使细胞免疫功能降低。缺铁还会出现过敏反应。值得注意的是，铁摄入过量也会导致感染的发生，这是因为某些细菌的生长繁殖也需要铁，这些细菌能有效地竞争循环和组织中的铁，加速自身繁殖。

（2）锌与免疫。锌与体内多种酶的活性有关。锌缺乏会导致酶活性降低，抑制脱氧核糖核酸（DNA）、核糖核酸（RNA）和蛋白质合成及功能表达，引起免疫系统的组织器官萎缩，并影响 T 淋巴细胞的功能、胸腺素的合成与活性、淋巴细胞与自然杀伤细胞的功能以及吞噬细胞的功能等。另外，锌过多同样可抑制免疫系统功能，使淋巴细胞对 PHA（植物血凝素）的反应下降。

（3）硒与免疫。适宜硒水平对于保持细胞免疫和体液免疫是必需的。免疫系统依靠产生活性氧来杀灭微生物或毒物。如感染时，中性粒细胞的"呼吸爆发"，产生大量HO，来消灭入侵细菌，出现炎症反应。但是，多余的 HO 也会破坏自身细胞，这就需要宿主有防御氧化系统来保护自身。而硒与维生素 E 共同作用，在体内可以起到抗氧化的作用。另外，硒还具有明显的免疫增强作用，可选择性调节某些淋巴细胞亚群产生、诱导免疫活性细胞合成和分泌细胞因子，使淋巴细胞和自然杀伤细胞的活性增强。因此，维持细胞内硒的一定水平对保护机体健康、增强其抗病能力均具有重要意义。

（4）铜与免疫。铜也是体内很多酶的组成成分，如超氧化物歧化酶、细胞色素氧化酶等。超氧化物歧化酶催化氧化自由基的歧化反应，防止毒性超氧化自由基堆积，从而减少自由基对生物膜的损伤。超氧化物歧化酶在吞噬细胞杀伤病原微生物的过程中也起重要作用。细胞氧化磷酸化作用减弱，免疫活性细胞的氧化磷酸化作用受损将直接破坏其免疫功能。铜缺乏还会影响网状内皮系统对感染的免疫应答，使吞噬细胞的抗菌活性减弱。机体对许多病原微生物易感性增强，胸腺分泌物减少，淋巴细胞增殖及抗体合成受抑，自然杀伤细胞活性降低。

二、营养与亚健康

（一）亚健康的概念

20 世纪 80 年代中期，苏联学者 Berkman 以及后来的许多学者通过研究后发现，人体除了健康状态（第一状态）和疾病状态（第二状态）之外，还存在着一种非健康非疾病的中间状态，称为第三状态，即亚健康状态。目前，亚健康问题被越来越多的国家所重视。各国学者虽然对亚健康状态进行了大量研究，但至今对其尚没有一个统一的定义。世界卫生组织公布的调查结果表明，全世界亚健康人口总的比例已占到 75%，完全健康的只有 5%。我国有关调查显示，约有 15% 的人是健康的，15% 的人非健康，70% 的人呈亚健康状态。

（二）亚健康的产生原因

目前认为亚健康的产生原因如下：

1. 不良的生活方式

膳食结构不合理、高蛋白高脂肪饮食、垃圾食品以及一些有害人体的食品造成营养不良和有害物质蓄积，对人体健康产生损害；不良的生活习惯，如饮酒吸烟、暴饮暴食等；很少锻炼，以车当步；起居无常，通宵达旦的夜生活，晚睡晚起，无规律的生活方式。

2. 社会竞争的压力

竞争是社会发展的动力，公平的竞争表现了社会的进步和文明，但是，世界上任何事情都存在二重性，任何人在竞争中由于自身因素、机遇、市场变化、社会变迁必然会造成一些人竞争的失意，必然会产生各种精神压力，导致心理失衡而产生亚健康状态。

3. 人性的欲望和需求产生的压力

需求是人性的本能，社会不断地进步和发展，以满足人们不断增长的需要，但客观上需求是在不断变化之中，人群个体中有些欲望和需求不符合自身和社会的实际情况而产生矛盾，必然导致亚健康状态的发生。

4. 环境污染

随着社会的大生产化，人类和自然和谐发展产生矛盾，气候变异，大量耕地荒漠化，水源、噪声、废气、光源等环境污染，必然给人们带来危害，导致亚健康状态。

（三）亚健康的营养调理

亚健康状态的产生有着生物学、社会心理和环境等多方面的原因，因此，建立健康的生活方式和行为习惯，是防止亚健康状态发生的关键所在，如坚持锻炼，适量运动；合理作息，劳逸结合；自我调节，平衡心态等。由于许多亚健康患者存在一系列不良饮食习惯，造成营养不良的发生与发展，诱发或加重了亚健康状态。因此，合理营养对于防治亚健康也十分重要。

良好饮食习惯的形成是一个长期行为，合理营养是保持健康的物质基础。中国营养学会提出了具有中国特色的膳食指南，是指导我国居民合理营养的科学依据，包括"食物多样、谷类为主""多吃蔬菜、水果和薯类""常吃奶类、豆类或其制品""经常吃适量鱼、禽、蛋、瘦肉，少吃肥肉和荤油""食量与体力活动要平衡，保持适宜体重""吃清淡少盐的膳食""饮酒应限量""吃清洁卫生、不变质的食物"八条。

定期体检是早期发现亚健康状态的有效措施，可及时了解自身的身体健康状态，同时发现存在的营养问题，并采取针对性的措施。许多亚健康患者伴有营养素缺乏、超重或肥胖以及血糖、血脂、血压等的异常，因此，必须采取相应的饮食措施。

三、营养与疾病

营养摄入不足、过多或不平衡均会导致相关疾病的发生。过去，由于社会生产力水平低下，人类可获得的食物资源相当有限，加上缺乏现代营养知识，营养缺乏病的发生相当普遍，战争或灾荒更是雪上加霜，往往造成营养缺乏病的暴发流行。随着社会的进步和人民生活水平的提高，人们对营养的需求已经超出了单纯满足生存需求或防止缺乏病发生的范畴，并且将其作为防病治病的重要手段。自20世纪90年代以来，我国居民与营养过剩和营养不平衡有关的心脑血管疾病、糖尿病、肥胖和肿瘤等发病率一直保持上升的趋势，严重影响我国居民的身体健康，同时，由于受传统膳食结构的影响，目前我国居民微量营养素缺乏仍然相当普遍。近年来，一些地区受到假冒伪劣食品的影响，发生了以蛋白质能量营养不良表现为主的"大头娃娃"事件，为我们敲响了食品营养安全的警钟。

疾病的营养治疗是现代临床医学综合治疗中的重要组成部分，营养治疗根据疾病治疗方案的需要，增加或减少某些营养素的摄入量以达到治疗目的，如控制能量摄入有利于肥胖患者控制体重，控制快速升高血糖食物的摄入有利于纠正糖尿病患者的代谢紊乱，对手术患者进行营养支持有利于手术的成功及手术后的康复等。

（一）营养缺乏病

1. 营养缺乏病

由于机体缺乏一种或数种营养素而引起的疾病，可分为原发性与继发性两大类。原发性营养缺乏病是指食物供应不足、膳食调配不当或食物加工过于精细、烹调方法不合理，造成膳食中某种或某些营养素含量不足或损失、破坏过多所引起的营养缺乏病。继发性营养缺乏病是指某些疾病影响机体对营养素的消化吸收和利用，或者机体营养素需要增加，或者营养素消耗排泄过多所引起的营养缺乏症状。营养缺乏病是任何原因造成食物供应、摄入不足，或者食物消化吸收与利用障碍，或者单纯性蛋白质摄入不足均可引起蛋白质能量营养不良（protein energy malnutrition）。蛋白质能量营养不良除了蛋白质能量不足外，一般往往伴有一些微量营养素的不足或缺乏。

2. 硫胺素缺乏病

长期以精米和精白面为主食，或者食物加工烹调方法不当（如加碱处理造成破坏），或者存在胃肠道疾病、服用泻药，由此引起硫胺素（又称维生素 B_1）破坏过多、摄入不足或者吸收障碍，导致硫胺素缺乏病发生；由于劳动强度增加或其他原因造成硫胺素需要量增加而未及时增加硫胺素供给，同样可以引起硫胺素缺乏病的发生。硫胺素缺乏病又称为脚气病。

3. 核黄素缺乏病

膳食长期缺乏动物性食物，特别是核黄素（又称维生素 B_2）含量丰富的内脏、蛋类、乳类以及新鲜蔬菜，或者由于食物加工、储存、烹调不当，如加碱烹调、不注意避光储存等，或者由于胃肠道疾病等原因导致核黄素供应不足、破坏过多或者吸收障碍而引起核黄素缺乏病发生；劳动强度加大或者机体处于应激等状态时，机体核黄素需要量增加而未及时增加核黄素的供给同样可以引起核黄素缺乏病的发生。

4. 抗坏血酸缺乏病

长期缺乏新鲜蔬菜、水果，或者食物储存、加工、烹调不当使抗坏血酸（又称维生素 C）破坏过多，导致抗坏血酸摄入不足，引起坏血病的发生；胃肠道功能障碍导致抗坏血酸吸收障碍也可引起坏血病；一些特殊作业或特殊环境条件下，例如高温环境下作业的人群的抗坏血酸需要量增加，若不及时增加抗坏血酸的摄入，同样可以引起坏血病的发生。

5. 维生素 A 缺乏病

因膳食中动物性食物如动物肝脏、鱼类、蛋类、奶类和新鲜有色蔬菜、水果不足以及胃肠功能紊乱引起维生素 A 与维生素 A 原——胡萝卜素摄入不足、吸收障碍，可以导致夜盲症和干眼病的发生；低照度、微波辐射、高温环境等情况下，机体维生素 A 需要量增加，若未及时增加维生素 A 的摄入，同样可以引起维生素 A 缺乏。此外，蛋白质营养不良和锌营养不良时，由于体内视黄醇结合蛋白合成减少，影响维生素 A 在体内的转运和利用，也可导致维生素 A 的缺乏。

6. 钙缺乏病

长期摄入低钙食物，或者食物中含有较多植酸、草酸或纤维素，或者由于接受阳光照射太少导致体内维生素 D 水平下降，均可以导致钙缺乏病的发生。机体处于特殊生理状况下，如生长发育、妊娠与哺乳、骨折愈合时，钙需要量增加，若不及时增加钙的摄入，体内将出现相对性钙缺乏。此外，膳食蛋白质摄入过多、运动太少、女性绝经后雌激素水平下降均可引起尿钙排出增加，导致体内钙损失增加。

7. 锌缺乏病

膳食锌含量不足，或者膳食植酸、纤维含量偏高，或者摄入过量铁会影响锌的吸收，是导致锌缺乏病的主要原因；嗜酒、肝硬化、慢性肾病、慢性感染、严重外伤等情况下也可发生锌缺乏，完全肠外营养时未采取补锌措施，机体可出现急性锌缺乏。

（二）营养与肥胖

肥胖是一种由多因素引起的慢性代谢性疾病，它既是一个独立的疾病，又是 2 型糖尿病、心血管疾病、高血压、中风和多种癌症的危险因素，被世界卫生组织列为导致疾病负担加重的十大危险因素之一。目前肥胖发生率在发达国家及发展中国家均呈上升趋势，美国 1999 年调查结果显示人群超重率为 34%，肥胖率为 27%；欧洲国家在过去 10 年间肥胖率增长 10%～40%；我国 2002 年第四次居民营养与健康调查结果显示，成年人超重率达 22.8%，肥胖率为 7.1%，与 1992 年全国营养调查资料相比，成年人超重率上升 39%，肥胖率上升 97%，因此，超重与肥胖将成为未来我国一个日益严峻的公共卫生问题。

（三）营养与高血压

高血压是指动脉收缩压和（或）舒张压增高，常伴有心、脑、肾和视网膜等器官功能性或器质性改变为特征的全身性疾病。原发性高血压是一种常见的疾病，除了遗传和精神紧张等因素外，肥胖、高盐、饮酒等一些因素也与高血压发生、发展有密切关系。近 10 年来，我国原发性高血压发病率呈上升趋势。

（四）营养与动脉粥样硬化

动脉粥样硬化（atherosclerosis，AS）是一种缓慢的、多阶段、炎症性的退行性病变，导致动脉管壁受损、增厚变硬、失去弹性、管腔缩小。大量的流行病学调查研究表明，膳食脂肪的摄入总量，尤其是饱和脂肪酸的摄入量与动脉粥样硬化发生呈正相关关系。此外，膳食脂肪酸的组成不同对血脂水平的影响也不同，如脂肪酸的饱和程度和脂肪酸碳链长度的不同对血脂的影响也不一样。

（五）营养与糖尿病

糖尿病是由于体内胰岛素分泌绝对或相对不足，或外周组织对胰岛素不敏感而引起的以糖代谢紊乱为主的全身性疾病。除了出现糖代谢紊乱外，患者还伴有脂肪、蛋白质、水及电解质等多种代谢紊乱，主要表现为多饮、多食、多尿、体力和体重减少的"三多一少"症状，病程进一步发展将出现眼、肾、脑、心脏、神经、皮肤等重要器官组织的病变。2002 年全国营养与健康状况调查结果显示，我国 18 岁以上居民糖尿病患病率为 2.6%，空腹血糖受损率为 1.9%，估计全国糖尿病患者数量达 2 000 多万人，另有近 2 000 万人空腹血糖受损，城市患病率明显高于农村。与 1996 年糖尿病抽样调查资料相比，大城市 20 岁以上糖尿病患病率由 4.6% 上升到 6.4%，中小城市由 3.4% 上升到 3.9%。目前，糖尿病已经成为危害我国居民健康的主要慢性疾病之一。

能量摄入过剩是引起肥胖、糖尿病的主要诱发因素之一。肥胖者多有内分泌代谢紊乱，如血清胰岛素水平升高，脂肪、肌肉以及肝细胞胰岛素受体数目减少，亲力下降，从而导致胰岛素抵抗，最终引起碳水化合物代谢障碍而发生糖尿病。一般随着体重的下降，葡萄糖耐量将得到改善，胰岛素抵抗减轻。

一次进食大量碳水化合物后，血中葡萄糖水平升高，引起胰岛素分泌增加，促进葡萄糖氧化分解，从而维持血糖水平稳定。长期进食过多的碳水化合物，需要分泌大量胰岛素，加重了胰腺的负担，有可能引起胰腺功能障碍，导致糖尿病的发生。

膳食中脂肪进入体内后，水解生成脂肪酸，脂肪酸主要在骨骼肌内利用，它与葡萄糖利用之间存在一定的竞争关系，因此，脂肪酸利用增加，葡萄糖利用将随之减少，出现胰岛素抵抗，从而诱发糖尿病。另外，膳食中多余的脂肪将以甘油三酯的形式储存于脂肪细胞中，长期如此将引起肥胖，也有可能诱发糖尿病。

（六）营养与恶性肿瘤

恶性肿瘤包括我们常说的癌症在内，其特征为异常细胞生长失控，并由原发部位向其他部位播散，这种播散如无法得到有效控制，将侵犯要害器官并引起功能衰竭，最后导致个体死亡。癌症是当前严重影响人类健康、威胁人类生命的主要疾病之一，与心脑血管疾病和意外事故一起构成当今世界的三大死亡原因。据世界卫生组织统计，全世界每年癌症的新发病例高达 700 万人以上，死亡约 500 万人，并呈逐年增高的趋势。

在膳食影响癌症发生的过程中，除食物中的致癌物（如 N-亚硝基化合物、黄曲霉毒素、多环芳烃类和杂环胺类化合物等）起着重要作用外，食物结构和某些饮食习惯对癌症的发生也同样具有不可忽视的作用。

大量流行病学证据显示，高脂肪膳食能显著增加结肠、直肠癌的发病率，其机制可能为脂肪摄入增加可促进胆酸分泌至肠道，从而影响肠道微生物菌群组成并刺激次级胆酸产生，从而促进结肠癌的发生。还有研究结果发现乳腺癌的发生与膳食脂肪酸组成有关，不饱和脂肪酸摄入过多会增加患乳腺癌的危险性。另外脂肪的摄入量可能还与前列腺癌、膀胱癌、卵巢癌等发生有关。

高胆固醇膳食可增加乳腺癌和结肠癌发病的危险性，但是这种危险性通常远远低于由膳食脂肪所带来的危险性，多被忽略。近年来曾有报道，人群流行病学调查发现膳食胆固醇可增加患肺癌、膀胱癌和胰腺癌的危险性，但是目前尚缺乏动物实验结果的支持。

高能量与高碳水化合物、高蛋白膳食除膳食脂肪因素外，高能量摄入可能与某些癌症危险性增加有关。一般认为能量摄入过多将增加体重，从而增高乳腺癌和子宫内膜癌发生的危险性，因此，高能量、高碳水化合物膳食可能会增加某些癌症的危险性。还有研究表明高蛋白膳食可增加妇女患乳腺癌的危险性，但是目前证据尚不充足。

第三章
CHAPTER 3
资源、技术与健康食品

食品在提供人体充足的能量和营养，提高人体免疫力，改善亚健康，避免各种疾病等方面有重要作用。消费健康食品，已成为新时期的消费潮流和市场走向。提倡安全食品，也就是提倡一种新的饮食文化，一种新的消费观念，一种新的生活方式，一种新的与环境共处的依存关系，是人类文明进步的重要表现。

第一节　健康食品的内在要求

一、健康食品生产条件

（一）健康食品生产必须确保食品安全

健康食品首先应该是安全的食品，其次才是富有营养有利健康的食品。随着农药、化肥、生长激素等农业投入品的滥用，环境污染对食品的卫生质量造成了很大威胁，食物中毒事件不断见诸报道，很多食品不仅不能成为人体健康的保障，反之成为人体健康的威胁。随着我国经济的快速稳定增长，人民生活水平不断提高，对食品消费的要求也越来越高，食品安全已经成为民众关注的热点问题。发展健康食品生产，生产和消费安全、优质、营养的食品，是人类饮食文化的变革。

（二）健康食品必须保证产地环境安全

工业"三废"的大量排放与农用化学物资的大量施用，导致农田污染的情况十分严峻，农产品质量受到影响，部分地区的农产品受到较严重的污染。因食用受污染食物引起中毒的事件屡见报端，进行安全农产品生产，首先要求产地环境必须符合质量要求，产地一旦受到污染，就失去了生产的基本条件，因此要生产健康食品，就必须保护和改善农业环境。

（三）健康食品生产必须确保技术安全

所谓技术安全就是要推广安全农产品生产技术，合理使用农用化学物质，树立环境保护的观念，建立完善的食品安全检测技术，形成安全农业产业体系。

二、健康食品生产标准

什么样的食品才能称为"安全食品"呢？从国家标准的角度来讲，以国家公布的《食品卫生标准》为衡量尺度，农药、重金属、硝酸盐、有害生物（包括有害微生物、寄生虫卵等）等多种对人体有毒物质的残留均在限定范围或阈值内的农产品都属于安全农产品。目前国内市场上常见的安全农产品有 3 类。它们分别是无公害农产品、绿色食品和有机产品。

（一）绿色食品标准

绿色食品标准作为绿色食品生产经验的总结和科技发展的结果，对绿色食品产业发展所起的作用表现在以下几个方面：

（1）绿色食品标准是进行绿色食品质量认证和质量体系认证的依据。质量认证是指由可以充分信任的第三方证实某一经鉴定的产品或服务符合特定标准或技术规范的活动。质量体系认证是指由可以充分信任的第三方证实某一经鉴定产品的生产企业，其生产技术和管理水平符合特定的标准的活动。由于绿色食品认证实行产前、产中、产后全过程质量控制，同时包含了质量认证和质量体系认证，因此，无论是绿色食品质量认证还是质量体系认证都必须有适宜的标准依据，否则就不具备开展认证活动的基本条件。

（2）绿色食品标准是进行绿色食品生产活动的技术、行为规范。绿色食品标准不仅是对绿色食品产品质量、产地环境质量、生产资料毒负效应的指标规定，更重要的是对绿色食品生产者、管理者行为的规范，是评价、监督和纠正绿色食品生产者、管理者技术行为的尺度，具有规范绿色食品生产活动的功能。

（3）绿色食品标准是维护绿色食品生产者和消费者利益的技术和法律依据。绿色食品标准作为质量认证依据，对接受认证的生产企业来说，属强制执行标准，企业生产的绿色食品产品和采用的生产技术都必须符合绿色食品标准要求。当消费者对某企业生产的绿色食品提出异议或依法起诉时，绿色食品标准就成为裁决的合法技术依据。同时，国家工商行政管理部门，也将依据绿色食品标准打击假冒绿色食品产品的行为，保护绿色食品生产者和消费者利益。

（4）绿色食品标准是提高我国食品质量，增强我国食品在国际市场竞争力，促进产品出口创汇的技术目标依据。绿色食品标准是以我国国家标准为基础，参照国际标准和国外先进标准制定的，既符合我国国情，又具有国际先进水平。对我国大多数食品生产企业来说，要达到绿色食品标准有一定难度，但只要进行技术改造，改善经营管理水平，提高企业素质，许多企业是完全能够达到的，其生产的食品质量也是能够符合国际市场要求的。而目前国际市场对绿色食品的需求远远大于产能，这就为达到绿色食品标准的产品提供了广阔的市场。

（二）有机产品标准

有机标准发展至今，已在世界范围内初步形成了不同层次的标准体系，主要表现在国际水平、地区水平、国家水平和认证机构水平 4 个方面。

1. 国际水平

从国际水平上看，有机标准有"国际有机农业运动联盟（IFOAM）"的《基本标准》。IFOAM 基本标准和准则作为国际标准已在国际标准化组织（ISO）注册，是地区标准、国家标准和认证机构自身标准的基础，是有机标准的标准。

联合国的有机农业和有机农产品标准是由联合国粮食及农业组织（FAO）与世界卫生组织（WHO）制定的，是《食品法典》的一部分，属于建议性标准。《食品法典》作为联合国协调各个成员国食品卫生和质量标准的跨国性标准，一旦成为强制性标准，就可以作为世界贸易组织（WTO）仲裁国际食品生产和贸易纠纷的依据。

2. 地区水平

欧盟（EU）标准属于地区水平标准。1991 年 EU 有关有机农业的规则被发表于 EU 的官方刊物。1999 年 12 月，EU 委员会决定通过了有机产品的标志，这个标志可以由 EU2092/91 规则下的生产者使用。EU 关于有机生产的 EU2092/91 规则中有很多对消费者和生产者的保护。欧盟的 EU2092/91 是 1991 年 6 月制定的，对有机农业和有机农产品的生产、加工、贸易、检查、认证以及物品使用等全过程进行了具体规定，共分 16 个条款和 6 份附件。1991 年制定的时候，标准只包括植物生产的内容，1998 年完成了动物标准的制定，2000 年 8 月 24 日正式生效。

欧盟标准适用于其 27 个成员国的所有有机农产品（食用农产品）的生产、加工、贸易包括进口和出口。也就是说，所有进口到欧盟的有机农产品的生产过程应该符合欧盟的有机农业标准。因此，欧盟标准制定完成后，对世界其他国家的有机农产品生产、管理特别是出口产生了很大影响。

3. 国家水平

在国家水平上，除欧盟成员国外，日本、阿根廷、巴西、澳大利亚、美国、智利、以色列、瑞士等国家都有自己的标准。不同国家有机标准的发展历程各异，但共同特点是发展历史较短，主要集中在近 10 年左右。现举几例说明如下：

美国：1990 年通过联邦法《有机食品生产法案》；1992 年成立国家有机食品标准委员会（NOSB）；1994 年 NOSB 提交有机标准建议稿；1997 年美国农业部（USDA）制订有机规章提案；1998 年 USDA 着手修改有机规章；1999 年有机贸易协会（OTA）发布美国民间有机标准；2000 年 3 月 USDA 第二次提交有机规章提案；2001 年夏天公布并开始执行美国的有机标准。

日本：早在 1935 年，日本宗教和哲学领袖冈田茂吉就倡导"建立一个不依赖人造化学品和保护稀有资源的农业生态系统"，进入 20 世纪六七十年代，日本民间一些人士纷纷探索保护环境的农业生产体系，并相继产生了一批有机农业民间交流和促进组织，如自然农法国际基金会、日本有机农业研究会、日本有机农业协会等。1992 年日本农林水产省制定了《有机农产品蔬菜、水果生产准则》和《有机农产品生产管理要点》，并于 1992 年将以有机农业为主的农业生产方式列入保护环境型农业政策。2001 年正式出台的《日本有机农业标准》（JAS 法），标志着日本有机农业生产的规范化管理已完全纳入政府行为。

中国：按照国际有机食品标准和管理要求，1995 年国家环境保护局制定了《有机食品标志管理章程》和《有机食品生产和加工技术规范》，初步形成了较为健全的有机食品生产标准和认证管理体系。《有机产品认证标准》是目前生态环境部有机食品发展中心进行有机食品认证的基本依据。

4. 机构水平

从认证机构水平上看，基本上每一个认证机构都建立了自己的认证标准。这里需要说明的是，一个国家可以有一个认证机构，也可以有多个认证机构（比如美国境内就有 40 多个认证机构），这些认证机构多数是民间的（如德国的 Natural land，英国的 Soil

Association 和美国的 OCIA 等），也可以是官方的。不同认证机构执行的标准都是在 IFOAM 基本标准的基础上发展起来的，但侧重点有所不同，比如欧洲一些认证机构的有机标准，其主要内容多是围绕畜禽饲养，包括了牲畜、家禽饲养，牧草、饲料生产、肉、奶制品加工等，而中国以及其他一些亚洲国家的认证机构，其标准则多集中在大田作物（蔬菜、水果）生产、野生产品开发、茶叶以及水产等方面。这也从一个侧面反映了不同国家或地区不同的资源特色。此外，根据不同地区的特征和需要，不同认证机构对标准的发展也有所不同，其中多数认证机构仍以 IFOAM 基本标准的内容为主，标准比较原则化，也有一部分认证机构已根据本地区或本国实际，进一步发展了 IFOAM 标准，使之更具体化，便于操作，比如德国的 BIOLAND 已经建立了针对不同产品的标准系列。

三、健康食品生产管理要求

（一）生产管理

（1）强化生产基地建设，在全国范围内分期分批创建一批无公害农产品生产基地、标准化生产综合示范区，加强动植物无规定疫病区建设。

（2）净化产地环境。加大农产品产地环境监测力度，严格控制工业"三废"和城市生活垃圾对农业生态环境的污染，重点解决化肥、农药、兽药、饲料添加剂等农业投入品对农业生态环境和农产品的污染。

（3）严格农业投入品管理。按照国家法律法规，建立农业投入品禁用、限用公告制度。强化农业投入品市场的监督管理，严厉打击制售和使用假冒伪劣农业投入品行为。

（4）推行标准化生产。如加大无公害农产品生产技术标准和规范的实施力度，指导农产品生产者、经营者严格按照标准组织生产和加工，科学合理地使用肥料、农药、兽药、饲料和饲料添加剂等农业投入品以及灌溉、养殖用水，加强动植物病虫害的检疫、防疫和防治工作，提高农产品分级、包装、保鲜、贮藏和加工或标准化水平。

（5）提高生产经营组织化程度。积极扶持和发展专业技术协会、流通协会等专业合作经济组织和经纪人队伍，通过公司加农户、协会加农户等多种产业化经营方式，促进农业产业化龙头企业带动农产品生产者按照市场需求调整农产品品种布局和结构，提高农产品生产规模化和组织化程度，提升农产品质量安全水平。

（二）推行市场准入制

（1）建立监测制度。定期或不定期地开展农产品产地环境、农业投入品和农产品质量安全状况监测，确保上市农产品质量安全符合国家有关标准和规范要求。坚持和完善全国农产品质量安全定点跟踪监测制度，深入开展以农药和兽药残留为重点的专项检查和整治活动。

（2）推广速测技术。在全国大中城市农产品生产基地、批发市场、农贸市场开展农药残留、兽药残留等有毒有害物质残留检测，推广速测技术，检测结果以适当的方式公布，确保消费者的知情权和监督权。

（3）创建专区销售点。在全国和省级定点农产品批发市场以及连锁超市，积极推进安全优质认证农产品的专销区建设。对获得无公害农产品、绿色食品、有机产品认证和经检测合格的农产品实行专区销售。积极推进农产品和农业投入品连锁经销与集中配送。

（4）实施标志管理。根据不同农产品的特点，积极推行产品分级包装上市和场地标志制度。对包装上市的农产品，要求标明产地和生产者（经营者）。凡列入农业转基因生物标志管理目录的产品，严格按照农业转基因生物标志管理规定，予以正确标志或标注。

（5）实施追溯和承诺制度。按照从生产到销售的每一个环节可相互追查的原则，建立农产品生产、经营记录制度，在全国范围内推行了猪、牛、羊耳标管理，实现农产品质量安全的可追溯，在蔬菜、猪肉等"菜篮子"产品上推行了"产地与销地""市场与基地""屠宰厂与养殖场"的对接与互认，建立农产品质量安全承诺制度。

（三）完善保障体系

（1）健全标准体系。根据农产品质量安全监管需要，按照产前、产中、产后标准相配套的原则，积极采用国际标准，及时清理和修订过时的农业国家标准、行业标准，抓紧制定急需的农产品质量安全标准。

（2）完善检验检测体系。组织实施农产品质量安全检验检测体系建设规划，积极引进先进的检测技术和设备，努力缩小与发达国家在检验检疫方面的差距。

（3）加快认证体系建设。加强农产品质量安全认证体系的建设，组建农产品质量安全认证机构，做好安全农产品产地认定、产品认证和标志管理工作，在已开展的无公害农产品、绿色和有机产品、水产品，农机产品认证的基础上，积极推行 GAP（良好农业规范）、HACCP（危害分析与关键控制点）体系认证。

（4）加强技术研究和推广，加强农产品质量安全关键控制技术和综合配套技术研究，加快农药残留、兽药残留等有毒有害物质快速检测仪器设备、方法的筛选比对和推广，做好新品种、新技术、新产品的研究、开发、推广和技术服务工作。积极推广农产品产地环境净化技术。

（5）建立信息服务网络。将农产品质量安全信息作为农业市场信息体系的重要内容，及时向农产品生产、加工、经营和使用者提供质量、安全、标准、技术、市场等方面的信息。尽快建立农产品质量安全信息系统。

第二节　资源与健康食品

一、健康食品与环境要求

（一）绿色食品的环境要求

绿色食品产地的生态环境主要包括大气、水、土壤等环境。绿色食品产地应选择在空气清新、水质纯净、土壤未受污染、农业生态环境质量良好的地区，应尽量避开繁华都市、工业区和交通要道。边远省份、农村农业生态环境相对良好，是绿色食品产地的首要选择。城市郊区受城市污染较轻或未受污染，农业生态环境现状较好，也是绿色食品产地选择的理想区域。

对大气的要求：要求产地及产地周围不得有大气污染源，特别是上风口不得有污染源，如化工厂、钢铁厂、水泥厂等，不得排放有毒、有害气体，也不得有烟尘和粉尘。生产生活用的燃煤锅炉是大气中二氧化硫和飘尘的重要来源，燃煤锅炉需要装置除尘除硫设备。汽车尾气中会产生二氧化硫等污染物，绿色食品产地需避开交通繁华要道。

对水的要求：必须满足绿色食品生产过程中用水的需要。除了对水的数量（如地表水的多少、分布，地下水资源的多少及降水的多少）有一定要求外，更重要的是对水的环境质量的要求，即生产用水不能含有污染物，特别是重金属和有毒有害物质，如汞、砷、铬、镉、酚、苯、氰等。这些污染物可以通过灌溉在土壤中积累，然后通过根系吸收进入作物体内，在作物体内富集。若是饲养动物，则可通过饮水进入畜禽体内，并且也有富集过程。如果是食品加工厂，加工水的质量将直接影响到产品质量。因此绿色食品产地要选择在地表水、地下水水质清洁无污染的地区，要远离对水造成污染的工厂矿山，产地应位于地表水、地下水的上游。对于某些因地质形成原因而致使水中有害物质（如氟）超标的地区，应尽量避开。

对土壤的要求：要求产地位于土壤元素背景值正常区域，产地及产地周围没有金属或非金属矿山，并未受到人为污染。土壤中无农药残留。土壤肥力是土壤物理、化学和生物特性的综合表现，在选择绿色食品产地时应考虑土壤肥力指标，选择土壤有机质含量较高的地区。对于土壤中某些元素自然本底高（如放射性元素高本底区、重金属元素高本底区等）的地区，因土壤中的这些元素可转移、累积于植物体内，并通过食物链危害人类，因而不宜作为绿色食品产地。

此外，为了保证绿色食品产地整体处于健全的生态环境之中，保证绿色食品生产能持续、稳定发展，还应考虑产地生物多样性、生态环境的基础建设，如农田防护林的建设等问题。

（二）有机食品的环境要求

1. 环境条件

有机农业生产需要在适宜的环境条件下进行。农业环境影响有机农产品的数量和质量。有机生产基地是有机食品初级产品、加工产品、畜禽饲料的生长地，产地的生态环境条件是影响有机农产品的主要因素之一。因此，开发有机食品，必须合理选择有机食品产地。通过产地选择，可以全面地、深入地了解产地及产地周围的环境质量状况，为建立有机食品产地提供科学的决策依据，为有机食品产品质量提供最基础的保障条件。

环境条件主要包括大气、水、土壤等环境因子，虽然有机农业不像绿色食品有一整套对环境条件的要求和环境因子的质量评价指标，但作为有机食品生产基地应选择空气清新，水质纯净，土壤未受污染或污染程度较轻，具有良好农业生态环境的地区：生产基地应避开繁华的都市、工业区和交通要道的中心，周围不得有污染源，特别是上游或上风口不得有有害物质或有害气体排放；农田灌溉水、渔业用水、畜食饮用水和加工用水必须达到国家规定的有关标准，在水源周围不得有污染源或潜在的污染源；土壤重金属的背景值位于正常值区域，周围没有金属或非金属矿山，没有严重的农药残留以及化肥、重金属污染，同时要求土壤具有较高的土壤肥力和保持土壤肥力的有机肥源；有充足的劳动力从事有机农业生产。

2. 生态条件

有机农业生产基地除具有良好的环境条件外，基地的生态条件也是保证基地可持续发展的基础条件。

基地的土壤肥力及土壤检测结果分析：分析土壤的营养水平和有机农业土壤培肥措施。

基地周围的生态环境：植被的种类、分布、面积及生物群落的组成；建立与基地一体化的生态调控系统，增加天敌等自然因子对病虫害的控制和预防作用，减轻病虫害的危害，减少生产投入。

基地内的生态环境：地势、镶嵌植被，水土流失情况和保持措施。若存在水土流失，在实施水土保持措施时，选择对天敌有利，对害虫有害的植物，这样既起到水土保持的作用，又提高了基地的生物多样性。

隔离带和农田林网的建立：应充分明确隔离带的作用，建立隔离带并不是为了应付检查的需要，隔离带一方面起到与常规农业隔离的作用，避免在常规农田种植管理中施用的化肥和喷洒的农药渗入或漂移至有机田块，所以，隔离带的宽度与周围作物的种类和作物生长季节的风向有关；另一方面隔离带是有机田块的标志，起到示范、宣传和教育的作用。所以，隔离带的树种和类型（多年生还是一年生，乔木还是灌木，诱虫植物还是驱虫植物等）依具体情况而定①。

当地主要的作物轮作模式及作物的采收期：传统的种植模式已形成了当地固有的生物组成，了解当地传统的种植模式，可以减少打破这一种植模式后害虫暴发的风险和预防措施；了解作物的种植期、收获期，为建立天敌的中介植物和越冬植物提供依据。

二、绿色食品投入要素资源要求

（一）种植业投入资源

农药要求：植保方面农药的使用在种类、剂量、时间和残留量方面都必须符合《生产绿色食品的农药使用准则》。

肥料要求：作物栽培方面肥料的使用必须符合《生产绿色食品的肥料使用准则》，有机肥的施用量必须达到保持或增加土壤有机质含量的程度。

品种要求：品种选育方面尽可能选用适应当地土壤和气候条件，并对病虫草害有较强抵抗力的高品质优良品种。

化学物质要求：耕作制度方面尽可能采用生态学原理，保持物种的多样性，减少化学物质的投入。

（二）畜牧业投入资源

品种要求：品种选择适应当地生长条件并抗逆性强的优良品种。

饲料要求：饲料原料应来源于无公害区域内的草场、农区、绿色食品种植基地和绿色食品加工产品的副产品。

---

① 中国有机谷食品. 有机农业有哪四个必要条件，想做有机农业的你，不可不知！［EB/OL］.（2012-02-06）. https://baijiahao. baidu. com/s? id=1692741324214621240&wfr=spider&for=pc.

饲料添加剂要求：饲料添加剂的使用必须符合《生产绿色食品的饲料添加剂使用准则》，畜禽房舍消毒用药及畜禽疾病防治用药必须符合《生产绿色食品的兽药使用准则》。

防疫要求：防病采用生态防病及其他无公害技术。

（三）水产养殖业投入资源

水质要求：养殖用水必须达到绿色食品要求的水质标准。

品种要求：品种选择适应当地生长条件并抗逆性强的优良品种。

饲料要求：鲜活饵料和人工配合饲料的原料应来源于无公害生产区域。

饲料添加剂要求：人工配合饲料的添加剂使用必须符合《生产绿色食品的饲料添加剂使用准则》。

防疫要求：疾病防治用药必须符合《生产绿色食品的水产养殖用药使用准则》。防病采用生态防病及其他无公害技术。

三、有机食品投入要素资源要求

（一）种植业投入资源

品种要求：根据当地病虫害发生的有关资料，尽可能选择种植一些抗性较强的品种。还需适应当地的土壤和气候特点，并且在品种选择中应充分考虑保护作物的遗传多样性，避免大规模种植单一品种。有机生产应选择有机种子或种苗。种子质量应符合 GB 16715 的相关要求。

肥料要求：有机化、多元化、无害化和低成本化。肥料的种类包括农家肥、矿物肥料、绿肥和生物菌肥。

农药要求：有机农业是一种完全或基本不用人工合成的化肥、农药、除草剂、生长调节剂的农业生产体系。要求在最大范围内尽可能依靠作物轮作、抗虫品种、综合应用各种非化学手段控制作物病虫草害的发生。

（二）养殖业投入资源

场地要求：创建一个能保持其健康、满足其自然行为的生活条件。

密度要求：动物的饲养密度根据动物的种类和饲养方式的不同而不同。理想的情况是在占有的土地上生产的所有食物和纤维性饲料都被农场内的畜禽所消耗，提倡发展自我维持系统。

品种要求：考虑畜禽对当地条件的适应性和对流行病、寄生虫病的抵抗能力。有机农业强调保护生物多样性、保护畜禽地方品种。

饲料要求：饲料选择以新鲜、优质、无污染为原则。饲料配制应做到营养全面，各营养元素间相互平衡。所使用的饲料和饲料添加剂必须符合有机标准要求。所用饲料添加剂和添加剂预混料必须具有生产批准文号，其生产企业必须有生产许可证。进口饲料和饲料添加剂必须具有进口许可证。

饮水要求：畜禽饮用水需达到人类饮用水标准。畜禽饮用满足人类饮用水标准的饮水，可防止脱水和肺炎菌的繁殖扩散。

防疫要求：从整体思想出发认为畜禽的健康是一种平衡状态，并且在日粮、饲养、管理和观察等方面都达到平衡，通过营养和育种手段来降低家畜应激，保持家畜强壮、健康。有机养殖允许利用接种疫苗预防畜禽疾病，疫苗的接种需按家畜家禽防疫条例实施细则执行。

第三节　技术与健康食品

健康食品技术的使用需符合相应的健康食品标准及其环境资源的相应要求。根据无公害农产品、绿色食品和有机食品标准和要求的不同，形成相应的生产技术。

一、健康食品生产技术

(一)绿色食品生产技术

绿色食品生产由绿色食品自身特性决定，按照绿色食品标准要求：绿色食品生产需在未受污染、洁净的生态环境条件下进行；生产过程中通过先进的栽培、养殖技术措施，最大限度地减少和控制对产品和环境的污染和不良影响；最终获得无污染、安全的产品和良好的生态环境。

绿色食品生产以生态学为理论依据，要求生产中充分合理地利用资源，保护生态环境，维护良好的生态平衡。生产技术措施着重围绕控制化学物质的投入，减少对产品和环境的污染，形成持续、综合的生产能力，达到农业生态系统的良性生态循环而实施。

绿色食品生产，既不同于现代农业生产，也不同于传统农业生产，而是综合运用现代农业的各种先进理论和科学技术，排除因高能量投入、大量使用化学物质带来的弊病，吸收传统农业中的农艺精华，使之有机结合成为全新的生产方式。

绿色食品生产追求的目标是高效益和无污染，生产过程是在减少能源消耗，减少化学物质投入的前提下进行。为了保持和不断提高绿色食品生产水平，就必须在总结传统农业精耕细作、有利于保护生态环境的农艺技术基础上，更多地依靠先进的科学技术，将它们有机结合成综合的农业技术系统。我国是世界农业起源中心之一，有着长期有机农业的基础，留下了许多优良传统和生产经验。例如，千百年来我国农民在生产实践中始终强调土地的用养结合、种植业与各业相结合，积累有轮作、间作、套作的丰富经验，有使用人、畜禽粪尿的传统和处理技术等，所有这些凡是符合绿色食品生产的目标和要求的，都应在绿色食品生产中被吸收应用。同时绿色食品生产还必须吸收应用先进的科技成果，选用抗性强、高光效能的优良品种，增强作物自身抗病虫、抗逆能力，并提高对光合作用的利用；运用营养"诊断"技术指导施肥：利用天敌及生物制剂防治病虫草害：利用环保新技术，防治污染，提高环境质量等，这样才能不断提高绿色食品生产水平。

绿色食品生产不是各项技术简单地累加，也不是单纯地执行绿色食品生产规定及各项限制规定，而是要运用各学科、各领域的信息和先进技术，不断发现、研究和解决生产中的技术难点及其他阻碍绿色食品发展的问题。

(二)有机食品生产技术

在有机农业生态系统中，采取的生产措施均以实现系统内养分循环，最大限度地利用系统内物质为目的，包括：利用系统内有机废弃物质、选用抗性品种、合理轮作、多样化种植、采用生物和物理方法防治病虫草害等，有机农业通过建立合理的作物布局，满足作物自然生长的条件，创建作物健康生长的环境条件，提高系统内部的自我调控能力，以抑制病虫草害的暴发。

种植技术采取与自然相融合的耕作方式。有机耕作不用矿物氮源来施肥，而是利用豆科作物的固氮能力来满足植物生长的需要。种植的豆科作物用作饲料，由牲畜养殖积累的圈肥再被施到地里，培肥土壤和植物。尽最大可能获取饲料及充分利用农家肥料来保持土壤氮肥的平衡。利用土壤生物（微生物、昆虫、蚯蚓等）使土地固有的肥力得以充分释放。植物残渣、有机肥料还田以及种植间作作物有助于土壤活性的增强和进一步的发展。土地通过多年轮作饲料作物而得到修养，农家牲畜的粪便被充分分解并释放出来。

畜禽养殖需要协调种植业和养殖业的平衡。根据土地能承载能力确定养殖量，通常用牲畜承载量衡量，牲畜承载量是每公顷一个成熟牲畜单位，因为有机生产标准只允许从外界购买少量饲料。一方面需要考虑土地产出所能维持的养殖量，另一方面需要考虑这种松散的牲畜养殖能够保护环境不受太多牲畜或人类粪便的硝酸盐污染，产生土地能接受的粪便量。

禁止基因工程获得的生物及其产物。基因工程是指人工将一种物种的基因插入到另一物种基因中。因基因工程不是自然发生的过程，故违背了有机农业与自然秩序相和谐的原则。

禁止使用人工合成的化学农药、化肥、生长调节剂和饲料添加剂等物质。

随着不断的实践探索，有机种植在选种、培育、土壤管理、施肥培肥、病虫草害防控技术等方面实现了不断进步和完善。

二、健康食品检测

（一）绿色食品检测

1. 法律法规

各类绿色食品在生产活动中，应该严格遵守其相关的生产准则，其中除产地环境分别遵守《绿色食品　产地环境技术条件》（NY/T 391—2000）的相关要求外，如种植业还应遵守《绿色食品　农药使用准则》（NY/T 393—2000）及《绿色食品　肥料使用准则》（NY/T 394—2000）等；而养殖业和水产业应分别遵守《绿色食品　饲料和饲料添加剂使用准则》（NY/T 471—2000）、《绿色食品　兽药使用准则》（NY/T 472—2006）和《绿色食品　渔药使用准则》（NY/T 755—2003）的规定。

2. 检测标准

无公害农产品的产地环境与各类产品均有各自的检测标准与相关指标，详见第三章相关介绍。

3. 检测机构

绿色食品的监测机构分为环境质量监测机构和产品质量监测机构两类。绿色食品监测机构应具备法定资格，经中国绿色食品发展中心考核确认，自愿接受委托，承担绿色食品监测任务。

中国绿色食品发展中心根据《绿色食品检测机构管理办法》《关于全国绿色食品监测机构布点的意见》，遵循合理布局、规范发展的原则，受理有关监测单位的申请。申请绿色食品环境质量监测的单位，必须有当地绿色食品委托管理机构推荐意见，方予受理。然后经过资质审核、实地考察合格后，便可以委托授权进行相关范围的检测工作。中国绿色食品发展中心每年对其授权的机构进行能力验证和日常监督管理指导等工作。

（二）有机产品检测

1. 法律法规

现代有机食品的理念来源于欧美等发达国家。与国内无公害农产品及绿色食品不同，有机产品强调的是生产过程的控制与监督，对于生产链条的两端即产地环境与最终产品并无明确要求。国家标准《有机产品》（GB/T 19630）的相关内容参考了国外的惯例以及我国生产的具体情况，对产地环境即重金属、农残等提出了具体要求，但也未明确规定必须进行检测。

2. 检测标准

有机产品的产地环境及产品的标准，应参照国家标准《有机产品》（GB/T 19630）的相关要求。其中基地的环境质量应符合以下要求：

（1）种植业的产地环境标准如下（GB/T 19630.1 中 4.1.2）：

土壤环境质量符合《土壤环境质量标准》（GB 15618）中的二级标准。

农田灌溉用水水质符合《农田灌溉水质标准》（GB 5084）中 V 类水标准。

环境空气质量符合《环境空气质量标准》（GB 3095）二级标准和《保护农作物的大气污染物最高允许浓度》（GB 9137）。

另外，食用菌栽培用水水源水质应符合 GB 5749 的指标要求（GB/T 19630.1 中 5.1）。

（2）水产养殖场水质必须符合国家 GB 11607 的规定（GB/T 19630.1 中 9.3）。

3. 检测机构

根据国家质量监督检验检疫总局《有机产品认证管理办法》（局令〔2005〕第 67 号），国家认证认可监督管理委员会负责定期公布有机产品产地（基地）环境检测、产品样品检测机构（以下简称有机产品检测机构）名录。为此，国家认监委下发了《关于公布有机产品检测机构名录有关问题的通知》（认办注函〔2005〕82 号），对从事相关检测工作的检测机构名录公布程序做出具体规定。

各有机产品认证机构在对外分包检测业务时，应当从上述名录中选取检测机构，在签署分包业务前，应注意核对其计量认证证书或实验室认可证书是否真实有效；分包的检测项目应当在计量认证或实验室认可的范围之内。

三、健康食品储运技术

（一）贮藏要求

绿色食品对产品的贮藏设施、环境及贮藏管理均有严格的规定。具体要求如下：

（1）贮藏设施的设计、建造与建筑材料。用于贮藏绿色食品的设施结构和质量应符合相应食品类别的贮藏设施设计规范的规定。不应使用对食品产生污染或潜在污染的建筑材料与物品。贮藏设施应具有防虫、防鼠、防鸟的功能。

（2）贮藏设施周围环境。设施周围环境应清洁和卫生，并远离污染源。

（3）贮藏设施管理。设施及其四周要定期打扫和消毒。贮藏设备及使用工具在使用前均应进行清理和消毒，防止污染。优先使用物理的或机械的方法进行消毒，消毒剂的使用应符合 NY/T 393 和 NY/T 472 的规定。

出入库：经检验合格的绿色食品才能出入库。

堆放：按绿色食品的种类要求选择相应的贮藏设施存放，存放产品应整齐。堆放方式应保证绿色食品的质量不受影响。不应和有毒、有害、有异味、易污染物品同库存放。保证产品批次清楚，不应超期积压，并及时剔除不符合质量卫生标准的产品。

贮藏条件：应符合相应食品的温度、湿度和通风等贮藏要求。

（4）保质处理。应优先采用紫外光消毒等物理与机械的方法和措施。在上述措施不能满足需要时，允许使用药剂，但其种类、剂量和使用方法应符合 NY/T 393 和 NY/T 472 的规定。

（5）管理和工作人员。应设专人管理，定期检查质量和卫生情况，定期清理、消毒和通风换气，保持洁净卫生。工作人员应保持良好的个人卫生，且应定期进行健康检查。应建立卫生管理制度，管理人员应遵守卫生操作规定。

（6）记录。绿色食品生产者应建立设施管理记录程序。应保留所有搬运设备、贮藏设施和容器的使用登记表或核查表。应保留贮藏记录，认真记载进出库产品的地区、日期、种类、等级、批次、数量、质量、包装情况、运输方式，并保留相应的单据。

（二）运输准则

（1）运输工具应根据绿色食品的类型、特性、运输季节、距离以及产品保质贮藏的要求选择不同的运输工具。运输应专车专用，不应使用装载过化肥、农药、粪土及其他可能污染食品的物品而未经清污处理的运输工具运载绿色食品。运输工具在装入绿色食品之前应清理干净，必要时进行灭菌消毒，防治害虫感染。运输工具的铺垫物、覆盖物等应清洁、无毒、无害。

（2）运输管理。运输过程中采用控温措施，定期检查车（船、箱）内温度以满足保持绿色食品质量需要的适宜温度。保鲜用冰应符合 SC/T 9001 的规定。

绿色食品在运输过程中还应注意如下问题：

①不同种类的绿色食品运输时应严格分开，性质相反和相互串味的食品不应装在一个车（箱）中。不应与化肥、农药等化学物品及其他任何有害、有毒、有气味的物品一起运输。

②装运前应进行食品质量检查，在食品、标签与单据三者相符的情况下才能装运。

③运输包装应符合 NY/T 658 的规定。

④运输过程中应轻装、轻卸，防止挤压和剧烈震动。

⑤运输过程应有完整的档案记录，并保留相应的单据。

第 四 章
CHAPTER 4
健康食品需求与供给

本章介绍健康食品需求、供给方面的基本概念和相关知识，阐述健康食品市场价格的决定机制和变动特征，分析不同弹性对健康食品需求和供给的影响。

第一节　健康食品需求

健康食品的市场价格是消费者需求和生产者供给之间相互作用的结果，所以，要说明健康食品的价格决定机制，就需要考察消费者的需求和生产者的供给。本节从健康食品需求的概念和影响因素入手，着重分析健康食品需求的性质和规律。

一、健康食品需求的概念

健康食品（Healthy food）是食品的一个种类，具有一般食品的共性，其原材料主要取自天然的动植物，经先进生产工艺，将其所含丰富的功效成分作用发挥到极致，从而调节人体机能。健康食品主要分为三类，即谷类食品、果干和其他健康食品。谷类食品通常指未经加工的谷类食品，或利用经加工的天然谷物制成的食物，包括全谷物替代餐、杂粮、谷物早餐等。果干通常指营养丰富的果干产品，烘干后仍可保留其浓郁的味道和营养成分，包括天然坚果、枣、枸杞等。其他健康食品主要包括保健品、特殊膳食（包括特医食品）等[①]。

人们对健康食品的需求，必须具备两个条件：其一，消费者有购买意愿；其二，消费者有支付能力。因此，消费者对健康食品的需求，可以定义为：消费者在某一特定时期内，在各种可能的价格水平上愿意购买并且能够购买的某种健康食品的数量。

二、影响健康食品需求的因素

健康食品的需求量受到多种因素的影响，最常见的影响因素有：

（一）健康食品价格

价格是影响健康食品需求量的最重要的因素。健康食品是一种正常商品，消费者购买健康食品的目的是为了维持身体健康和享受良好的生活品质，而不是进行炫耀，同时

---

① 中研普华产业研究院．未来健康食品行业发展趋势分析［EB/OL］．2022-8-9．中研网．https：//finance. chinairn.com/News/2022/08/09/23301529.html.

健康食品也并非价格极其低廉的吉芬商品，因此健康食品价格和需求量之间的关系符合需求规律。如果健康食品价格上涨，消费者就会购买其他食品来替代健康食品，从而导致健康食品需求量下降；如果健康食品价格下跌，生产者就会购买更多的健康食品，引起健康食品需求量的增加。健康食品价格的升降与需求量呈反方向变动关系，即价格上升需求量减少，价格下降需求量增加，这被称作需求规律。

（二）消费者收入

收入水平的提高使消费者不再仅仅满足于为填饱肚子而选择传统食品，而是会对营养价值更高、价格也更昂贵的健康食品有更多的购买意愿和支付能力，因而收入提高会使消费者对健康食品的需求量增加；反之，如果消费者收入有限，则将失去对健康食品的购买欲望和购买能力。

（三）消费潮流和消费者偏好

随着人民生活水平的提高，消费需求结构发生变化，绿色、健康成为一种不可阻挡的潮流。消费者对食品的关注点从种类、数量、口味逐渐转向了绿色、营养和健康，具有健康功能性的食品受到消费者的青睐。此外，消费者也开始注重选择安全性和营养性高的食品，从多角度、多渠道考虑食品营养和健康的可能性，健康食品需求量将大大增加。

（四）政府政策的引导和推动

近年来时有发生的食品安全问题，促使我国成立了国务院食品安全委员会，出台了《食品生产加工企业质量安全监督管理实施细则》《中华人民共和国食品安全法》等相关法律法规和《散装食品卫生管理规范》《食品生产许可证审查细则》等多个行业标准及制度规定，既提升了对健康食品的监管级别，也使健康食品的观念深入人心，引导和推动了健康食品市场需求的增长。

（五）其他因素

除了以上原因会影响消费者对健康食品的需求数量之外，其他例如气候变化、文化习俗、消费习惯、未来预期、广告宣传、商家促销等因素都可能影响到健康食品的需求。

在上述所有因素中，有一个至关重要的影响因素——健康食品的价格，它的升降非常直接地影响着消费者的购买行为，因此价格常被作为分析需求量变动的最重要变量，单独地被称为"价格因素"。价格之外的其他所有因素则统称为"非价格因素"，在构建需求函数和需求模型时，假设这些"非价格因素"是不变的。

三、健康食品的需求函数和需求曲线

（一）需求函数

影响健康食品需求量的因素与需求之间的关系可用需求函数方程表示：

$$Q_d = f(P, M, N, G, \cdots)$$

式中：Q_d 为健康食品的需求量；f 为函数关系；P，M，N，G 分别表示健康食品价格、消费者收入、消费者偏好、政策等影响因素。

为简化起见，在假定其他因素不变，只分析价格对需求影响的情况下，健康食品的需求函数可以表示为：

$$Q_d = f(P)$$

该函数式表示健康食品的需求量和价格之间存在着一一对应的关系，这种函数关系可以分别用需求表和需求曲线来加以表示。

（二）需求表

健康食品的需求表是一个表示各种价格水平和与之相对应的需求量之间关系的数字序列表，如表 4-1 所示。

表 4-1 表示在不同价格条件下，消费者购买健康食品数量的变化。如果每盒价格为 1 元，购买 20 盒。每盒价格上升到 3 元，需求量就减少为 12 盒。随着价格继续上升，需求量越来越少。

表 4-1 某健康食品需求表

价格-数量组合	单位价格（元）	需求量（盒）
a	5	9
b	4	10
c	3	12
d	2	15
e	1	20

（三）需求曲线

把需求表的数据绘制在坐标系中，即可得到健康食品的需求曲线，如图 4-1 所示。

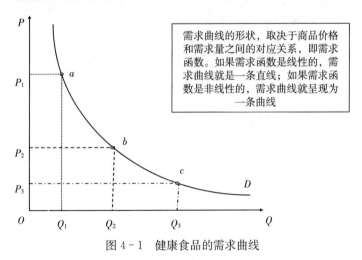

图 4-1 健康食品的需求曲线

在图 4-1 中，横轴表示健康食品的需求量，纵轴表示健康食品的价格。价格与需求量反方向变动，因而需求曲线是一条从左上方向右下方倾斜的曲线。

特别地，如果需求函数是线性函数，则需求曲线是一条直线，可以表示为：

$$Q_d = f(P) = \alpha - \beta P$$

其中，α 为需求曲线在横轴上的截距（即价格为零时的需求量），β 为需求曲线斜率的倒数（$\beta = \dfrac{\Delta Q_d}{\Delta P}$ 或 $\beta = \dfrac{\mathrm{d} Q_d}{\mathrm{d} P}$）。

（四）需求量变动和需求变动

健康食品价格因素（即健康食品自身价格）变动所引起的需求量变化，称为需求量变动。需求量变动在图形上表现为在一条既定的需求曲线上点的位置移动。如图4-2所示，假设其他条件不变，在需求曲线 D 上，随着健康食品价格由1元提高到6元，其需求量相应地由700单位减少到200单位，表现在图形上，即由点 A 沿着需求曲线向左上方移动到了点 F；随着健康食品价格由5元下降到2元，点 E 沿着需求曲线向右下方移动到了点 B，需求量从300单位增加到了600单位。一般地，左移表示水平下降或减少，右移表示水平上升或增加。

当健康食品自身价格不变时，由于非价格因素（即除价格之外的其他因素）的变动引起的需求量变化，称为需求变动。需求变动在图形上表现为整条需求曲线的移动。如图4-3所示，假设商品自身的价格保持为 P_0，由于某种非价格因素使得需求增加，则原来的需求曲线 D_1 将向右移动至 D_2，表示同一价格水平下需求量从原来的 Q_1 增加为 Q_2；由于某种非价格因素使得需求减少，需求曲线将由 D_1 左移至 D_3，表示同一价格水平下需求量从 Q_1 减少为 Q_3。一般地，左移表示水平下降或减少，右移表示水平上升或增加。

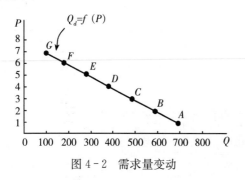

图4-2　需求量变动

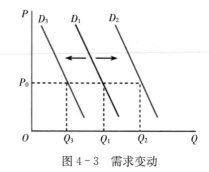

图4-3　需求变动

四、健康食品的需求弹性

前面分析了健康食品需求随着影响因素的变化而变化的规律，但是却没有说明这些因素会在多大程度上引起需求的变动，弹性分析的目的就是要试图解决这个问题。经济学上的弹性概念是由阿尔弗雷德·马歇尔提出的，是指一个变量相对于另一个变量发生的一定比例的改变的属性。弹性指反应程度，即在两个有因果关系的变量之间，因变量对自变量变化的反应灵敏度。

常见的需求弹性包括需求价格弹性、需求收入弹性、需求交叉弹性等，它们分别用来分析健康食品自身价格、消费者收入、相关商品价格变动对于健康食品需求量的影响程度。

（一）健康食品的需求价格弹性

健康食品需求价格弹性是指健康食品的需求量对该商品价格变化的反应灵敏度，或者说，健康食品需求量变化百分率对价格变化百分率的比例。

1. 健康食品需求价格弹性的计算

假设健康食品需求价格弹性系数为 E_d，需求量为 Q，需求量变化为 ΔQ，价格为 P，价格变化为 ΔP。根据定义，可以得到健康食品需求价格弹性的计算公式：

（1）弧弹性公式：

$$E_d = -\frac{\dfrac{\Delta Q}{Q}}{\dfrac{\Delta P}{P}} = -\frac{\Delta Q}{\Delta P} \cdot \frac{P}{Q}$$

（2）点弹性公式：

$$E_d = -\lim_{\Delta P \to 0}\frac{\Delta Q/Q}{\Delta P/P} = -\lim_{\Delta P \to 0}\frac{\Delta Q}{\Delta P} \cdot \frac{P}{Q} = -\frac{\mathrm{d}Q}{\mathrm{d}P} \cdot \frac{P}{Q}$$

（3）中点弹性公式：

$$E_d = -\frac{\Delta Q}{\Delta P} \cdot \frac{P_1 + P_2}{Q_1 + Q_2}$$

2. 健康食品需求价格弹性的类别：富有弹性

根据弹性的性质，在五种不同的弹性分类中，健康食品属于需求富有弹性的类别，即健康食品需求量变动的比率大于其价格变动的比率，需求量对价格变动反应灵敏，价格的小幅变动就能引起需求量大幅变动，如图 4-4 所示。

在图 4-4 中，健康食品的需求曲线（D 曲线）斜率较小，因为弹性系数公式中的 $\mathrm{d}Q/\mathrm{d}P$ 为需求曲线斜率 $\mathrm{d}P/\mathrm{d}Q$ 的倒数，所以弹性系数越大，斜率越小。当健康食品价格小幅下降时，消费者对健康食品的需求量将大大增加，从而使生产厂商的收益增加。因此，厂商若要增加收益，应该采取降价策略，适当降低健康食品的价格，以确保健康食品的销量和收入上升。

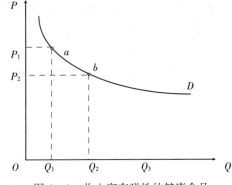

图 4-4 收入富有弹性的健康食品

（二）健康食品的需求收入弹性

健康食品的需求收入弹性是指健康食品的需求量对消费者收入变动的反应灵敏度，或者说，健康食品需求量变化百分率对消费者收入变化百分率的比例。

1. 健康食品需求收入弹性的计算

假设健康食品需求收入弹性系数为 E_M，需求量为 Q，需求量变化为 ΔQ，消费者收入量为 M，收入量变化为 ΔM。根据定义，可以得到健康食品需求收入弹性的计算公式：

（1）弧弹性公式：

$$E_M = \frac{\dfrac{\Delta Q}{Q}}{\dfrac{\Delta M}{M}} = \frac{\Delta Q}{\Delta M} \cdot \frac{M}{Q}$$

（2）点弹性公式：

$$E_M = \lim_{\Delta M \to 0} \frac{\Delta Q/Q}{\Delta M/M} = \lim_{\Delta M \to 0} \frac{\Delta Q}{\Delta M} \cdot \frac{M}{Q} = \frac{\mathrm{d}Q}{\mathrm{d}M} \cdot \frac{M}{Q}$$

（3）中点弹性公式：

$$E_M = \frac{\Delta Q}{\Delta M} \cdot \frac{M_1 + M_2}{Q_1 + Q_2}$$

2. 健康食品需求收入弹性的类别：富有弹性

根据弹性的性质，健康食品属于需求收入富有弹性的类别，即健康食品需求量变动的比率大于消费者收入变动的比率，需求量对收入变动反应灵敏，消费者收入的小幅增加就能引起需求量大幅增加，如图 4-5 所示。

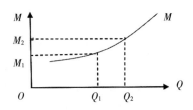

图 4-5　收入富有弹性的健康食品

由此可见，随着经济的发展和人们收入水平的提高，健康食品的需求量将大大增加，健康食品市场有着巨大的发展潜力。

（三）健康食品的需求交叉弹性

健康食品的需求交叉弹性是指健康食品的需求量对相关商品价格变动的反应灵敏度，或者说，健康食品需求量变化百分率对相关商品价格变化百分率的比例。

1. 健康食品需求交叉弹性的计算

假设健康食品需求交叉弹性系数为 E_{XY}，健康食品需求量为 Q_X，需求量变化为 ΔQ_X，相关商品价格为 P_Y，相关商品价格变化为 ΔP_Y。根据定义，可以得到健康食品需求交叉弹性的计算公式：

（1）弧弹性公式：

$$E_{XY} = \frac{\dfrac{\Delta Q_X}{Q_X}}{\dfrac{\Delta P_Y}{P_Y}} = \frac{\Delta Q_X}{\Delta P_Y} \cdot \frac{P_Y}{Q_X}$$

（2）点弹性公式：

$$E_{XY} = \lim_{\Delta P_Y \to 0} \frac{\dfrac{\Delta Q_X}{Q_X}}{\dfrac{\Delta P_Y}{P_Y}} = \lim_{\Delta P_Y \to 0} \frac{\Delta Q_X}{\Delta P_Y} \cdot \frac{P_Y}{Q_X} = \frac{\mathrm{d}Q_X}{\mathrm{d}P_Y} \cdot \frac{P_Y}{Q_X}$$

（3）中点弹性公式：

$$E_{XY} = \frac{\Delta Q_X}{\Delta P_Y} \cdot \frac{P_{Y1} + P_{Y2}}{Q_{X1} + Q_{X2}}$$

2. 健康食品需求交叉弹性的正负值

替代品（substitutes）是能够相互替代使用来满足消费者相同需要的两种商品。当两种商品中一种商品涨价时，消费者必然会选择相对更便宜的另一种商品，这种商品需求量必然增加；反之，当其中一种商品降价时，消费者必然会选择这种降价商品，另一种商品需求量会减少。因此，健康食品与其替代品之间的需求交叉弹性为正值。

互补品（complements）是必须配合起来共同使用才能满足消费者需要的两种商品。当两种商品中一种商品涨价时，消费者必然会减少这种商品的需求量，配合使用的商品的需求量同时减少；反之，当两种商品中一种商品降价时，消费者必然会增加这种商品的需求量，配合使用的商品的需求量同时也增加。因此，健康食品与其互补品之间的需求交叉弹性为负值。

第二节　健康食品供给

本节从健康食品的概念和影响因素入手，分析健康食品供给的性质和规律。

一、健康食品供给的概念

健康食品的供给，是指生产者在一定时期内，对应健康食品的各种价格，愿意出售并且能够出售的健康食品的数量。有效供给的生产者，必须既有供给意愿，又有供给能力。生产者为提供一定数量健康食品所愿意接受的价格称之为健康食品的供给价格。

二、影响健康食品供给的因素

影响健康食品供给量的因素多种多样，最常见的有：

（一）健康食品价格

价格是影响健康食品供给量的决定性因素。当健康食品价格高时，出售健康食品是有利可图的，因此供给量也大，作为健康食品生产者，工作时间更长，购买更多生产设备，并雇用更多工人，向市场提供更多产品。相反，当健康食品价格低时，对生产者不太有利，生产者会减少健康食品生产。在一个更低的价格时，生产者甚至会选择完全停止生产，供给量减少为零。价格与供给量之间这种正相关关系被称为供给规律：在其他条件相同时，价格上升供给量增加，价格下降供给量减少。

（二）生产成本

在价格不变的条件下，生产健康食品的成本增加，利润相应减少，生产者就会减少健康食品的供给量；相反，生产成本下降，健康食品供给量就会增加。而在生产技术既定的条件下，健康食品的生产者所使用的生产要素的价格是决定生产成本的关键因素，因此，生产要素价格提高会促使生产成本增加，进而使得健康食品的供给减少。

（三）生产技术水平

在投入既定的条件下，生产者所采用的技术决定了它所能生产的健康食品的数量，技术水平越高，相应产出量就越大，供给量就越大。当前我国健康食品生产的技术创新非常活跃，生产技术水平提高很快，厂商愿意并且能够向市场提供更多的健康食品。

（四）政府政策

政府所采取的经济政策也会直接或间接影响上述因素从而最终影响健康食品供给量。政策支持则供给量增加，政策限制则供给量减少。

除了以上原因会影响生产者对健康食品的供给数量之外，其他例如企业经营管理水平、库存量、市场动向、未来预期等因素也可能影响到健康食品的供给。

在上述所有因素中，有一个至关重要的影响因素——健康食品的价格，它的升降非常直接地影响着生产者的生产行为，因此价格常被作为分析供给量变动的最重要变量，单独地被称为"价格因素"。价格之外的其他所有因素则统称为"非价格因素"，在构建供给函数和供给模型时，通常假设这些"非价格因素"是不变的。

三、健康食品的供给函数和供给曲线

（一）供给函数

影响健康食品供给量的因素与供给之间的关系可用供给函数方程表示：

$$Q_S = f(P, C, T, N, \cdots)$$

式中：Q_S 为健康食品的供给量；f 为函数关系；P，C，T，N 分别表示健康食品价格、生产成本、生产技术水平、政策等影响因素。

为简化起见，在假定其他因素不变，只分析价格对供给影响的情况下，健康食品的供给函数可以表示为：

$$Q_S = f(P)$$

该函数式表示健康食品的供给量和价格之间存在着一一对应的关系，这种函数关系可以分别用供给表和供给曲线来加以表示。

（二）供给表

健康食品的供给表是一个表示各种价格水平和与之相对应的供给量之间关系的数字序列表，如表 4-2 所示。

表 4-2　某健康食品供给表

价格-数量组合	单位价格（元）	供给量（盒）
a	5	22
b	4	18
c	3	16
d	2	12
e	1	7

表 4-2 表示在不同价格条件下，生产者供给的健康食品数量的变化。如果每盒价格为 1 元，供给 7 盒。每盒价格上升到 3 元，供给量就增加为 16 盒。随着价格继续上升，供给量越来越多。

（三）供给曲线

把供给表的数据绘制在坐标系中，即可得到健康食品的供给曲线，如图 4-6 所示。

在图 4-6 中，横轴表示健康食品的供给量，纵轴表示健康食品的价格。价格与供给量同方向变动，因而供给曲线是一条从左下方向右上方倾斜的曲线。

特别地，如果供给函数是线性函数，则供给曲线是一条直线，可以表示为：

$$Q_S = f(P) = -\delta + \gamma P$$

其中，$-\delta$ 表示供给曲线的延长线在横轴上的截距（即商品价格为零时的供给量），

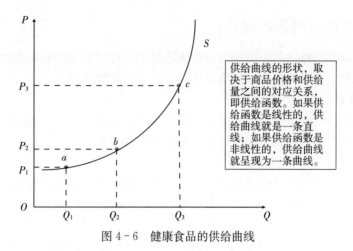

图 4-6 健康食品的供给曲线

说明能使生产者提供产量的价格必定是 $P > (\delta/\gamma)$，因为 $-\delta+\gamma P>0$；γ 表示供给曲线的斜率的倒数（$\gamma=\dfrac{\Delta Q_S}{\Delta P}$ 或 $\gamma=\dfrac{\mathrm{d}Q_S}{\mathrm{d}P}$）。

（四）供给量变动和供给变动

健康食品价格因素（即健康食品自身价格）变动所引起的供给量的变化，称为供给量变动。供给量变动在图形上表现为在一条既定的供给曲线上点的位置移动。如图 4-7 所示，假设其他条件不变，在供给曲线 S 上，随着健康食品价格由 2 元提高到 5 元，其供给量相应地由 0 单位增加到 600 单位，表现在图形上，即由点 A 沿着供给曲线向右上方移动到了点 D；随着健康食品价格由 4 元下降到 3 元，点 C 沿着供给曲线向左下方移动到了点 B，供给量从 400 单位减少到 200 单位。

健康食品自身价格不变时，由于非价格因素（即除价格之外的其他因素）的变动引起的供给量变化，称为供给变动。供给变动在图形上表现为整条供给曲线的移动。如图 4-8 所示，假设商品自身的价格保持为 P_0，由于某种非价格因素使得供给增加，则原来的供给曲线 S_1 将向右移动至 S_2，表示同一价格水平下供给量从原来的 Q_1 增加为 Q_2；由于某种非价格因素使得供给减少，供给曲线将由 S_1 左移至 S_3，表示同一价格水平下供给量从 Q_1 减少为 Q_3。一般地，左移表示水平下降或减少，右移表示水平上升或增加。

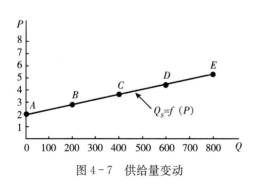

图 4-7 供给量变动

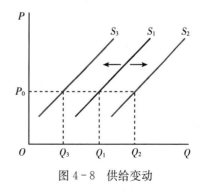

图 4-8 供给变动

四、健康食品的供给弹性

健康食品的供给弹性分析的是当影响供给量的各种因素变动时，供给量变动的反应灵敏度。常见的供给弹性包括供给价格弹性、供给技术弹性等。

（一）健康食品的供给价格弹性

健康食品的供给价格弹性是指健康食品的供给量对其价格变化的反应灵敏度，或者说，健康食品供给量变化百分率对价格变化百分率的比例。

1. 健康食品供给价格弹性的计算

假设健康食品供给价格弹性系数为 E_S，供给量为 Q，供给量变化为 ΔQ，价格为 P，价格变化为 ΔP。根据定义，可以得到供给价格弹性的计算公式：

（1）弧弹性公式：

$$E_S = \frac{\frac{\Delta Q}{Q}}{\frac{\Delta P}{P}} = \frac{\Delta Q}{\Delta P} \cdot \frac{P}{Q}$$

（2）点弹性公式：

$$E_S = \lim_{\Delta P \to 0} \frac{\Delta Q/Q}{\Delta P/P} = \lim_{\Delta P \to 0} \frac{\Delta Q}{\Delta P} \cdot \frac{P}{Q} = \frac{dQ}{dP} \cdot \frac{P}{Q}$$

（3）中点弹性公式：

$$E_S = \frac{\Delta Q}{\Delta P} \cdot \frac{P_1 + P_2}{Q_1 + Q_2}$$

2. 健康食品供给价格弹性的类别：富有弹性

根据弹性的性质，健康食品属于供给价格富有弹性的类别，即健康食品供给量变动的比率大于其价格变动的比率，供给量对价格变动反应灵敏，价格的小幅增加就能引起供给量大幅增加，如图 4-9 所示。

虽然健康食品的供给是富有弹性的，但是比其需求价格弹性还是要更小一些，即 $E_S < E_d$，表现在图形上，健康食品的供给曲线比需求曲线陡峭一些。

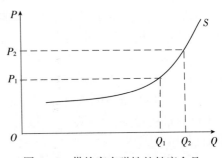

图 4-9　供给富有弹性的健康食品

（二）健康食品的供给技术弹性

健康食品的供给技术弹性是指健康食品的供给量对技术变动的反应灵敏度，或者说，健康食品供给量变化百分率对技术变化百分率的比例。

假设健康食品的供给技术弹性系数为 E_T，供给量为 Q，供给量变化为 ΔQ，技术量为 T，技术量变化为 ΔT。根据定义，可以得到健康食品供给技术的弹性计算公式：

（1）弧弹性公式：

$$E_T = \frac{\dfrac{\Delta Q}{Q}}{\dfrac{\Delta T}{T}} = \frac{\Delta Q}{\Delta T} \cdot \frac{T}{Q}$$

（2）点弹性公式：

$$E_T = \lim_{\Delta T \to 0} \frac{\Delta Q / Q}{\Delta T / T} = \lim_{\Delta T \to 0} \frac{\Delta Q}{\Delta T} \cdot \frac{T}{Q} = \frac{\mathrm{d} Q}{\mathrm{d} T} \cdot \frac{T}{Q}$$

（3）中点弹性公式：

$$E_T = \frac{\Delta Q}{\Delta T} \cdot \frac{T_1 + T_2}{Q_1 + Q_2}$$

由弹性的性质可知，健康食品的供给技术弹性是比较大的，也就是说，一旦生产技术取得突破和进展，就能够极大地带动健康食品的生产。

第三节　健康食品价格

上两节分别从需求和供给两个侧面讨论了决定健康食品市场价格的两种力量，本节进一步分析健康食品市场均衡价格在供求的相互作用下形成和变化的过程。

一、健康食品市场的静态价格均衡

（一）均衡的概念

均衡本来是一个物理学概念，一般是指当系统中的所有作用均被抵消，达到一种稳定、平衡和不变的状态时，这个系统便处于均衡状态。在经济学中，当所有市场主体都不再改变他们的行为时，相关变量相互作用、相互制约，进而商品的供给量、需求量和价格都不再发生变化，就意味着市场达到了均衡，这是一种相对静止的稳定状态。

（二）健康食品均衡价格的形成

健康食品的均衡价格，是在市场竞争的条件之下，通过市场供求的自发调节形成的，如图 4-10 所示。

在图 4-10 中，横轴表示健康食品的均衡数量，纵轴表示健康食品的价格，D 曲线和 S 曲线分别表示健康食品的需求曲线和供给曲线。当价格处于较低水平 P_2 时，需求量为 OQ_3，供给量为 OQ_4，商品供不应求，消费者愿意出更高价格以买到自己需求的商品，生产者因价格升高而愿意提供更多的商品，结果是价格提升，需求量减少，供给量增加至均衡状态。当价格处于较高水平 P_1 时，需求量为 OQ_2，供给量为 OQ_1，商品供过于求，生产者试图通过降价吸引消费者，降低产量

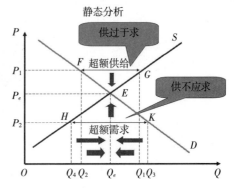

图 4-10　健康食品均衡价格的决定

使得自己的商品全部售出,结果是价格降低,需求量增加,供给量减少至均衡状态。

这样,健康食品的价格经过上下波动,最后会趋向于使供给量和需求量都为均衡数量 Q_e,价格达于均衡价格 P_e,从而实现市场均衡。当健康食品的需求或供给发生变动时,其均衡价格也会发生变动,经过市场供求的调节,走向新的均衡。

二、健康食品市场的动态价格均衡

如果延长健康食品价格变化的考察周期,对属于不同时期的需求量、供给量和价格之间的相互作用进行动态分析,就可以利用蛛网模型说明健康食品的产量和价格在偏离均衡状态以后的实际波动过程及其结果。

(一)蛛网模型的概念

蛛网模型是一种把时间因素引入经济运行过程,并借助弹性理论说明市场和价格均衡的形成及其变化规律的模型,该模型主要用于分析生产周期较长的商品价格与产量的变动情况。

(二)蛛网模型的基本假设

(1)本期产量决定本期价格;

(2)本期价格决定下期产量。

根据以上假设条件,蛛网模型可以用以下联立方程式来表示:

$$Q_t^d = \alpha - \beta \cdot Pt$$
$$Q_t^s = -\delta + \gamma \cdot P_{t-1}$$
$$Q_t^d = Q_t^s$$

(三)健康食品市场价格变动的动态分析

健康食品市场中,供给弹性小于需求弹性($E_s < E_d$),即供给曲线斜率的绝对值大于需求曲线斜率的绝对值,市场价格变动对供给量的影响小于对需求量的影响,如图 4-11 所示,形成一个向内收缩、收敛于均衡点的蛛网,即收敛形蛛网。

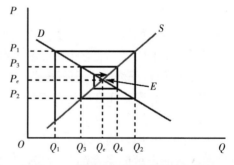

在图 4-11 中,健康食品价格波动对于产量的影响越来越弱,价格与产量的波动幅度越来越小,最后自发地趋于均衡。

图 4-11 健康食品的收敛型蛛网模型

第四节 中国健康食品市场分析

近年来,随着健康意识和消费水平的提高,人们越来越愿意为健康投资,花钱买健康。大健康产业已经成为一片巨大的蓝海市场,健康食品成为新一轮发展潜力的"黄金赛道"。

一、中国健康食品需求趋势

从产品和服务这两个主要维度来看,健康食品可以分为以下品类,以满足人们的不同健康需要：

（1）保健食品与膳食补充剂，如维生素类、矿物质类、蛋白与氨基酸类、膳食纤维及功效性提取物食品等。

（2）"营养增减"食品，如各种营养强化食品、营养素添加食品、低脂低热量食品、低糖或无糖食品等。

（3）特殊膳食食品，如各类疾病的辅助治疗食品、针对各种特殊人群的专用食品等。

（4）营养原料，如各大类营养素、各种动植物提取物、功能性活性物质、药食同源原料等[①]。

近年来，随着人们对营养和健康的关注持续提高，消费者对健康食品的要求也愈发强烈，健康食品无论在国内还是国外，需求量都十分巨大，我国健康食品行业需求总体呈逐年增长态势。

如图 4-12 所示，2016 年我国健康食品需求量为 9 713.09 万吨，2020 年为 10 143.91万吨，比 2019 年增长 3.33％[②]。

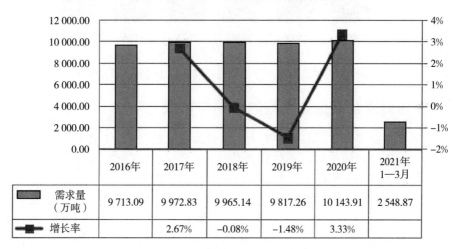

图 4-12　中国健康食品行业需求量

二、中国健康食品市场规模预测

基于"中国制造 2025"到"健康中国 2030"国家发展新兴产业和大健康产业的战略，近年来，中国健康食品行业快速发展，市场不断扩大，呈现蓬勃发展之势。2020 中国健康食品市场规模约为 9 575.65 亿元，五年后或将超过 15 000 亿元，市场潜力巨

①　中研普华产业研究院．未来健康食品行业发展趋势分析［EB/OL］．2022-8-9．中研网．https：//finance.chinairn.com/News/2022/08/09/23301529.html.

②　中经智盛研究院．中国健康食品行业现状分析与发展前景展望报告［EB/OL］．2022-5-17．搜狐网．https：//m.sohu.com/a/548002505_121331963/.

大，食品企业亟须在健康食品方面发力。

随着健康消费理念的深入，植物基产品（统计口径为植物基各类产品）多元化发展。在饮食行业，植物基（Plant Based）是指以植物为主打造新型食品和饮料产品，用植物蛋白代替动物蛋白，常见应用为人造肉、植物奶等，以及以此为基础原料研发制作出的口味、形态丰富的食品和饮料。预计 2022—2027 年植物基产品将保持快速增长趋势，2027 年植物基产品线上销售额将达 299.81 亿元（图 4 - 13）[①]。

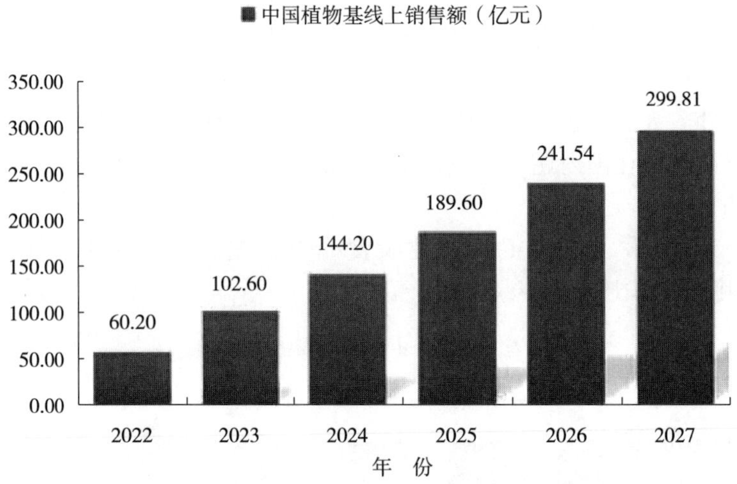

■中国植物基线上销售额（亿元）

图 4 - 13　2022—2027 年普通健康食品市场规模预测分析

三、中国健康食品企业面临的机遇与挑战

健康食品产业是多学科、多行业衍生、融合而成的新兴产业，是传统食品产业的升级。食品营养健康产业输出的，不仅仅是传统的食品品类，而是多样化的营养健康食品，以及与健康食品相关的技术、咨询、检验、认证等服务。

《"健康中国 2030"规划纲要》实施以来，人们对营养和健康的关注持续提高，为食品行业的创新发展带来了新动力。健康食品大都定位于中高端消费人群，产品利润较高，可以有效提高企业利润率，改变食品行业利润率较低的现状，这让不少食品企业开始谋求转型升级，健康食品行业成为众多食品企业重点发力的行业。

但是，中国健康食品企业在发展中也面临着行业竞争加剧、转型升级压力增大的挑战。一方面，食品行业竞争加剧，加上行业成本上升，大量食品企业利润下滑，盈利能力走低，企业为了节约成本，忽视对健康食品技术研发投入，一些企业缺乏健康食品技术，打着健康食品的幌子欺瞒消费者，影响了整个行业的信誉度，亟须相关监管部门予以整顿。另一方面，中国市场出现消费升级，随着消费者收入增长，消费意识提升，对中高端健康食品的需求日益增加，健康食品看似简单，但对生产技术要求非常高，特别是在食品添加剂领域，生产工艺上有着严格的要求，这对企业的技术研发、转型发展提

① 中研普华产业研究院．未来健康食品行业发展趋势分析［EB/OL］．2022-8-9．中研网．https://finance.chinairn.com/News/2022/08/09/23301529.html.

出了更高的要求。

　　面对机遇和挑战，中国健康食品生产企业应该迎难而上，主动适应新的消费潮流，加强健康食品技术研发和质量管控，以优质的产品满足消费者的需求，从而促进企业的平稳发展。

第五章
CHAPTER 5
健康食品市场中的消费者行为

本章考察健康食品市场中的消费者行为问题，研究消费者如何把有限的资金投入到各种食品消费中去，从而在健康食品消费中实现最大程度的满足。

第一节　消费者对健康食品的认知与购买决策

健康食品产业在中国经过多年发展，已经积累了一定的消费者基础。在购买过健康食品的消费者中，大多数购买者对健康食品"比较了解"和"一般了解"，"非常了解"和"完全不了解"健康食品的消费者较少，这说明企业仍然需要付出更多努力来提高消费者对健康食品的认知度，以达到增加健康食品产销量的目的。而要提高消费者对健康食品的认知度，就要让健康食品的概念与消费者的消费满足之间建立必要的连接，让消费者能够从众多的消费品中"识别"并"认可"健康食品。

一、消费者从健康食品中获得的效用

用有限的消费资源获取最大程度的消费满足，是消费者进行理性消费的核心驱动力。为了研究消费者如何把有限的收入做出最有效的配置，需要先明确界定效用和边际效用的概念。

(一)总效用

所谓效用，是指消费者从商品消费中所获得的满足，是消费者对商品主观上的偏好和评价。消费者从健康食品中获得的总效用，是指消费者在一定时期内，从一定数量的健康食品消费中得到的总的满足。总效用的大小取决于个人的消费水平，即消费的健康食品数量越多，总效用越大。函数形式可表示为：$TU = f(x)$。

(二)边际效用

健康食品的边际效用，指消费者对消费健康食品时每增加一单位所增加的额外满足程度。函数形式可表示为：$MU = \dfrac{\Delta TU}{\Delta Q}$ 或 $MU = \dfrac{\mathrm{d}TU}{\mathrm{d}Q}$。

表 5 - 1 表示的是消费者连续消费某种健康食品所获得的总效用和边际效用量。

表 5-1 某种健康食品的总效用与边际效用

面包的消费量	总效用	边际效用
1	10	10
2	18	8
3	25	7
4	30	5
5	32	2
6	32	0
7	29	−3

由上表绘制出总效用与边际效用的曲线，两者的关系如图 5-1 所示。

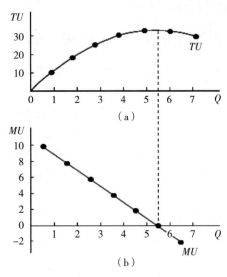

图 5-1 健康食品总效用与边际效用的关系

从图 5-1 可见，边际效用为正时，总效用增加；边际效用为零时，总效用达到最大；边际效用为负时，总效用减少。随着健康食品消费数量的不断增加，消费者从中获得的边际效用是一直递减的，这就是"边际效用递减规律"。

二、影响消费者对健康食品认知的因素

消费者对健康食品的有效认知，是消费者购买决策的基础要素。

认知是个体经由意识活动而对事物产生认识与理解的心理过程。消费者对健康食品的认知，是指消费者在一定的消费环境中，对健康食品产生认识与理解，从而产生购买欲望的心理过程。而这种认知，往往受到消费者年龄、收入水平、居住城市、地区消费习惯等因素的影响。

（一）消费者年龄对认知的影响

年龄对消费者认知健康食品和产生购买决策有重要影响。不同年龄段的消费者，往往获取新信息的渠道和方式不同，对新事物的接受程度也有所不同。一般而言，年轻的

消费者更习惯于从网络上获取商品信息，也更容易受到当前消费潮流的影响，因而对健康食品这一新品类更容易认知和接受；而年龄偏大的消费者更倾向于传统的购物模式，对健康食品的认知不足，接受程度有所降低。

（二）城市级别和收入水平对认知的影响

城市级别和收入水平高低影响到消费者对健康食品的认知程度。大城市经济活跃度高，收入水平高，消费者的健康保养意识更强，对健康食品更为关注；而生活在小城市和集镇的人们对健康食品的认知程度相对较低。

（三）地区消费习惯对认知的影响

不同地区的消费者有不同的消费习惯，比如，有些地区的消费者更注重生活品质，愿意花更多的钱去购买高质量的商品；有些地区的消费者在商品购买上有更强的路径依赖，品牌忠诚度高；有些地区的消费者更愿意不断尝试新产品等，这些习惯都影响着消费者对健康食品的认识和接受程度。

三、消费者对健康食品的购买决策过程

购买决策是消费者作为决策主体，为满足需求，在购买过程中进行的评价、选择、判断、决定等一系列活动。

购买决策在消费者购买活动中占有极为重要的关键性地位，是购买行为中的核心环节。首先，消费者决策进行与否，决定了其购买行为发生或不发生；其次，决策的内容，规定了购买行为的方式、时间及地点；最后，决策的质量决定了购买行为的效用大小。因此，决策在购买行为中居于核心地位，现实情况下，消费者对健康食品的购买决策，包含以下几个步骤。

（一）确认对健康食品的需求

认识需求是消费者购买决策的起点。当消费者在现实生活中感觉到或意识到实际与其渴求之间有一定差距，并产生了要解决这一问题的要求时，购买的决策便开始了，要购买的欲望确认为一种需求。消费者这种需求的产生，既可以是人体内机能的感受所引发的，如因饥饿而引发购买食品、因口渴而引发购买饮料，也可以是由外部条件刺激所诱生的，如路过水果店看到新鲜的水果而决定购买，看到健康食品广告决定购买等。这一阶段会受到产品特征、广告、社会相关群体等因素影响，很多时候是内、外刺激因素同时作用的结果。

（二）收集健康食品信息

消费者认识到自己对健康食品的需求后会寻求满足需求的途径，也就是解决问题的方案。为了使解决问题的方案具有充分性与可靠性，消费者会搜集决策所需要的各种信息，包括能够满足需求的健康食品的种类、价格、质量、品牌、购物场所等。信息搜集阶段受到三个因素的影响：搜集信息的方法、影响消费者搜集信息范围的因素和消费者选择信息的过程。

（三）比较评价备选方案

消费者在购买动机的驱使下，寻找可以满足自己需求的购买对象，在评价标准、态度、购买意向的支持下，提出若干个购买备选方案，并根据自己的购买标准对可选择的

方案进行分析、比较和选择。这个阶段的消费者决策会受到产品特征、消费者支付能力、参照群体等因素的影响。

(四) 做出购买决策

消费者在选择评价的基础上做出决策，进而实施购买。该阶段的消费者行为受购买环境中服务人员、广告等的影响。之后，消费者对购后结果进行评价，得出满意与否的结论，并将此信息和形成的经验反馈传递回去影响下一次同类产品的购买决策活动。

第二节 健康食品消费的经济学分析

消费者购买健康食品的目的，是要从健康食品的消费中获得最大效用，这就存在一个如何衡量效用大小的问题。本节采用序数效用论的分析方法来考察消费者的行为，分析消费者对各种不同商品组合的偏好差别，进而对这些不同商品组合的效用水平进行评价。

一、健康食品消费的无差异曲线

(一) 无差异曲线的概念

无差异曲线是研究消费者如何实现收入有效配置问题的常用工具，它表示在既定偏好条件下，由可以给消费者带来相同满足程度的商品的不同数量组合描绘出来的曲线，如图 5-2 所示。

在图 5-2 中，横轴 X_1 表示健康食品的消费数量，纵轴 X_2 表示其他与健康食品有替代关系的其他食品（如传统食品）的消费数量。无差异曲线 I_1、I_2、I_3 均表示健康食品与其他食品不同数量组合能获得各自相同效

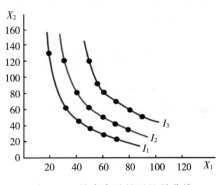

图 5-2 健康食品的无差异曲线

用的情况，三条无差异曲线的差别在于它们的效用水平不同。

(二) 无差异曲线的特征

根据无差异曲线的含义，可知它具有以下基本特征：

1. 无限多条

在同一平面上可以有无数条无差异曲线，不同的无差异曲线代表的效用满足程度各不相同。离原点越近的效用水平低，离原点越远的效用水平越高。

2. 斜率为负

无差异曲线是一条从左上方向右下方倾斜的曲线，其斜率为负值。这是因为，在收入和价格既定的条件下，消费者要得到相同的满足程度，在增加一种商品的消费时，必须减少另一种商品的消费。

3. 互不相交

同一平面上的任意两条无差异曲线都是平行的，不能相交。

4. 凸向原点

无差异曲线是一条向右下方倾斜并且凸向原点的线。

（三）无差异曲线的斜率：边际替代率

当消费者调整健康食品与其替代食品的消费数量时，两种食品之间的消费数量存在着替代关系。在维持效用水平不变的前提下，消费者增加一单位健康食品消费数量所需要放弃的其替代食品的消费数量，即为边际替代率（即无差异曲线的斜率）。假设 ΔQ_X 为健康食品的增加量，ΔQ_Y 为替代食品的减少量，MRS_{XY} 为健康食品对替代食品的边际替代率，则有

$$MRS_{XY} = -\frac{\Delta Q_Y}{\Delta Q_X} \quad 或 \quad MRS_{XY} = -\frac{dQ_Y}{dQ_X}$$

为维持消费者效用水平不变，则有

$$\Delta Q_X \cdot MU_X = \Delta Q_Y \cdot MU_Y$$

因此，边际替代率还可以表示为：

$$MRS_{XY} = -\frac{\Delta Q_Y}{\Delta Q_X} = MU_X / MU_Y$$

边际替代率是递减的，随着健康食品数量 X 的增加，每增加 1 单位 X 所要放弃的 Y 数量是逐渐减少的，这是因为 X 的边际效用在逐渐减少而 Y 的边际效用在逐渐增加，替代能力越来越弱。

二、健康食品消费者受到的预算约束

无差异曲线描述了消费者对健康食品的偏好程度，表示的是消费者的消费愿望，这种愿望是分析消费者行为的一个方面。消费者做出购买决策时，必然还会受到自己的收入水平和市场上健康食品价格的限制，因此，还需要借助预算约束线进一步分析消费者的行为。

（一）预算约束线的概念

预算约束线是指在消费者收入和商品价格既定的条件下，消费者用全部收入所能购买到的两种商品的不同数量的组合，如图 5-3 所示。

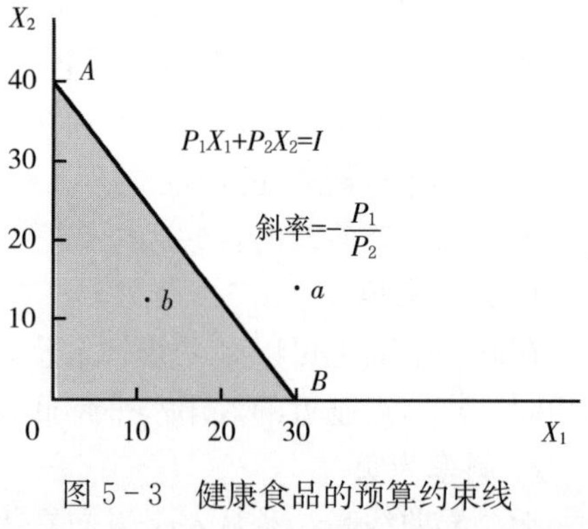

假定消费者的收入为 I，他面临的健康食品和替代食品的价格分别为 P_1 和 P_2，消费量分别为 X_1 和 X_2，则预算约束线的方程可表示为：

$$P_1 X_1 + P_2 X_2 = I$$

图 5-3　健康食品的预算约束线

预算约束线把整个空间分割成三个部分：预算约束线上的点，表示消费者的钱刚好被用完，既没有不足，也没有剩余，区别只是用于购买健康食品或替代食品的数量不同而已；预算约束线左侧的点（如 b 点）表示消费者的钱没有用完；预算约束线右侧的点（如 a 点）表示消费者的钱不够用。因此，预算约束线给出了消费者在既定收入下可以

购买到的两种商品的"最大"数量组合。

（二）预算约束线的斜率

预算约束线上的 A 点和 B 点分别表示消费者的收入全部用于购买健康食品（购买量为 X_1）或全部用于购买替代食品（购买量为 X_2）时所能达到的最大购买量。因此，在既定收入和商品价格条件下，$X_2 = OA = \dfrac{I}{P_2}$，$X_1 = OB = \dfrac{I}{P_1}$，预算约束线的斜率为：

$$-\frac{OA}{OB} = -\frac{P_1}{P_2}$$

（三）预算约束线的移动

消费者预算约束线的确定是以消费者收入和商品价格既定为条件的。当消费者收入和商品价格发生变动时，消费者的预算约束线也会随之变动。下面区分三种不同的情形说明预算约束线的变动方向。

情形 1：健康食品和替代食品的价格 P_1 和 P_2 保持不变，消费者的收入 I 发生变动。在这种情况下，由于商品价格保持不变，所以预算约束线的斜率不变，消费者收入变动只会导致预算约束线平行移动。如图 5-4（a）所示，收入增加，消费者可购买商品的数量增加，预算约束线向右上方平行移动；收入减少，消费者可购买商品的数量减少，预算约束线向左下方平行移动。

情形 2：消费者收入 I 和替代食品价格 P_2 保持不变，健康食品的价格发生变动。在这种情况下，由于预算约束线与纵轴的交点 A（I/P_2）不会发生改变，而它与横轴的交点 B（I/P_1）会发生变动，所以预算约束线将会围绕着 A 点旋转。如图 5-4（b）所示，当健康食品的价格降低，预算约束线与横轴的交点由 B 向右移动到 B' 点，预算约束线 AB 逆时针向右上方旋转到 AB' 位置；反之，当健康食品的价格提高，预算约束线 AB 顺时针向左下方旋转到 AB'' 位置。

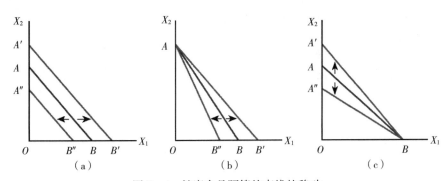

图 5-4　健康食品预算约束线的移动

情形 3：消费者收入 I 和健康食品价格 P_1 保持不变，替代食品的价格发生变动。在这种情况下，由于预算约束线与横轴的交点 B（I/P_1）不会发生改变，而它与纵轴的交点 A（I/P_2）会发生变动，所以预算约束线将会围绕着 B 点旋转。如图 5-4（c）所示，当替代食品的价格降低，预算约束线与纵轴的交点由 A 向上移动到 A' 点，预算约束线 AB 顺时针向右上方旋转到 $A'B$ 位置；反之，当替代食品的价格提高，预算约束线 AB 逆时针向左下方旋转到 $A''B$ 位置。

三、消费者均衡的实现

在收入和商品价格既定的条件下，消费者试图选择使得自身效用最大的商品数量组合。在这一过程中，消费者受到追逐更高效用动机的驱使，同时也受到来自收入预算的制约。将无差异曲线和预算约束线结合在一起，就可以分析消费者追求效用最大化的购买选择行为。

消费者在健康食品消费中的效用最大化有两种情形：

情形1：消费者收入既定时，消费健康食品获得的效用最大。如图5-5所示。

在图5-5中，三条无差异曲线效用大小的顺序为$U_1 < U_2 < U_3$，预算约束线AB与U_2相切于点E（预算约束线的斜率等于无差异曲线的斜率），此时实现了消费者均衡，即在收入与价格既定的条件下，消费者购买X_1^*数量的健康食品、X_2^*数量的替代食品，就能获得最大的效用。效用最大化的条件为：

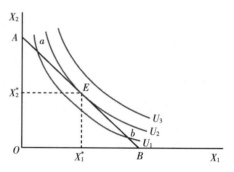

图5-5 收入既定时效用最大

$$\begin{cases} MRS_{12} = MU_1/MU_2 = P_1/P_2 \\ P_1X_1 + P_2X_2 = I \end{cases}$$

情形2：消费者效用既定时，消费健康食品付出的成本最小。如图5-6所示。

在图5-6中，三条预算约束线花费资金大小的顺序为$A''B'' < AB < A'B'$，预算约束线AB与无差异曲线U相切于点E（预算约束线的斜率等于无差异曲线的斜率），此时实现了消费者均衡，即在消费者效用既定的条件下，消费者购买X_1^*数量的健康食品、X_2^*数量的替代食品，所花费的资金最少。效用最大化的条件为：

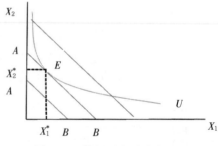

图5-6 效用既定时成本最小

$$\begin{cases} MRS_{12} = MU_1/MU_2 = P_1/P_2 \\ P_1X_1 + P_2X_2 = I \end{cases}$$

由上面的分析可知，当消费者收入变动或健康食品与替代食品价格变动引起预算约束线变动时，消费者均衡点也会发生移动。

四、健康食品消费的效应分析

当健康食品价格变动而使消费者均衡点发生变动时，实际上就意味着消费者的福利因价格变动而产生了两种结果：一是替代效应，二是收入效应。在收入一定的情况下，价格变动对健康食品需求量的影响是替代效应与收入效应之和（即总效应）。

健康食品属于正常商品，它的总效应变化情况如图5-7所示。

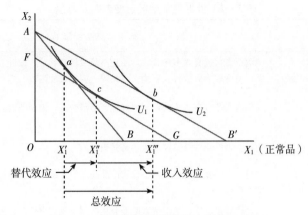

图 5-7　健康食品的替代效应和收入效应

（一）替代效应

所谓替代效应，是指价格变动使消费者对两种商品购买选择的组合比例发生变动的效应。如图 5-7 中，当健康食品价格下降时，与其替代性食品相比，健康食品价格更便宜，因而消费者会用健康食品替代其他食品，使得健康食品需求量增加。

（二）收入效应

收入效应则是指由商品价格变动引发实际收入变动而导致商品需求量变化的效应。如图 5-7 中，当健康食品价格下降时，意味着消费者实际收入增加，此时消费者能够购买更多的健康食品，因而健康食品需求量增加。

（三）总效应

由于总效应＝替代效应＋收入效应，对于健康食品而言，无论是替代效应还是收入效应，在价格下降时需求量都会增加，所以健康食品消费的总效应就是：价格下降时，需求量增加；反之，价格上升时，需求量减少。

以上分析说明，健康食品的价格与需求量呈反方向变动。降低健康食品的价格，将提高健康食品的需求量，使健康食品更好地走入千家万户。

第三节　案例分析

在前面章节理论阐述的基础上，本节从案例考察入手，进一步分析健康食品市场中影响消费者行为的各种因素，以期促进健康食品市场的有序发展。

案例 1：世界不同地区健康食品市场中的消费者购买行为分析

受到经济发展、社会风俗、文化传承等多因素影响，世界不同地区的消费者形成了不同的购买习惯，这些习惯影响着全球健康食品的生产和销售。表 5-2 列出了世界各个地区消费者的不同购买习惯。

表 5-2　世界各个地区消费者购买习惯

不同地区的消费者	购买习惯
欧洲消费者 （英国、法国、意大利等国）	消费者普遍喜欢多种款式，注重产品风格、款式、设计、质量和材质，要求环保；消费较为分散，大多为个人品牌，但忠诚度高
北美消费者 （美国、加拿大等国）	价格要非常有竞争力，能更好地吸引消费者，但消费者忠诚度不高
南美消费者 （巴西、阿根廷、墨西哥等国）	量大价低、便宜就好，对质量要求不高
东亚消费者 （日本、韩国等国）	消费者不介意价格高，但要求产品高品质、细节要求最高，其中日本消费者忠诚度很高
南亚消费者 （印度、巴基斯坦等国）	比较看重价格，且消费者两极分化严重：要么出价高，但要求最好的产品；要么出价很低，对质量没什么要求
非洲消费者 （埃及、肯尼亚、南非等国）	消费者喜欢款式多种多样、要货急，南非信用卡、支票使用普遍，习惯先消费后付款
中东消费者 （沙特、阿联酋、土耳其等国）	对产品要求相对不是很高，比较重视颜色，偏好深色物品，比较诚信

要求：根据上表，分析为全世界各个地区消费者提供的健康食品应该具有哪些特点？

案例 2：中国健康食品市场中的消费者认知行为分析①

《2018 中国一线城市白领膳食健康蓝皮书》的调查数据显示，半数以上的受访者认为自己三餐饮食不够健康。围绕个人健康和饮食营养，如何促进健康饮食已经成为国家和个人共同关注，尤其是城市职业人群重点关注的问题。为了解城市职业人群的健康食品消费行为现状，探索其影响因素，2019 年 4 月，对国内消费者进行了健康食品消费行为及影响因素的问卷调查。调查结果如下：

1. 消费者年龄对认知的影响

26~35 岁年龄段消费者对健康食品认知程度最高，"比较了解"的比例超过一半，而且没有"完全不了解"健康食品概念的消费者；而 18~25 岁年龄段和 56~65 岁年龄段消费者对健康食品的认知程度最低，"非常了解"和"比较了解"的消费者加起来占比还不足 40%，如表 5-3 所示。

表 5-3　国内不同年龄消费者对健康食品概念的认知情况

单位：%

认识程度	18~25 岁	26~35 岁	36~45 岁	46~55 岁	56~65 岁
非常了解	0.9	0.9	0.4	1.3	0.7
比较了解	38.6	53.5	45.4	41.5	38.2

① 李慢、郭晓宇．城市职业人群健康食品消费行为现状及影响因素分析［J］．中国健康教育，2020，12（36）：118-121.

（续）

认识程度	18～25 岁	26～35 岁	36～45 岁	46～55 岁	56～65 岁
一般了解	53.4	37.9	42.3	45.4	51.3
不太了解	6.9	7.8	11.2	11.4	9.8
完全不了解	0.2	0	0.7	0.4	—

2. 城市级别和收入水平对认知的影响

城市级别、收入水平与对健康食品的认知程度呈正相关关系，城市级别和收入水平越高，消费者对健康食品的认知程度也相应越高，反之亦然，如表5-4所示。

表5-4　国内不同级别城市消费者对健康食品概念的认知情况

单位：%

认识程度	一线城市	二线城市	三线城市
非常了解	0.8	0.7	1.0
比较了解	46.2	43.6	40.9
一般了解	47.5	44.9	46.4
不太了解	5.5	10.3	11.5
完全不了解	—	0.4	0.3

3. 地区消费习惯对认知的影响

相对而言，东部城市消费者对健康食品的认知程度高于西部城市。东部城市消费者几乎没有对健康食品"完全不了解"的，而南部城市消费者"非常了解"健康食品的占比较高，如表5-5所示。

表5-5　国内不同区域城市消费者对健康食品概念的认知情况

单位：%

认识程度	东部城市	南部城市	西部城市	北部城市	中部城市
非常了解	0.3	1.3	1.2	0.8	0.3
比较了解	47.4	38.1	43.1	47.9	40.9
一般了解	42.9	50.6	45.8	42.3	48.8
不太了解	9.4	9.9	9.3	8.8	9.6
完全不了解	0	0.2	0.6	0.2	0.3

要求：根据上述材料，分析应该如何增强中国消费者对健康食品的认知程度？

案例3：中消协：保健食品消费者认知度问卷调查报告[①]

为了解广大消费者对保健食品的认知情况，提出进一步规范保健食品市场的意见和建

---

① 中国消费者协会. 保健食品消费者认知度问卷调查报告［EB/OL］. 2016-6-17. 新浪财经. http：// finance. sina. com. cn/roll/2016-6-17/doc-ifztkpip5588211. shtml.

议，中国消费者协会于 2016 年 2 月组织开展了"保健食品消费者认知度问卷调查"活动。

1. 基本情况

本次问卷调查为随机抽样调查，以在线调查为主、少数采取线下实地拦截访问相结合的方式，有效问卷总数为 12 430 份。本次被调查人群总体男性居多，占总人数的 62.57%；年龄层次以青年人群为主，18～35 岁占 52.59%，超过 55 岁以上的老人仅占 5.83%；文化程度为高中以下学历占 25.04%，专科及以上学历占 74.96%；被调查人群总体身体健康状况良好，相当健康和基本健康人数达到 85.25%，不太健康人数只占 14.75%；有购买保健食品经历的消费者 7 195 名，占受访人群的 57.88%（图 5-8）。

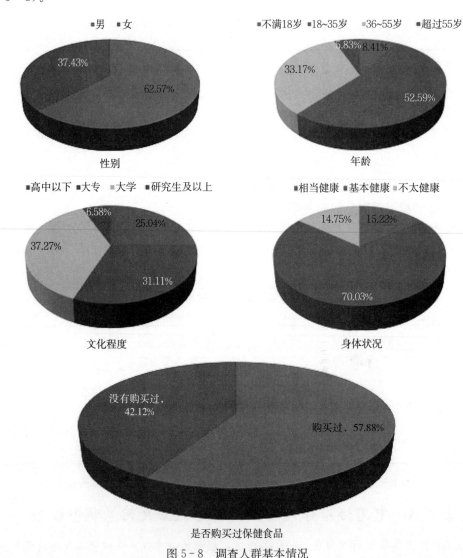

图 5-8　调查人群基本情况

2. 调查主要结果

（1）消费者对保健食品了解程度不高。根据调查结果，只有近 1/3 消费者自认为对保

健食品"非常了解"和"比较了解"，近
七成消费者对于保健食品选择"大概了
解""不太了解"和"不了解"（图5-9）。

（2）消费者对保健食品允许声称功
能认知模糊。保健食品的主要作用是调
节机体功能，不能预防和治疗疾病是大
部分消费者的普遍共识（图5-10），
但对保健食品具体的功能认知却较为模
糊甚至混乱。目前，国家市场监督管理
总局受理审批的保健食品功能范围包括
27种保健功能。调查结果显示，对是

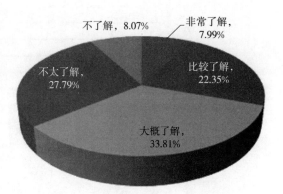

图5-9　对保健食品的了解程度

否属于保健食品的5种功能声称选项中，辅助降血压是属于保健功能的唯一选项，只有
35.48%的消费者选择正确（图5-11）；10种是否不属于保健食品的功能声称选项中，
"治疗高血压""对膝关节有保护作用""补肾壮阳""对更年期综合征有改善作用"不属
于保健食品功能，但大部分消费者都做出了错误的选择（图5-12）。

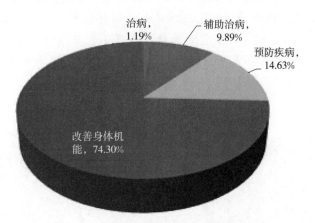

图5-10　您认为保健食品的最主要作用是

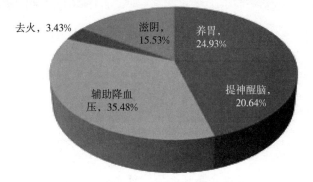

图5-11　属于保健食品的功能声称

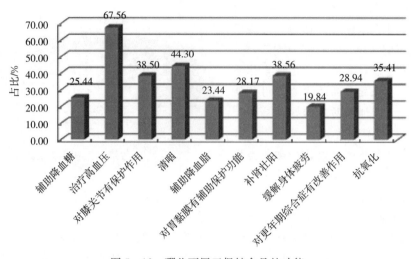

图 5-12 哪些不属于保健食品的功能

（3）消费者对保健食品与普通食品主要区别缺乏有效认知。消费者对于保健食品与普通食品之间的区别并没有太多的了解，尤其是对于普通食品非法宣称保健功能和添加仅可用于保健食品原料的行为缺乏正确认知。调查结果显示，对普通食品宣称具有"保健功能"的行为，35.09%的消费者选择"国家不允许"，但20.87%选择"国家允许"（图 5-13）；对普通食品是否能添加仅可用于保健食品原料的行为，20.14%的消费者选择"国家不允许"，但16.65%的消费者选择"国家允许"（图 5-14）。

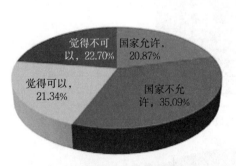

图 5-13 对普通食品宣称具有保健功能
的行为怎么认识

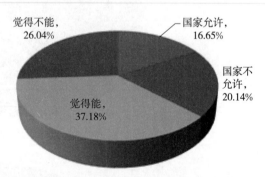

图 5-14 您认为普通食品中能否添加保健食品
原料

（4）电视广告和网络是消费者获取保健食品信息最主要渠道。调查结果显示，消费者对保健食品信息的获取渠道最主要源于"电视广告"和"网络"，所占比例分别达到69.87%和62.61%。同时，超过四成消费者从"报纸杂志"和"药店、超市推荐"获悉保健食品信息，约三成消费者还会由朋友熟人介绍而获取相关信息，部分消费者会根据"路边广告"或参加"会议营销"获知保健食品的信息（图 5-15）。

（5）超五成消费者购买保健食品时选择"蓝帽子"标志。"蓝帽子"标志，是经国家主管部门审批的保健食品特有标志。调查结果表明，在 7 195 名购买过保健食品的消费者中，选购保健食品时，超过五成消费者会同时查看"蓝帽子"标志和产品的批准文

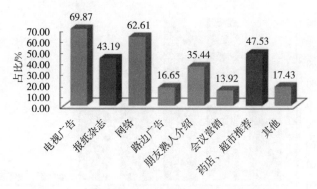

图 5-15 获取保健食品相关知识和信息的主要渠道

号,另有两成多消费者只查看产品的批准文号,还有一成多消费者会因为"别人推荐"而购买(图 5-16)。调查结果还显示,消费者购买保健食品首选药店,占 50.95%;其次,"朋友熟人直销"占 19.54%;另有 14.50% 的消费者通过网络购买(图 5-17)。

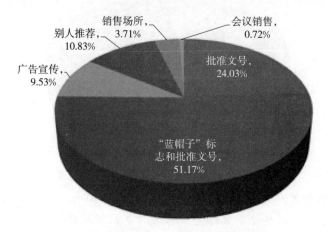

图 5-16 如何确定一个产品是否为保健食品

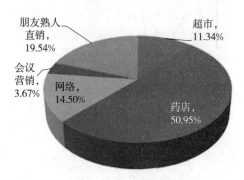

图 5-17 购买渠道

(6)消费者购买保健食品时最关注"功能"和"安全性"因素。根据调查结果,7 195 名消费者购买保健食品时,考虑因素最关注"功能"和"安全性",分别占 78.08% 和 73.50%;其次"价格""品牌"和"口碑"也是重要考虑因素(图 5-18)。91.14% 的消费者,为家人购买和自己使用,少数用于送礼和其他用途(图 5-19)。

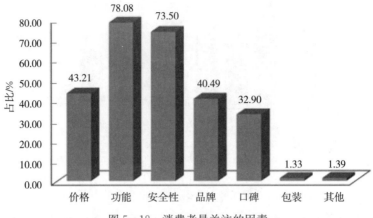

图 5-18 消费者最关注的因素

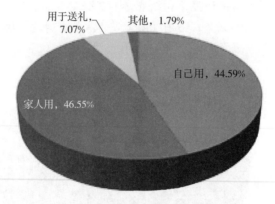

图 5-19 消费者购买保健食品的主要用途

（7）超半数消费者购买保健食品每月支出不超过 300 元。调查结果显示，7 195 名消费者购买保健食品时，超过半数的受访者每月支出不超过 300 元，约 20% 受访者每月支出不超过 500 元，约 10% 的受访者每月支出不超过 1 000 元，累计来看，超过 80% 消费者购买保健食品的每月支出不超过 1 000 元。价格昂贵的所谓"高端产品"的保健食品消费人群所占比例较低，整体消费支出意识相对谨慎（图 5-20）。绝大多数

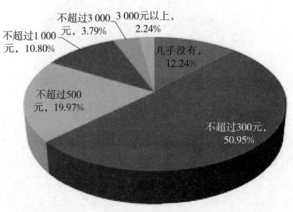

图 5-20 每月购买保健食品的支出

受访者都有食用保健食品的经历，48.17％受访者"偶尔吃"，25.64％的受访者"阶段吃"，14.16％的受访者会"经常吃"。只有12.02％的受访者反馈"几乎不吃"（图5-21）。

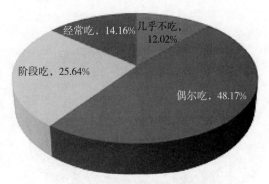

图5-21　保健食品食用情况

（8）消费者对国内所谓"保健食品"市场总体满意度不高。由于消费者对保健食品准确辨识度和认知度偏低，往往将非法宣称功效的普通食品、非法生产经营的假冒保健食品与保健食品相

混淆，故本次调查结果提示了消费者对广义上的所谓"保健食品"（含保健食品、非法宣称功效的普通食品、非法生产经营的假冒保健食品等）市场的总体满意度情况。调查结果表明，约七成消费者对国内保健食品市场总体评价"不太满意"，满意度只有三成（图5-22）。在对国内外保健食品的评价中，40.98％消费者更偏爱国外保健食品，只有9.49％消费者认为"国内的更好"。部分消费者对国内外保健食品质量都缺乏足够信心，27.59％的消费者认为"作用都不行"。相比之下，国内保健食品认可度相对偏低（图5-23）。

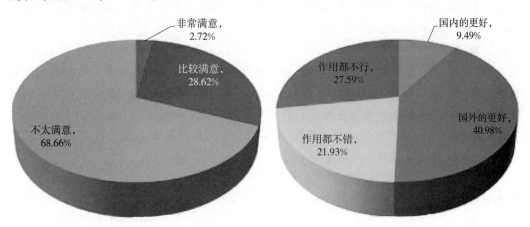

图5-22　对"保健食品"市场总体评价　　　图5-23　对国内外"保健食品"总体评价

（9）超六成消费者不相信所谓"保健食品"广告宣传。根据调查结果，消费者对于当前我国市场上所谓"保健食品"（含保健食品、非法宣称功效的普通食品、非法生产经营的假冒保健食品等）广告宣传信任度较低，占比超过六成（图5-24）。同时，消费者遇到"保健食品"冒充药品现象也不在少数，约40.97％的消费者表示"经常遇到"（图5-25）。

（10）近七成消费者权益受损后会主动维权。根据调查结果，大部分消费者维护自身合法权益的意识较强，近七成消费者权益受损后会主动维权。调查结果显示，保健食品出现质量问题时，1/3消费者首选"找经营者协商解决"，近1/4的消费者会选择"向消费者协会进行投诉"，或采取其他有效手段，依法主张自身合法权益。超过三成被

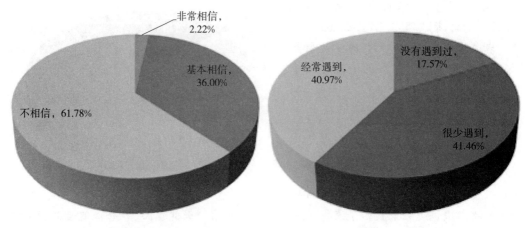

图 5-24 对广告宣传信任程度　　　　图 5-25 保健食品冒充药品情况

调查者会选择"自认倒霉",表明还有部分消费者的维权意识和维权信心相对不足,应引起重视。

(11) 消费者最期盼"加强政府监管执法,严厉打击虚假宣传"。对加强我国保健食品市场消费者权益保护的意见和建议,76.03%的消费者最期盼"加强政府监管执法,严厉打击虚假宣传","严格相关法律标准"和"加大科学消费宣传"占比分别达到被访人群的57.08%和51.21%。

3. 结论

(1) 消费者对保健食品缺乏准确的辨识度和认知度,对于保健食品标识标志、保健功能、类别划分等方面认知较混乱,消费观念和消费信心有待进一步提升。一方面是消费者获取产品消费信息的途径不对称,权威消费教育普及和宣传不够;另一方面不法生产经营企业利用电视广告、网络、报纸杂志等消费者主要获知渠道进行夸大、虚假宣传,掺杂使假,鱼目混珠,混淆视听,误导消费者。

(2) "蓝帽子"标志是经由国家主管部门审批认可的保健食品特有标志,是保健食品合法身份的象征,获得了消费者的普遍认同。多数消费者购买保健食品时选择"蓝帽子"标志。

(3) 保健食品整体消费水平不高,高端产品消费人群所占比例较低。消费者购买时最关注保健食品的功效和安全。

(4) 消费者维权意识普遍较高,多数消费者注重维护自身权益,会通过不同途径维护自身合法权益。

(5) 消费者对国内"保健食品"市场的总体满意度不高,认为国内保健食品市场存在虚假、夸大宣传,"保健食品"冒充药品现象时有发生。基于对广告宣传的不信任以及媒体宣传报道和自身购买的经历,导致消费者对国内市场缺乏信心,转而推崇、信赖和购买国外产品。由于对境外产品、生产企业以及市场监管情况更加缺乏有效的信息了解和反馈渠道,消费风险难控和跨境维权更难。

(6) 消费者希望主管部门在打击虚假宣传,加大执法力度,完善法律法规及技术标准等方面进一步有所作为，同时希望相关部门加强保健食品科学消费知识的宣传与普及，积极回应广大消费者疑惑与关切。

要求：根据上述材料，分析中国保健食品行业发展中存在的问题，并给出相应的对策建议。

第六章
CHAPTER 6
健康食品市场的生产者行为

第一节　健康食品生产决策行为的认知

　　传统经济学理论中生产者被假定为经济学意义上的"经济人"，其行为具有理性特征。生产者在生产活动中会不断追求利益最大化，并且依照边际成本等于边际收益的原则进行生产决策。由此，健康食品生产者生产行为决策的最直接目标就是追求利润最大化，但由于健康食品生产所具有的特殊性，健康食品生产企业要想使得自己的产品达到社会的要求，就要充分考虑该产品的社会成本。

一、健康食品产业

　　根据《人口科学辞典》对食物生产的描述，人类生存和发展所需食物的生产地分为农田、温带草原和海洋，农田所产产量称为初级生产量，主要生产粮食等植物性食品；草原和海洋所产产量称为次级生产量，主要生产肉、奶、鱼类等动物性食品。改革开放以来，我国食品生产经过了由总量不足向提质增效，再到优化结构转变的过程，目前呈现出食物生产布局区域化、生产经营主体多元化、生产标准规范化、生产技术科技化、生产政策制度化等特点。

　　由产业经济学的定义可知，产业是社会生产力不断发展的必然结果，是在社会分工的基础上形成和发展起来的生产某种同类产品、提供某种同类服务或具有某种共同特征的企业在同一市场上的集合。产业一般具有三个基本特征：一是相同"产业"内部具有同质性；二是不同"产业"之间存在差异性；三是所有"产业"合在一起构成整体性。由此看来，食品产业是指一个高度关联的一体化产业，涉及农业、加工业、制造业、流通、包装、化工等多个产业的整体。

　　从食品角度来看，健康食品生产包含两种职能：一是为消费者提供更符合人体健康需求的食品；二是为患有疾病或患病风险的消费者提供能够辅助他们恢复健康的食品。因此，健康食品生产不仅仅包含食品加工制造的相关环节，如养殖、种植行业，技术与工艺研发行业，设备制造行业等，还包括仓储物流、销售以及与食品相关的健康服务等行业。

　　健康食品产业可界定为以食品为主导，以满足人类营养均衡和健康需求为主要目标的具有连续而有组织的经济活动体系。该产业是依据营养学的基本原理和营养调整的科学方法，结合食品技术创新和先进生产设备，提供产品及相关服务，用于改善民众健康状况的产业。具体来说，健康食品生产就是以营养健康需求为导向，以食品形态为基础，以营养健康科学为指导，以高新技术为支撑，以先进设备为实现条件，包括营养健康食品原材料的养殖和种植，到食品加工、仓储物流、销售渠道以及相关的技术研发、生产和设备的设计与制造、咨询认证服务、消费者服务等所构成的产业或产业集群。

二、健康食品加工

健康食品的原料基本来自农产品中的动物、植物和微生物。因此，健康食品加工等同于农产品加工，食品产业中的加工业和制造业即食品工业。健康食品工业主要以农业、渔业、畜牧业、林业或化学工业的产品或半成品为原料，制造、提取、加工成食品成品或半成品，具有连续而且有组织进行经济活动的工业体系。健康食品加工业的共性就是将原材料转变为高价值的产品，是一个确保食品安全和延长货架期的转化过程。

食品工业与农业（包括农、林、牧、副、渔）有着密切的关系。食品加工是以农、林、牧、渔业产品为原料，利用劳动力、机器、能量及科学知识，把原料转变成半成品或可食用的产品（食品）的过程。食品加工的具体内容包括谷物磨制，饲料加工，植物油和糖加工，屠宰及肉类加工，水产品加工，蔬菜、水果和坚果等食品的分选、清洗、分档或精深加工，等等。食品加工必然需要加工方法与程序，即食品加工工艺，就是将原料加工成半成品或将原料和半成品加工成食品的过程和方法，它包括了从原料到成品或将配料转变成最终消费品所需要的加工步骤或全部过程。

从不同的角度，食品加工有不同的分类方法。按工艺流程可分为不同的操作单元，如粉碎、冷冻、消毒、杀菌、干燥、腌渍、辐照等操作；按加工程度可分为初级加工和精深加工；按加工原料可分为七类，即粮食加工、果蔬加工、乳制品加工、肉制品加工、水产品加工、饮料加工、其他食品（豆制品、蛋制品）加工等。

在过去的 70 多年中，食品加工方法的变化也带来了全球食品供应的变化。新的食品加工和制造技术对健康的潜在影响正受到越来越多的关注，某些食品分类系统甚至国家准则都提倡避免食用高度加工的食品。现在，大多数人对加工肉和精制谷物，淀粉和糖对机体代谢的危害已经取得共识。但是，几乎所有食品都必须经过某种形式的加工以供人类食用，例如碾磨、精制、加热、烹饪、干燥、腌制、发酵或保存（某些例外包括水果、坚果、种子和某些蔬菜）。然而，食品加工也具有许多优点，食品经过加工可以增加适口性、提高营养生物利用度、延长食品保质期和食品携带的便利性，并能降低食源性病原体的风险。

但与此同时，食品加工也减少了食物中纤维、矿物质、脂肪酸、维生素和其他生物活性物质等的含量；增加了淀粉和糖的含量；并引入钠、防腐剂和添加剂、反式脂肪、杂环胺、高级糖基化终产物（AGEs）等化合物。常见的加工方法（例如研磨和精炼）会去除关键的益生元（尤其是不溶性膳食纤维）。通过添加麸皮和纤维，可以弥补一些缺陷，减轻精制食物对机体的影响，但也不能弥补由研磨和精制带来的损失。因此，最好的方法是减少食物加工程序，或者有意地加工食物以保留或补充食物中的益生元内容物。总的来看，大多数高度加工的食品对代谢的不利作用可能大一些（精制谷物和加工的肉类），而大多数最低加工的食品对机体代谢的保护作用可能大一些（例如水果、坚果和种子）①。

非营养性甜味剂、乳化剂和增稠剂等食品添加剂也可能会影响微生物组成。在某些动物模型和有限的人体实验中，人造甜味剂会改变宿主微生物的组成，并对饱腹感、葡萄糖-胰岛素稳态、热量摄入和体重增加产生不利影响。非营养性甜味剂也可能影响口味偏好和学习行为，尤其是在儿童中，并触发影响葡萄糖吸收和胰岛素分泌的消化道甜味受体。总而言之，尽管目前关于人造甜味剂危害的证据不一，而长期的研究也没有评估新型、天然、无营养和低热量的甜味剂，但从添加糖类向天然甜味剂或不加糖的食物转变可能是比较好的选择。

乳化剂和增稠剂可用于改变加工食品的外观、质地或口感。但在某些实验模型中，发现乳化剂和增稠剂会影响肠道微生物组成、肠道黏膜和相关的炎症途径。例如，在小鼠模型中，两种常见的乳化剂破坏了肠黏膜屏障，改变了微生物组成并增加了细菌的移位，从而导致了低度炎症、体重增加和代谢综合征。与人工甜味剂一样，乳化剂和增稠剂的长期代谢作用仍然不确定且存在争议。

此外，某些更"天然"的食物，例如鸡蛋、黄油和未加工的红肉，似乎并没有改善代谢健康，而其他更多的加工产品（例如酸奶、奶酪、植物油和人造黄油、富含水果的零食）是有益的。总体而言，增加食用最低限度加工、富含植物化学物质的食品，避免食用更多的加工食品，是获得或维持良好身体健康的普遍原则，但不是绝对原则。因此，关键是要了解食品加工方式的哪些方面是有害的，并确定对健康有益的不同食品的最佳加工方式，而不是专注于食品加工本身。

考虑到全球农业和食品工业的规模、专业知识和影响力，需要大量增加研究投资，以更好地定义和理解最佳食品加工的途径。要清楚哪些加工方式是有益的，例如酸奶和巴氏消毒，必须予以保留和大力推荐；哪些加工方式是有害的，尽可能改善或替换，如不能改善，则要严格控制这种食物的摄入（例如油炸食物）；哪些加工方式是可以改进和完善的，要加快其改进和完善速度。

三、健康食品流通

食品流通是指食品从生产领域向消费领域的转移过程，包括运输、存储、装卸、包装、购销、配送、信息传递与处理等环节。传统食品流通主要由商流、物流、信息流三部分组成。随着电子商务的兴起，资金流成为现代食品流通的重要构成要素之一，它是实现电子商务交易活动不可或缺的手段。现代流通经济运行过程实质上是商流、物流、信息流和资金流的分立与一体化过程，这样可以有效克服流通运行过程中空间和时间之间的矛盾，使商品交换能灵活进行，以适应不断变化的市场环境。

在流通过程中，通过交换活动而发生的价值形态变化和商品所有权的转移过程，就是商流。在商流过程之后，发生的是商品实物流转的程序，即从包装开始，通过装卸、

---

① Dariush Mozaffarian, et al. Dietary and policy priorities to reduce the globalcrises of obesity and diabetes. Nature Food，2020，1：38-50.

运输、贮存、保管等程序，将商品运送到消费者手中，这个过程就是物流。与商流和物流相伴发生的还有与之相关的信息流和资金流活动。所谓信息流，即流通信息的产生、加工、传递、贮存等信息活动，包括商流信息活动和物流信息活动。资金流则是指在营销渠道成员之间随着商品实物及其所有权的转移而发生的资金往来流程。

马克思主义基本理论揭示了食品的价值规律，商品是使用价值与价值的统一体。其中使用价值是商品自然属性的体现，而价值是商品社会属性的体现，凝结了人类无差别的社会劳动。对于满足人类基本需求的食品而言，只有以食品形式存在，才能赋予其流通的可能。我们知道食物之所以需要进行供应链管理，是因为需要克服食物流通过程中所遇到的各种风险。而我们现在需要考虑更前一步的问题，即食物为何需要流通、为何需要供应链管理的问题。例如能够进行流通的食物一定是价值与使用价值的统一体，单独拥有价值或使用价值的食物是无法进行流通的，比如说，如果把自然水看作是一种食物的话，那它一定具有价值，因为它能让人解渴满足人的生理需求，这体现的正是雨水对于人而言的价值，即它的使用价值，但是雨水没有凝结人类的劳动，所以它不具有社会价值，无法进行流通。但是，我们如果通过人的劳动将雨水生产为纯净水或者搬到一个缺水的地方去卖，那么雨水就会被注入人的劳动，就具有了社会价值，此时雨水就能够在市场上进行交易，能够进行流通。

在一个制度与法律体系都健全的框架下，食物的生产者与食物的中间商可能会变得异常复杂。首先，食物的生产者可能从一个脆弱的生产组织，比如农户、家庭作坊等形式成长为更强的生产组织，如集体合作社或食品企业，这个时候，他们会愿意延长食物生产过程，愿意开发新的产品形式。甚至有的生产者直接承包了流通渠道，从食物的采购管理、食物库存管理到物流管理，都被纳入管理的范畴。另外，我们也知道使用信用货币连接食物的生产者与食物的消费者，可以导致货币与商品交换的时差，是货币支付功能的体现，但是这却不可避免会导致流通隐患。

四、健康食品的生产与环境

健康食品的生产与良好的自然环境具有密不可分的关系。根据明尼苏达大学和牛津大学联合发表在《美国国家科学院院刊》（PNAS）上的最新研究表明，广泛采用健康饮食将显著减少农业和食品生产对环境的影响。研究首次将食品对健康的影响与其对环境的总体影响联系起来，发现健康状况良好的食品对环境的影响最低，而其他食品，如红肉，却对健康和环境影响最大。

研究项目调查了15种不同食物的平均消费量与五种不同的健康结果以及环境恶化之间的关系，结果表明：①几乎所有与改善健康结果相关的食物（如全谷类谷物、水果、蔬菜、豆类、坚果和橄榄油）对环境的影响最低；②疾病风险增长最大的食品，主要是未加工和加工的红肉，如猪肉、牛肉、羊肉和山羊，始终与最大的负面环境影响相关；③有两个显著的例外：一个是鱼类，一种对健康影响较大的食品，对环境的影响中等；另外一个是加糖的饮料，这些饮料虽然对健康构成威胁，但对环境的影响却很小。

研究结论表明，生产健康食品也会改善环境的可持续性。这项研究强调了联合国和其他国家最近关于人类饮食对环境影响的建议：人们多吃植物性食物，以此来适应和限制日益恶化的气候变化。

明尼苏达大学教授杰森·希尔（Jason Hill）说："这项研究表明，用更有营养的食物替代红肉可以极大地改善健康和环境。重要的是，我们所有人都要考虑我们所吃的食物对健康的影响。我们现在知道，将营养作为优先事项也将为地球带来红利。"

第二节　健康食品生产者的生产行为决策

一、生产者行为分析的相关理论

（一）生产者行为理论

生产者行为理论是古典经济学中供给分析的重要内容，新古典经济学的厂商理论和行为科学理论是研究生产者行为的理论依据。新古典厂商理论假定，厂商在既定的投入和技术水平下，总是企图实现产量最大化和成本最小化。企业是生产者的研究单位，生产者是理性经济人，企业行为是追求利润最大化。在企业内部，雇员行为就是使企业实现利润最大化，雇员利益和企业主利益是一致的。经济人行为对环境变化做出充分恰当的反应。新古典厂商理论假定厂商内部在有效率的前提下，集中研究市场配置效率。在该种厂商模型中，厂商是追求利润最大化的，追求利润最大化遵循的原则是"边际收益等于边际成本"（$MR=MC$），厂商依据此原则决定生产什么、生产多少、如何生产的问题。在该模型中，厂商就像是单一的个人，其行为与厂商规模、组织形式无关。

（二）农户行为理论

农户行为理论来源于传统经济学理论对小农经济行为分析的局限性。西方学者关于农户行为理论的研究主要经历了从"经济人"到"有限理性"的过程。"经济人"假说是由古典经济学家亚当·斯密提出的，"经济人"指的是在利己动机的支配下，以最小的经济代价追逐和获得最大的经济利益。亚当·斯密认为"经济人"在追求自身经济利益的同时也增进了社会利益，促进了社会总福利的增长。此后，穆勒在对古典经济学关于"经济人"的假设基础上，提出"经济人"的"理性行为"，即经济活动中的个人是完全理性的。其主要观点为：人有稳定的偏好，具有很强的计算能力，总能选择最优组合。

西奥多·W. 舒尔茨通过对某些农民行为的观察认为，农民是理性的，传统农户能够根据以往的生产经验，将其所支配的生产要素做出最优配置。在农户所处的外部限制条件下，他们的行为是有效率的。他们可以在既定条件下，做出能够给自己带来最大效用的选择。即所谓"贫穷而有效率"。

赫伯特·西蒙则对古典决策理论中有关完全理性"经济人"提出质疑，并认为受不完全信息和人的认知能力的限制，人只会具有"有限理性"。西蒙认为，第一，决策者的目标不是单一的、明确的和绝对的；第二，决策者掌握的信息和处理信息的能力是有限的；第三，决策制定要受到时间、空间、精力等因素的制约。因此，西蒙认为人在决策过程中是介于"完全理性"和"非理性"之间的"有限理性管理人"。在承认决策者选择行为受条件限制的前提下（自身素质、信息失灵、时间成本等），由寻求"最优"原则转为寻求"满意""次优"原则，有限理性符合实际情况，符合具体、现实的变化。

道格拉斯·诺思同样认为完全理性"经济人"的基本假设不能解释个人所有的行为，"这些传统假设已妨碍了经济学去把握某些非常基本的问题，对这些假定的修正实质上是社会科学的进步"。提出应该把意识形态、自我约束等非财富最大化行为引入个人预期效用函数，从而使人的行为研究更加贴近现实。诺思认为人对环境的计算和认知能力是有限的，人不可能无所不知，因此，人是有限理性的。在这种情况下，就会产生机会主义行为，从而导致交易成本的上升。在有限理性条件下，制度通过设立一系列规则可以有效减少不确定性，提高人认识环境的能力。因此制度的分析是至关重要的，人之所以有不同的选择，是因为有不同的制度框架，制度框架约束着人的选择。

恰亚诺夫专门针对农户经济行为进行了更深入的分析，他认为农民家庭是农民农场经济活动的基础，而家庭经济以劳动的供给与消费的满足为决定要素，当劳动的投入增加到主观感受的"劳动辛苦程度"与所增产品的消费满足感达到均衡时，农场的经济活动量便得以确定。而由于生物学规律，家庭规模与人口构成中的劳动消费比率呈周期性变化，因而农场经济活动量也随之变化。这种"人口分化"而非"经济分化"是形成农户间差别的主因。因此，恰亚诺夫认为农户是非理性的，农户经营方式是拥有一定数量土地，依靠自身劳动，其产品主要用于自身消费而不是在市场上出售追求最大利润。

丹尼尔·卡尼曼和特沃斯基（1979）对经济学关于个人复杂决策环境下的理性假设提出质疑，指出人们在面临不确定性时的决策行为，与传统预期效用理论所描述的不一致。卡尼曼通过对实验和问卷调查的结果分析，发现现实中人在不确定环境下并不一直能够保持风险回避的态度。有时候，人的决策会违背预期效用最大化原则。

计划行为理论探寻个人行为的根本性决定因素及其相互关系是社会科学领域众多学者们的一个重要的研究目标。心理学家认为，个人行为模式包括三个要素：需要、动机和行为，个人需要是行为发生的诱因，个人需要产生行为发生的动机，动机对人产生内部或外部刺激，形成人行为的发生，以及行为产生的结果。由于考虑了非个人意志完全控制的情形，计划行为理论是目前最正确的关于行为内生影响因素的理论模型，正广泛应用于农户行为的研究领域。该理论认为人的行为受到行为意向的作用，行为意向受到三种因素的共同作用，即行为态度、主观规范和知觉行为控制。

近年来，中外学者关于农户生产行为的因素研究成果较为丰富，从影响农户生产行为的因素特征来看主要可分为：经济因素和非经济因素。其中，经济因素包括：价格、税收、生产成本、机会成本、经营方式；非经济因素包括：文化及传统、户籍制度。从影响农户生产行为因素的不同作用来看又可分为：内部因素、外部因素。其中，内部因素包括：农户家庭的人口和收入结构、资源配置，农户自身的文化水平、目标偏好、价值观念（环境、生态、健康）、经营能力等。外部因素又可分为两个方面的因素，即社会因素和经济因素。社会因素包括如政府政策法规，传统习惯和社会习俗，能人的示范效应，组织参与程度等；经济因素包括：生产投入、产出和市场价值实现（产品价格）。收入最大化是农业生产者追求的一个主要目标，农户经济行为也以收入最大化为导向，选择最佳的投入组合使产出最优。

（三）激励理论

激励是一个心理学术语，经济管理学科中的"激励"来源于英文词 motivate，其含义为刺激、诱导、给予动机、引起动机。其基本含义是指通过某些有效刺激或诱导，使他人为实现某一目标而努力奋进，也可以说是调动积极性的过程。西方学者麦格金森认为："激励就是引导有各自需要和个性的个人与群体，为实现组织的目标而工作，同时也要达到他们自己的目标"。

亚伯拉罕·马斯洛提出了人的需要层次理论，对这些需要从低到高排序依次为：生理需要、安全需要、社会需要、尊重需要、自我实现的需要。当某层次的需要得到充分满足后，下一层次的需要就上升为主导需要。根据马斯洛的观点，如果想激励某个人，首先要明白他目前处于哪个需要层次，然后重点满足他该层或该层以上的需要。此后美国学者弗雷德里克·赫茨伯格通过大量调查研究对马斯洛的理论进行了拓展，认为生产者行为受到激励机制的影响。奥德弗也对马斯洛的需求层次理论进行了发展，通过建立的需要类型模型进行实证研究验证。研究中奥德弗根据分析验证得出三种核心需要类型，即存在需要（existence）、关系需要（relatedness）和成长需要（growth），提出了ERG 理论。存在需要主要关注的是生存的问题，关系需要主要强调人际间和社会的关系，成长需要指个体对自身发展的内在渴望。此外，弗洛姆提出的期望理论认为，个体以某种特定方式参与某项工作的努力程度，取决于个体对该行为能给自己带来某种结果的期望程度，以及这种结果对个体的吸引力。也就是说，人之所以愿意从事某项工作并达到组织要求，是因为通过这些工作，组织会满足自己的需要，达到自己的目标。

Wilson（1969）和 Ross（1973）将激励理论用于解决委托代理关系中存在的信息不对称问题，减少代理人"道德风险"和"逆向选择"问题，使得代理人和委托人的收益达到最大的一致化。后来，随着学者们对激励理论研究的深入，将动态博弈理论引入委托代理关系的研究之中，Kreps 和 Wilson（1982）、Milgrom 和 Roberts（1982）等人将竞争、声誉等隐形激励机制引入委托代理关系的研究之中，对降低企业代理成本提出有效解决思路。食品企业的激励机制包括显性激励和隐性激励。显性激励包括法律法规、生产标准、政府监管等，隐性激励包括市场激励和声誉机制。

（四）交易费用理论

"交易费用"概念最早由科斯在其论文《企业的性质》中首次提及。此后，威廉姆森将交易费用从"资产专用性，交易频率和不确定性"三个维度进行分析并度量交易费用，从而构建了交易费用经济学，使其成为新制度经济学分支。威廉姆森认为，产生交易费用的原因有两个方面：一是人的因素，二是交易特征。人的原因主要是由于人的有限理性和机会主义倾向特征，交易特征即为资产专用性、交易频率和不确定性。

有限理性，是指尽管个体希望以完全理性的方式行动，但由于个体的知识、所处环境、能力和时间等限制，不能实现个体完全理性的行动。因此，个体无法预知未来有可能发生的所有事情，对于个体能预见的突发事件，也不能总是有计划详细并有效地做出适当的行动。个体只能在自己掌握的信息、知识等有限条件下做出对自己最有利的行动。

机会主义倾向特征是指交易者"狡诈地追求利润的利己主义"以及"信息的不完整

或受到歪曲的透露"。在机会主义倾向特征下，交易者存在欺诈威胁对方、背信弃义、钻空子等不正当手段意欲为自己牟利，或者存在利用信息不对称欺骗对方达到榨取更大份额交易租金的意愿。

威廉姆森（1983）指出，资产专用性是指当一项耐久性投资被用于支持某些特定交易时，所投入的资产就具有资产专用性特点。在这种情况下，如果交易过早终止，资产专用性投资形成的沉淀成本将无法收回，给投资方带来损失。威廉姆森认为"市场交易费用是一条随着资产专用性程度的增加较快上升的曲线"。因此资产专用性对契约的设计提出了更高的要求，导致复杂的市场契约形式逐渐替代了随意简单的契约。

交易的不确定性是指交易双方面临的交易行为的不确定和交易环境的不确定。当交易过程中的不确定性很高时，交易双方对未来可能发生的事件无法预计。这种情况下，必须设计一种交易双方都能接受的契约安排，以便在可能事件发生时保证双方能够平等地谈判，做出新的契约安排，这样会增加交易成本。交易频率是指同类交易重复发生的次数，交易频率与交易费用正相关。交易治理结构的成本与交易频率有关，经常性发生的交易与一次性交易相比较，治理结构的成本更低。

交易费用的大小会影响农户健康食品的生产和供给。在"企业＋农户"产业模式中，农户与企业之间的交易费用主要是指农户与企业之间从合作起初的谈判、契约的形成、契约的执行整个环节发生的一系列费用。相对于独立从事农产品生产的农户而言，"企业＋农户"模式降低了农户的交易费用，避免了农户选择销售渠道、讨价还价等发生的一系列费用。"企业＋农户"模式使农户交易对象固定，交易的不确定性降低，降低了农户的交易费用。

二、健康食品生产的内涵与经济特征

（一）健康食品生产者的内涵

根据《中华人民共和国食品卫生法》的定义："食品是指各种供人食用或者饮用的成品和原料，但是不包括以治疗为目的的物品。"产业经济学界定的产业是在社会分工的基础上形成和发展起来的生产某种同类产品、提供某种同类服务或具有某种共同特征的企业在同一市场上的集合，是社会生产力不断发展的必然结果。

依据食品和产业的定义及特征，可知健康食品生产者是一个综合整体概念，是指一个高度关联的一体化产业，涉及农业、加工业、制造业、流通、包装、化工等多个产业的整体。健康食品产业中的加工业和制造业，即食品工业。食品工业是指主要以农业、渔业、畜牧业、林业或化学工业的产品或半成品为原料，制造、提取、加工成食品成品或半成品，具有连续而且有组织进行经济活动的工业体系。

（二）我国健康食品生产者的类型

目前我国食物生产经营主体既包括传统的农户家庭，也包括主要由专业大户、家庭农场、农民专业合作社、农业龙头企业等组成的新型农业经营主体。从组织形成逻辑来看，其规模由小到大，对农民的带动性逐渐增强，组织化和市场化特征逐步明显。

1. 农户家庭

家庭是整个社会组织的基本细胞，是指以婚姻和血缘关系为基础的一种社会生活组织形式。在农业发展进程中，农户家庭经营构成最基本的微观经济组织形式，即农民家庭独立或相对独立地从事农业生产经营活动，并享有经营成果。

家庭经营是最普遍的农业经营形式，这是由农业生产的特点决定的。一是农业生产的特殊性决定了农业生产与家庭经营结合的必然性。二是农业自然环境的特点决定了家庭经营是农业生产中更为合适的组织形式。三是农业家庭经营是监督成本最小的经营方式。其表现出了较强的激励作用，成为无须专门构建、自带激励的特殊性组织。四是家庭经营能够适应农业技术进步和充分利用技术进步的最新成果。

2. 专业大户

专业大户是指在农业生产过程当中，依靠分工的方式，从传统农户中分化出来，专业化生产一定经营面积的某种农产品的农户。与最初的家庭经营方式相比，专业大户拥有相对优势：集规模化、产业化、集约化为一体，在现代农业建设和农民增收等方面发挥的作用日趋突出，为现代农业的成长和农业经营体制改革注入了新活力。

3. 家庭农场

家庭农场是一个起源于欧美的舶来词。2014 年 2 月，农业部在《关于促进家庭农场发展的指导意见》中提出，家庭农场是指以家庭成员为主要劳动力，从事农业规模化、集约化、商品化生产经营，并以农业经营收入为家庭主要收入来源的新型农业经营主体。农业农村部资料显示，截至 2019 年年底，我国登记注册的家庭农场已超过 70 万个。家庭农场是专业大户的升级版，它来源于专业大户，是企业化、法人化了的专业大户。

4. 农民专业合作社

根据《中华人民共和国农民专业合作社法》对农民专业合作社的定义，其包括两个方面的内容：一方面，从概念上规定合作社的定义。农民专业合作社是在农村家庭承包经营基础上，农产品的生产经营者或者农业生产经营服务的提供者、利用者，自愿联合、民主管理的互助性经济组织。另一方面，从服务对象上规定了合作社的定义，即农民专业合作社以其成员为主要服务对象，提供农业生产资料的购买，农产品的销售、加工、运输、贮藏以及与农业生产经营有关的技术、信息等服务。据农业农村部资料显示，截至 2019 年 10 月底，全国农民专业合作社注册数量为 220.3 万个。

5. 农业龙头企业

农业龙头企业，是指能与农户建立稳定的生产和销售关系，为农户提供一定的服务，并带动较大数量的农户发展市场化农业生产的农产品加工经营企业。我国农业龙头企业主要有"龙头企业＋农户""龙头企业＋协会＋农户""龙头企业＋基地＋农业工人""龙头企业＋基地""中介机构＋农户"等生产经营模式。农业龙头企业的作用主要包括延伸农业产业链、减少和分散市场风险、创新农业科学实用技术、发展农业现代化经营模式、实现农产品保值增值。据农业农村部资料显示，截至 2019 年年底，我国已有农业产业化龙头企业 9.3 万个，其中国家级重点龙头企业 1 542 个。

（三）健康食品生产者市场的经济特征

在食品市场中，健康食品的质量水平是由消费者和生产者对健康食品的供给与需求共同决定的。在理想的状态下，生产者会向市场提供一系列不同水平和不同价格层次的产品。从微观经济学理论来看，当某种食品所实现的社会边际收益刚好等于其边际社会成本的时候，就实现了社会福利的最大化。但在实际的食品市场中，由于存在信息不对称、市场失灵、外部性，以及健康食品信息的公共产品属性，导致了缺乏干预的食品市场无法提供消费者需要的健康食品，由此，政府的监管就会非常必要。

生产者对健康食品的供给符合一般的商品供给定律。随着人们收入的提高，生活水平逐渐提高，导致消费者对健康食品的关注度日益提升、需求日益增多，消费者对健康食品的需求量增加会引致厂商大量生产健康食品以满足消费者日益增长的需求。

1. 外部性与健康食品生产

在健康食品市场中，部分生产企业生产的假冒伪劣健康食品存在着显著的负外部性，如果消费者食用假冒伪劣健康食品，首先会导致身体健康受到损害，由此带来的身体疾病不仅会使自身医疗费用支出增加，同时也会耗费国家社会保障体系资源，甚至造成社会劳动力资源的损害。此外，健康食品行业中个别企业的假冒伪劣健康食品生产行为会导致消费者对该行业失去信心，消费者对行业的不信任态度，会使其他健康食品生产企业受到牵连，而使这个行业的利益受到损害，未来重塑消费者信心的过程中需要花费大量的人力、财力、物力，造成资源的浪费，并造成社会效率的损失。

2. 信息不对称与健康食品生产

信息不对称在健康食品交易中是指由于交易双方对交易的健康食品拥有不对等的信息，健康食品生产方掌握更多更充分的产品信息。在此前提条件下，卖方为追求利益最大化，以损害买方的利益为代价，从而导致整个社会资源配置无法达到最终的帕累托最优。交易市场中的信息不对称直接导致了消费者福利的损失。

从另一方面来说，信息不对称还导致消费者对生产者产生不信任，消费者受到专业水平的限制，不能对食品安全做出准确的判断，在对不同商品进行甄别判断的过程中交易成本随之增加。在此情况下，市场机制不能发挥其优化资源配置的作用，政府监管显得尤为重要，从制度上保障消费者获得更多的食品信息，从而降低交易成本，提高社会效率。

周德翼和杨海娟（2002）认为食品市场上的信息不对称主要表现在以下几个方面：①食品生产经营者与消费者之间的信息不对称。由于消费者难以从外观辨识食品质量信息，且无法承担高昂的食品内在质量信息的搜寻成本，再加上市场不能给生产者提供改善品质的激励，因而在消费者和生产者之间存在食品质量信息的不对称。②生产经营者与政府之间的信息不对称。政府虽然能够检测出食品安全水平，但是检测的成本高，速度慢，再加上小农经济体制下食品分散生产又缺乏标识。食品安全责任的可追溯性差，实施完全监管的成本高，生产者既难以从改善质量安全上获益，也容易躲避对违反质量安全法规的处罚，缺乏改良食品安全的激励。③下级管理者（代理人）与上级管理者（委托人）之间的信息不对称。下级管理者的管理行为难以被监控，在缺乏激励约束机制的情况下，下级管理者可能因个人或地方利益导致管理上的失职行为。④政府与消费者之间的信息不对称，政府的食品安全信息不能被迅速、有效地传递给消费者，消费者缺乏做出抉择的信息。

3. 健康食品的公共产品特征

食品安全问题不仅是一个政治问题，而且也是一个经济问题。食品安全具有以下特征：第一，效用的不可分割性，即提高食品安全水平必将使每一个社会成员受益。第二，消费的非竞争性，即任何一个消费者在享受提高食品安全水平带来的益处的同时，都不会影响其他消费者享受同样的好处。第三，收益的非排他性。若将那些不愿为食品安全管理付费的人排除在提高食品安全水平的受益范围之外，成本是极为高昂的，近乎不可能实现。效用的不可分割性、消费的非竞争性和收益的非排他性是公共产品的三个基本特征，因此，我们可以把食品安全问题列入公共产品的范畴。在食品市场存在信息不对称的情况下，食品市场的自由运行不能实现资源的最优配置，食品的买卖双方都无法产生动力来缓解食品质量信息的不对称问题。

此外，食品安全水平的改善除了可以让购买食品的消费者获得直接经济效益以外，还可以使人们获得社会效益，如生态环境的改善和生活质量的提高，生病概率的降低进而减少了医疗开支等。因此，食品安全问题的解决具有正外部性，而市场对具有外部性的物品的配置是低效的，需要政府进行干预。政府拥有市场力量和第三种力量所不具有的公共权力，具有权威性和强制力，可充当"守夜人"的角色，制定食品生产经营和流通环节的法律法规来监管生产经营者的行为，促进市场信号的有效传递以及保障市场的公平交易和公平竞争。

三、健康食品生产决策的影响因素

健康食品生产者行为决策研究主要围绕食品质量安全领域展开。

（一）健康食品生产行为决策的机理

决策科学诞生于 20 世纪 40 年代，目前已经深入到各个领域各行各业，日常生活中人们要面对不同情况做出大量的决策。决策科学认为，决策是决策者对行为目标或手段的探索、判断、评价直至最后选择的过程。决策过程中，决策者要根据决策的问题与条件，确定他所要达到的目标，提出实现目标的相应手段。决策的核心是制定行动方案，即在若干可供选择的方案中做出抉择，选取最优方案。企业决策是指企业为了实现特定经营目标，借助一定的科学手段和方法，从多个方案中选择一个最优方案并组织实施的过程。

Barnard（1938）和 Simon（1947）指出企业选择面临多种"限制"因素，这些"限制"因素限定了企业决策的备选范围及企业从备选范围中选择的理性程度。因此，企业的选择是在各种限制因素下的"有限理性"。也就是说，当企业在面对和做出选择时，并不是"完全理性"的状态，只是在当前各种限制条件下，做出对自己最有利的选择。

企业做出一项新的决策，主要源于对新问题的发现和认知，主要产生于以下两种情况：一是由于信息时滞和人的认知能力的限制，现实情况确实发生了改变，从而出现了新的问题，需要进行新的决策；二是现实情况没有发生改变，但是由于企业家理念发生了改变，发现新的问题，需要进行新的决策。第一种情况是根据新出现的信息所做的调整，第二种情况是由于企业家自身观念发生改变形成的，但企业家自身观念的改变是由于自己对先前各类信息反馈的结果。新决策的制定源于对新问题的发现和认知，新问题的发现和认知又取决于各类信息的综合作用和影响，在这个过程中，信息的获取能力与获取后对信息的认知能力极为重要。信息的获取能力指个人主动获取信息的能力。企业管理者获取信息的能力包括自己主动获取信息的能力，也包括他人能否有效将与该决策相关的信息向企业管理者传递的能力。企业管理者获取信息后对信息的认知能力是指在决策过程中对信息的理解和运用的能力。

健康食品企业实施质量控制行为决策来源于政府对食品安全重视程度的提高，以及消费者对食品质量要求的不断提高。2009年6月，全国人大颁布并实施《食品安全法》之后，2010年2月，国务院设立国务院食品安全委员会，其主要职责为负责分析食品安全形势、研究部署、统筹指导食品安全工作，提出食品安全监管的重大政策措施，督促落实食品安全监管责任。2012年7月，国务院明确地方政府在食品安全中的重要作用，并将考核结果纳入地方负责人综合考核评价。2013年3月10日，国务院组建国家食品药品监督管理总局，对生产、流通、消费环节的食品安全实施统一监督管理。在政府不断加大食品安全监管力度的社会环境下，健康食品企业经营者实施食品质量安全控制主动性增强，从而做出实施质量控制决策。同时，健康食品企业经营者感受到来自消费者提高产品质量要求的压力，促使企业经营者形成实施产品质量安全控制的理念，做出实施健康食品质量控制的决策。

按照经济学中理性人的假设，企业作为理性的经济人，其生产经营的动机是获得利润最大化，企业实施质量安全控制的决策受到企业追求利润最大化目标的影响。理性的企业在决策是否按照健康食品系列标准实施食品质量控制的过程中，首先要进行成本和收益分析，其次要考虑政府监管因素，即如果企业未实施质量安全控制被政府发现后必须承担的处罚成本。

企业实施健康食品标准质量控制的成本主要包括人力资本投入、生产设施建设费用、产品检测费用、认证费用、监管费用等。企业获得的收益主要来自市场有效需求增加带来的收益的增加。对健康食品生产企业而言，在综合成本和收益，以及政府对违规生产的惩罚等因素之后，做出是否实施质量控制的决策，并且采取相应的企业行动方案。

此外，农户作为健康食品生产链上最前端的生产者，其生产行为直接决定着食品原材料是否达到健康食品标准。由于健康食品种类具有多样性，以及健康食品供应链参与者众多，以及不同种类健康食品原材料的标准不同，健康食品生产应按照特定的生产方式生产，执行健康食品原材料的各项标准，经专门的机构认定，最终提供市场安全、营养、优质的各类食品。

（二）健康食品生产决策的激励机制

从已有文献关于激励机制的研究看，激励包括显性激励和隐性激励。对于健康食品企业而言，实施产品质量控制决策的显性激励包括：第一，国家有关食品安全的法律法规。第二，健康食品发展相关政策、标准体系。包括政府对健康食品企业的支持政策、奖励机制，健康食品企业必须遵循的健康食品标准体系。第三，政府监管。政府相关部门对企业生产行为的监管，即各级行业管理机构和部门，以及相关专业机构对企业生产行为和产品质量的监管。

对于健康食品企业而言，实施产品质量控制的隐性激励包括：第一，市场激励作用。对于健康食品企业，市场的激励作用表现为：消费者以增加购买量和愿意支付高的价格的形式对健康食品企业产品质量控制行为的激励。主要表现为消费者满意度的提高，消费者需求量增加，优质优价，从而使得企业获得更大的市场份额，企业知名度提高，销量增加，企业获取更多经济利润。而健康食品企业的消极生产行为（违规）可能导致其退出市场，因为确保企业获利的前提条件是食品（农产品）质量安全。第二，声誉机制。企业良好的声誉能够带给企业长远预期收益，因此企业经营者十分在意企业声誉，从而提供质量合格的食品。Kirchhoff（2000）研究发现，对于信用面临的信息严重不对称问题，生产者有建立高质量信誉机制的动力。Cluskey 和 Loureiro（2005）研究表明，产品的质量无法观察时，企业声誉对消费者是否购买非常重要，因为消费者只愿意为他们信任的产品支付更高的价格。国内学者对声誉机制的研究主要有：黄群慧等（2001）认为，企业经营者追求良好声誉是追求长期利益最大化的结果。肖条军等（2003）提出，企业与消费者之间进行多阶段博弈时，声誉的作用很大。良好声誉意味着未来有较高的效用。周洁红（2005）研究表明，消费者在选择蔬菜时，零售商的声誉排在第二位。从现实市场看，声誉在信用品市场发挥着重要的作用。从食品质量信息获取的难易程度看，健康食品就是一种信用品。健康食品企业良好的声誉能够有效提高消费者对健康食品的信任程度，信任程度的提高会使消费者增加对健康食品的消费量，增强对健康食品较高价格的支付意愿，有助于健康食品企业实现优质优价以及市场份额的扩大。这种良性循环对企业质量控制行为产生正向激励，激励企业实施严格的质量安全控制，保证食品质量安全。

（三）市场的激励机制

企业与消费者之间多次博弈中获得的良好声誉，可以为企业带来长期预期收益。企业为了在消费者心目中获得良好声誉，对按照获得产品信息的难易程度分类具有信用品特征的产品，即消费者与企业之间存在信息不对称问题，企业可以通过向市场提供关于食品安全的真实信息来解决，这是一种隐性激励。例如对于获得健康食品认证的企业，其产品包装上的健康食品标志，就是向消费者表明产品质量符合健康食品标准的信息，也就是产品质量安全信息。这种产品安全信息对企业的声誉有积极作用。健康食品企业的产品质量控制行为受政府有关部门的监管，对不符合健康食品标准的企业取消其使用健康食品标志资格，并且公布企业信息，这将直接对企业声誉带来负面影响，进而使产品销量大幅度下滑，给企业带来致命打击。市场激励机制促使企业实施产品质量安全控制决策。市场激励可以通过消费者满意度、产品销售价格、企业成本收益变化、产品销量和企业经营者对消费者关于产品质量安全要求的压力感受来表示。

（四）企业声誉的激励机制

声誉一般是指名声、荣誉、信誉。根据 Kreps 和 Wilson（1982）对声誉的描述，声誉是一种认知。从交易双方信息不对称来分析，声誉对具有信息优势的一方来说，是为了获得交易的长期利益而向信息劣势的另一方所做的一种承诺。Akerlof（1970）认为，良好的企业声誉或者产品声誉，将有助于减少逆向选择的发生，有利于提高消费者对企业提供产品质量的预期。

声誉的激励机制属于隐性激励。吴元元（2012）认为声誉对解决食品市场信息不对称问题，尤其是针对信用品市场，成为对机会主义策略的有效约束机制。企业在与消费者长期博弈过程中，消费者会根据企业的声誉来决定是否购买其产品，因此，声誉影响未来的交易机会（Kreps，1990）。张维迎（2003）认为在信息化时代，企业基于对未来长期利益的考虑，更加看重声誉，尤其是大型企业、知名企业，避免出现如某些零散个体以机会主义策略攫取不当得利的"一锤子买卖"。一旦食品企业遭遇声誉机制的负面评价，消费者会选择"用脚投票"，企业收益丧失殆尽。健康食品企业多数属于国家级、省级或市级龙头企业，甚至属于地方政府重点扶持发展的农业企业，企业经营者看重企业长期发展，良好的声誉评价对企业未来的发展至关重要。因此，声誉的激励机制对健康食品企业实施质量控制有积极影响和作用。

四、健康食品供应链

（一）健康食品供应链的涵义

供应链的概念最早产生于 20 世纪 80 年代初对工业品的生产管理，到 20 世纪 90 年代，供应链管理已成为学术界和企业界关注的热点，随着 IBM、宝洁、戴尔等知名跨国企业供应链管理成功地应用于其经营管理以后，供应链管理的研究也正式进入大众视野并被广大学者所重视。目前学术界许多学者从不同角度对供应链管理给出众多解释，与此同时，随着食品行业的兴起，众多食品生产企业也纷纷效仿并借助工业品供应链管理这一工具来助力企业成长，食物供应链管理也成为一种新的研究领域，并从原来的供应链管理研究中脱离出来。

Duden 等（1996）在一般供应链的基础上，首次提出了食物供应链的概念，并认为食物供应链管理是农产品和食品生产、销售等组织，为了降低食品和农产品的物流成本、提高质量、提高食品安全和物流服务水平，而实施的一种垂直一体化运作模式。健康食品作为一种特殊的商品，社会对其供应链管理有更高的要求。同时随着经济的不断发展和人民生活水平的提高，消费者的食品消费观念也在不断改变，已从过去仅仅追求食品数量这种单一的传统模式，向追求"高质量、高营养、无污染"的模式转变，这一转变对食品行业提出了新的挑战，如果不改变传统的供应链管理模式将难以适应食品市场需求的变化，难以满足消费者对健康食品的需求。

一般而言，一个完整的食物供应链需要由不同环节和组织或载体构成：产前种子、饲料等生产资料的供应环节（种子、饲料供应商）—产中种养业生产环节（农户或生产企业）—产后分级、包装、加工、贮藏、销售环节—消费者。这一管理模式已经被广泛应用，并逐渐成为该领域学术研究的重点内容。总的来看，食物供应链包含了：农业资源的生产、向食物产品的转化、在市场上的分配、家庭对食物资源的获取、食物在家庭内的分配以及对食物的利用。食品供应链发挥作用的方式将决定居民的营养状况，而营养状况又将决定人们的健康状况。

通过对食物供应链及相关问题的研究，Gert 和 Jacaues（2001）指出，食物供应链的优势取决于伙伴关系和资产专用性等。英国学者阿罗马认为食物供应链是一个从食物到消费者使用末端的连续不断的技术创新（解决各类风险）过程，包括食用农产品原料生产和食品加工、贮藏、运输、分销、包装、批发零售直到消费者的各个环节及其相互关系，如图 6-1 所示。

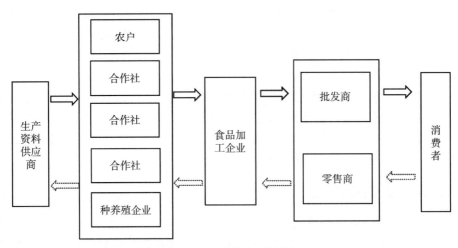

图 6-1 食物供应链结构图

国内学者提出利用供应链管理，通过信息规范化建立市场快速反应机制，开拓果蔬市场。张晟义提出涉农供应链概念，将其定义为"以农业原材料作为后续各阶段生产加工和运销主要对象的供应链的总称"，并分析了食物供应链的特点。杜小芳、张金隆等利用作业成本法对农产品物流配送效益进行评价。陈超、罗英姿等提出构建基于信息代理和信息平台的肉类加工食物供应链。总结国内外学者对食物供应链的研究，本书将食物供应链定义为：以食物为研究对象，围绕食品经营，通过对物流、信息流、资金流的控制，协调食品生产资料供应商、农户、食品生产者、食品经营者和消费者之间的利益，从农用品开始，完成农产品生产作业、收购运输、生产加工和分销的一系列过程。

因此，食物供应链不仅是一条连接供应商、生产者和消费者的产品物料链，还是一条在加工、包装和贮藏等环节实现价值增值的增值链。食物供应链由不同的环节和载体构成，包括产前环节、产中环节、产后加工环节、流通环节和消费环节。其中产前环节包括种苗业、饲料业、信息指导和产品规划；产中环节包括产地环境、田间管理、技术指导、农用物资和肥料业；产后加工环节包括等级分类、产品包装、保鲜加工和储存加工；流通环节包括流通产品的运输、销售渠道规划、网点布局、冷链流通技术和产销地市场建设；消费环节包括产品的提供和消费的引导。

（二）健康食品供应链的分类

随着物流系统的不断发展，食品供应链的结构也在不断变化，健康食品供应链也衍生出了多种不同的类型。参照现代食物供应链的划分类型，以及食品和农产品物流的不同发展阶段，健康食物供应链可划分为如下四种对应的类型：

1. 哑铃型食物供应链

哑铃型食物供应链的特点是供应链较短，生产与消费端的主体较多，主要位于供应链的起点和终点，而中间连接的交易主体相对较少。在食物供应链发展初期，劳动生产率相对较低，因此供应链上游需要有大量的健康食品原材料生产者。同时，由于基础设施建设条件有限，食品物流尚未发展起来，大部分产品无法进行远距离运输和调配，所以产品距离市场相对较近，且由食品原料生产者直接在市场上进行交易，联系生产者和消费者的中间商生存空间较小。目前，在大部分发展中国家，包括我国的大部分地区，城镇的新鲜蔬菜供应仍使用这种供应链模式。

2. T 型食物供应链

T 型食物供应链一般适用于食品和农产品的生产地和销售地相距较远，消费需求差异较大的情况，主要由哑铃型食物供应链演化而来。由于市场经济中存在社会分工的不同，农产品生产商如果同时兼顾生产、物流和销售将导致效率降低，由此推动其将后两个职能分离出去，从而产生独立的中间商和销售商。在食品的保鲜技术和物流技术不断进步的背景下，这种分工变得更加可能。因此，T 型食物供应链的上游依然聚集了大量食品生产商，而在产地之外的各个市场中，都聚集着少量销售商以及连接产地和市场的中间商，从而构成了一种 T 型结构。由于中间商的存在，T 型供应链的链条比哑铃型更长，体现出中间商在连接生产者和目标市场时所提供的资源分配等方面的价值增值作用。

3. 对称型食物供应链

随着规模化生产和经营的普及，规模经济的好处也深入食品生产和销售领域，科技和机械化大大提升了农产品的生产率，大型专业市场和超市开始显著地改变传统食品的销售模式，从而催生了对称型食物供应链。在这种模式下，上游的食品生产商大幅减少，粗放式的食品生产方式转变为少数农户主导的集约化食品生产方式。同时，大型连锁超市主导了城市的食品销售环节，绝大部分食品都可以通过各类超市集中销售，销售商也因此集约化了。并且，由于食品生产商和销售商都拥有较大的"势力"，这使得它们有动力通过集中采购和统一配送方式将产品分销至各地，从而节约交易成本。在发达国家物流发展较为成熟的大城市里，对称型食物供应链表现为集中采购、统一配送和尽可能减少不增值的物流环节，实行通过连锁节约成本的精益物流战略。

4. 混合型食物供应链

随着全球健康食品和市场消费需求的多样化，食品和农产品加工的比重也在逐步提高。例如美国蔬菜市场上，未加工蔬菜比例仅占 15％，而加工蔬菜所占的比例为 85％。各类大型超市为了适应这一变化，建立了自己的工厂和物流系统，把食品加工和储运等食品生产增值环节纳入到了企业常规业务范围，既能提高企业的经济效益，又能保证食品加工的质量。这是大型超市对市场需求做出快速反应的结果，并对食品进行深加工，因此是一种综合的混合型食物供应链。

上述几种食物供应链的典型模式在国外较为盛行，但中国现实状态下的模式并非如此，中国食物供应链存在自身特点，且不同地区、不同类型的食物供应链也呈现出不同的状态。

第三节　健康食品生产的经济学分析

一、健康食品的生产函数及决策分析

健康食品的供给水平受到很多因素的影响，在经济学中产品生产者被认为是利润最大化的追求者，而利润来自总收益和总成本的差额，总收益受到价格和产量的影响，其中产

品价格又取决于不同的市场结构，产量和成本则取决于厂商的生产技术选择。企业力求在技术上实现生产要素的最优组合，即需要通过实现产量既定条件下的成本最小或成本既定条件下的产量最大原则才能达到利润最大化目标，而生产是达到这一目标的主要手段。

（一）生产技术

生产指的是利用生产要素将投入转化为产出的过程。健康食品生产者进行的产品生产通常需要具备一定的生产技术，这样的生产技术必然需要满足要素的有效配置和创新。企业掌握的技术要素在一定程度上也规定了企业应该以何种方式进行生产。健康食品企业生产供给表示的函数形式为：

$$Q = f(A, K, L, E)$$

其中，Q 表示的是健康食品供给，f 表示生产技术，A 表示外生技术冲击，K 表示资本收入，L 表示劳动力投入，E 表示企业家才能。企业把各生产要素结合在一起进行生产，因此产出主要受投入的生产要素的影响。当投入的各种生产要素数值一定时，Q 是此种投入下所获得的最大产出量。

当健康食品生产者的生产技术处于既定状态，经济学理论认为企业家才能存在不可测量性，因此理论上通常更加关注劳动与资本要素的配置关系，由此，生产函数的最一般形式可以表示为：

$$Q = f(K, L)$$

即在一定生产技术条件下，劳动力、资本与产出的关系构成了生产函数。显然，在生产技术作为前提的条件下，生产函数取决于技术水平的高低，一旦技术水平发生变化，都将引起生产要素的重新组合，从而产生新的生产函数。因此，在理解健康食品的生产函数时，从经济学理论上强调必须与特定的时期和特定的技术水平相对应。

生产要素的配合比例是决定生产函数的重要因素，经济学上把各种生产要素的配合比例称为技术系数（technological coefficient）。根据技术系数的变化，生产函数可分为固定技术系数的生产函数和可变技术系数的生产函数。

固定技术系数指生产某种产品需要的各种生产要素的配合比例不变，即投入的生产要素不能相互替代；可变技术系数表示生产要素的配合比例可以在一定范围内变动，意味着生产要素在一定范围内可以相互替代。在现实的经济生活中，比较常见的是可变技术系数的生产函数。

柯布-道格拉斯生产函数是经常被人们引用的一个重要的生产函数。20 世纪 30 年代初期，美国经济学家柯布和道格拉斯根据美国 1899—1922 年制造业的历史统计资料，研究了资本和劳动这两种生产要素对产量的影响，得出了著名的柯布-道格拉斯生产函数，即：

$$Q = AL^a K^{1-a}$$

其中，Q 表示产量，L 表示劳动投入量，K 为资本投入量，A 和 a 为常数，且 $0 < a < 1$。

（二）短期与长期的生产理论

根据短期和长期的划分，可以对生产函数进行更进一步的分析。短期与长期的区分在经济学分析中非常重要。所谓短期（short run）就是指厂商不能调整某些生产要素的时期。或者说，在短期内，某些生产要素来不及进行调整。与短期相对应的生产函数为短期生产函数。而长期（long run）则指所有生产要素都可以变动的时期。在长期，厂商有足够的时间根据市场的情形变动而改变一切生产要素，以便使自己的利润达到最大。与长期相对应的生产函数称为长期生产函数。显然，在经济学中短期和长期并不是具体的时间概念，对不同的行业而言，短期和长期有很大的区别。假设某一企业在 20 年内没有改变过厂房、机器的规模，那么长达 20 年的时间也为经济学意义上的短期。显然，对于不同的行业而言，短期和长期有很大的区别。

（三）短期生产函数以及对产量带来的影响

1. 短期生产函数

在短期生产函数中，投入的生产要素由固定的生产要素和可变的生产要素两部分组成。前者与产量无关，不随产量的变动而变动，如厂房、机器。后者与产量密切相关，随着产量的增减而增减，如劳动、原材料和辅助材料等。短期生产函数的表达如下：

$$Q=f（L，K）\text{ 或 }Q=f（L）$$

在上式中，资本假定为不变的生产要素，可变的投入为劳动的数量。短期内，产量主要受到可变投入要素即劳动的影响。因此，短期生产函数指的就是一种可变生产要素的生产函数。研究短期生产函数的目的在于寻求在短期内厂商对生产要素投入的最合适区域。

2. 总产量、平均产量和边际产量

在资本为不变的生产要素时连续增加劳动的投入量，产出会发生一定的变化。为了说明产量的变动，我们将产量区分为总产量、平均产量和边际产量。

总产量（Total Product）：指企业投入一定量生产要素后所生产出来的产量总和，由于在短期总产量随可变要素投入量的变动而变动，而短期生产函数中可变的生产要素又常常指劳动，因此这里把总产量标记为 TP_L。

边际产量（Marginal Product）：即每多增加一个劳动力所多增加的产量。边际产量也是一个先上升后下降的过程。以咖啡店为例，1 个员工每天可以制作 50 杯咖啡，如果增加一个员工，一个专门制作，一个专门打包，劳动分工导致生产力提高了，每天可以共同制作 120 杯咖啡，那么增加这个劳动力后所增加的 70 杯咖啡，就是边际产量。同理，如果店里最多可以塞下 10 个人，但是你偏偏招聘了 11 个员工，多出的这个员工无事可干，四处帮倒忙，多增加的这个人的效用减少了，边际产量下降，所以边际产量也是先上升后下降的一个过程。

平均产量（Average Product）：这个概念很好理解，通常平均产量 AP 等于总产量 T/劳动数量 L。同样以咖啡店为例，1 个人生产 50 杯咖啡，平均产量等于 50 杯，2 个人生产 120 杯咖啡，平均产量等于 60 杯，平均产量和边际产量一样，也是先上升后下降的趋势。

平均产量和边际产量的关系：当平均产量等于边际产量时，平均产量达到最大值。也就是说，当多增加一个劳动力所增加的产量大于平均产量时，那么总体的平均数一定是上升的；当多增加一个劳动力所增加的产量小于平均产量时，那么总体的平均数一定

是下降的。

3. 边际收益递减规律

边际收益递减规律是指在技术不变的前提下，连续增加一种同质的可变要素，与其他不变的生产要素相结合，起初边际产量可能是递增的，但达到一定程度后，边际产量会呈现递减的趋势。要真正理解边际收益递减规律，必须特别注意这一规律存在的前提，如果改变了前提，则可能延缓边际收益递减的出现，甚至这一规律根本不发生作用。

边际收益递减规律最初表达为土地报酬递减规律。假设土地面积不变，播下的玉米种子不变，可变的是施肥量。随着施肥量的不断增加，玉米的边际产量呈现先增后减的趋势。逐渐地，人们发现这一规律不仅适用于农业，只要符合了规律的前提条件，边际收益递减规律适用性可以更加广泛。

边际收益递减规律在生产实践和科学实验中得到了大量验证，其存在的合理性比较明显。随着可变投入的不断增加，它与固定投入量之间的配合逐渐趋于合理，因此边际产量会增加。但是可变投入与固定投入的配合一旦超越最优后，可变投入的继续增加将使固定投入的相对量变得越来越少，则可变投入会越来越难以发挥作用，边际产量也就会自动下降。

在短期生产理论中，边际效益递减是一个非常重要的规律，它可以很好地解释在一种生产要素变动时生产者的合理投入区域。

4. 一种可变要素的合理投入

一般情况下，以同一行业和同一技术条件为前提，固定不变的生产要素投入量越大的企业，处于短期生产状态的时间也可能越长。

首先，从考虑单一要素投入对健康食品产量的影响来分析。为方便分析，可先假设经济处于短期阶段，此时 K（资本投入）变为固定要素，生产函数可以简化为

$$Q=f(L)$$

劳动力投入对健康食品生产的影响呈现倒 U 形特征，即当劳动力的投入低于最优配置比例时，健康食品产出会随着劳动力投入的增加而增加，当劳动力的投入高于这个比例时，产出则随着劳动力的增加而减少（图 6-2）。这是因为任何健康食品生产都存在要素的最优配置，当偏离了这个要素的最优配置时，健康食品的产量将会受到影响。

微观经济学理论认为，一般情况下，将单位要素变化对产量的影响称为边际要素报酬，比如单位

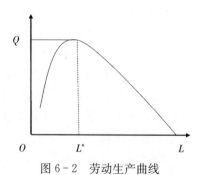

图 6-2 劳动生产曲线

资本投入对产量的影响称为边际资本报酬 MP_K，单位劳动投入对产量的影响称为边际劳动报酬 MP_L。实际劳动报酬还是边际资本报酬，均满足先增加，后减少的规律，即为边际报酬递减规律。

其次放宽短期生产的假设，分析不同要素投入对产量的影响。根据边际报酬递减规律可知，当一种劳动投入偏离最优比例时，厂商对劳动力的需求会明显下降，但是对资

本的需求会明显增加。以生产腊肠作为例子,一台机器和两个工人是最佳比例,如果现在工人增加到最佳比例,继续新增一个工人对产量的贡献下降了,但是继续增加一个灌肠机对产量的贡献却在上升。这说明,类似于边际替代率递减规律对于食物生产理论依旧成立。当产量保持不变,随着一种要素的不断增加,这种要素对产量的贡献是不断下降了,而其他要素对产量的贡献将不断提升,这被称为边际技术替代率递减规律。

此外还应注意,单一生产要素的投入,会存在一个最优的投入区间,但这个区间既不是要素投入最多的区间,也不是要素投入最少的区间。原因在于,要素投入过少的区间中,机器设备会得不到充分利用;而要素投入过多的区间,则要素的边际报酬会小于0,因此,要素投入过多或过少都不是最佳的投入区间。

从边际收益递减规律可知,在其他条件不变的前提下,一种可变要素的追加必将导致边际收益的递减。那么,追求最大利润的生产者应如何控制其可变生产要素的投入呢? 如图 6 - 3 所示,可分为三个阶段:从原点到总产量的点 C 为第 I 阶段:从 C 到总产量的最大值 D 点为第 II 阶段:D 点之后则为第 III 阶段。

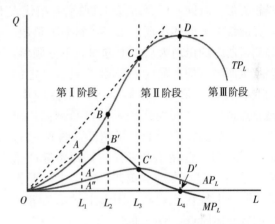

图 6 - 3 总产量、平均产量和边际产量曲线

在第 I 阶段,随着劳动的投入量逐渐增加到 L_3,生产要素的配合比例逐渐合理,可变投入的效率不断提高,因此边际产量递增,总产量以递增的速度增加。由于在此区域边际产量大于平均产量,所以平均产量不断增加,直至最大。

在第 II 阶段,劳动的投入量从 L_3 增加到 L_4,边际产量递减,总产量增幅减缓,一直到达最大值 D 点。在这一阶段,可变投入的效率开始下降,由于边际产量小于平均产量,因此平均产量递减。

在第 III 阶段,当劳动的投入量超过 L_4,总产量开始下降,边际产量为负值。此时,固定的生产要素和可变的生产要素比例严重失调,生产效率极其低下。

显然在第 III 阶段对于理性的厂商而言是其生产的禁区。厂商对一种可变生产要素的投入合理区域应在第 II 阶段,因为在生产理论中,经济学假定生产者的目的是获得最大利润,在总成本既定的前提下,厂商要达到总收益的最大,在此,我们暂且不考虑还未涉及的产品价格和生产要素报酬,则厂商要追求的是总产量的最大。如果在总收益既定的前提下厂商要达到总成本的最小,意味着要达到平均产量的最大。因此,厂商的投入合理区域应在平均产量最大值到总产量最大值之间,劳动的投入量在 L_3 至 L_4 之间。

(四)长期生产函数以及对产量带来的影响

在分析了短期生产函数以后,我们进一步来分析长期生产函数及其带来的影响。

1. 长期生产函数

在长期生产中，不存在固定的生产要素，食品生产厂商投入的所有生产要素都是可变的。因此，长期生产函数可以用下列形式进行表达：

$$Q=f(L, K)$$

在此，长期生产函数解释的是在厂商有足够的时间根据市场调整改变所有生产要素的情况下，它的投入和最大产出之间的关系。

2. 等产量曲线

等产量曲线是指在一定的技术条件下，能够生产出同等产量的两种生产要素组合的轨迹。也就是说，等产量曲线上所有生产要素的组合生产出来的产量都是相等的。

假定生产要素可以无限细分，则有无数个要素组合生产出相同的产量。与无差异曲线相类似，对同一厂商而言，面临着一组代表不同产量的等产量曲线，且同样拥有与无差异曲线相类似的特征。第一，斜率为负数。等产量曲线的走向为从左上方向右下方倾斜，表示生产等量的产品时，L 和 K 具有一定的相互替代性。第二，在一组等产量曲线中，离原点越远的产量曲线表示的产量越高，离原点越近的曲线表示的产量越低（图 6-4）。第三，对同一食品生产者而言，两条等产量曲线是不能够相交的。第四，由于生产要素的边际技术替代率递减，图形上显示为等产量曲线凸向原点，斜率递减。

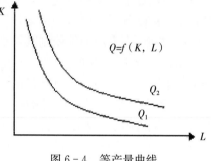

图 6-4　等产量曲线

3. 边际技术替代率

边际技术替代率是指在维持相对产量的前提下，生产增加一单位生产要素投入时，必须减少的另一种要素的数量。等产量曲线斜率为负，说明两种生产要素在生产等量产品时有替代关系。增加劳动的投入就必须减少资本的投入。因 L 和 K 都在同一等产量曲线上变动，因此其公式为：

$$MRTS_{LK}=-\Delta K/\Delta L=MP_L/MP_K$$

在维持总产量不变的前提下，随着一种生产要素投入量的增加，它能替代的另一种生产要素的数量越来越小，这就是边际技术替代率递减规律。

4. 等成本曲线

等成本曲线表示在既定的要素价格条件下，厂商用一定数量的资金所能够购买的两种生产要素最大组合的轨迹。

从生产者的偏好来看，当然希望等产量曲线离原点越远越好，但要受到生产要素价格和自身货币投入量的制约。假设生产者的总成本为 C，劳动 L 的价格为 P_L，资本 K 的价格为 P_K。C/P_L 表示用全部成本能够购买的 L 的数量，C/P_K 则是全部成本用于购买 K 的数量。只要在等成本曲线上，厂商支付的总成本相等。

5. 生产要素的最佳组合

运用等产量曲线与等成本曲线可以分析生产者的均衡问题，即生产要素投入的最佳组合问题。如图 6-5 所示，生产要素的最佳组合处于等产量曲线和等成本曲线的切点。

对两种生产要素而言，存在最优的配置比例。随着一种生产要素投入的不断增加，最终每增加一单位该种要素对产量的贡献在下降，而每增加一单位该种要素以外的其他要素对产量的贡献在上升。

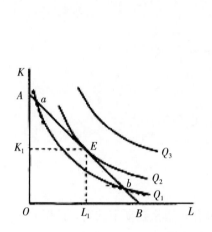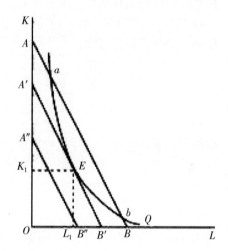

图 6-5　生产要素的最佳组合

图 6-5 左图表示的是成本既定条件下的产量最大，离开 E 点的等成本要素组合其产出量均小于 Q_2，因此 K_1、L_1 是生产要素的最佳组合。图 6-5 右图的 E 点为产量既定条件下的成本最小，同样，离开 E 点的等产量 Q 所需的成本投入都高于等成本线 $A'B'$。

在切点上，等产量曲线与等成本曲线的斜率相等，根据前述内容可知：

$$P_L/P_K = MP_L/MP_K \ \text{或} \ MP_L/P_L = MP_K/P_K$$

如果 $MP_L/P_L > MP_K/P_K$，表明厂商单位货币花在劳动力上所带来的产量大于单位货币花在资本上所带来的产量，这样，把原来在资本上的投入转移到劳动力上去，每单位投入将带来更多的产出。这种调整直至 $MP_L/P_L = MP_K/P_K$，此种要素的调整将无法使产量增加，也意味着产出不能再扩大，所以该点是生产的最优产出点。

二、健康食品生产的成本约束及决策分析

有了健康食品生产的技术，企业显然也不能任意进行生产，必然面临成本的约束，而且这种成本主要来自劳动与资本两个方面。因此成本的压力来自工资率与利息率，即：

$$C = rK + wL$$

其中 C 为劳动力成本，r 为利息率，w 为工资率，K 与 L 分别为资本投入与劳动力投入，在既定成本约束下，厂商需要做两种决策，一种决策是使用多少要素，另一种

决策则是生产多少产品。

（一）生产要素决策

根据利润最大化的食品企业经营原则，我们可以得到其基本数学方程：

$$\max Q = f(K，L)$$
$$\text{s. t. } C = rK + wL$$

用相应的拉格朗日函数表示：

$$T(K，L，\lambda) = f(K，L) + \lambda(C - rK - wL)$$

依据一阶最优条件可知：

$$\frac{\partial T}{\partial K} = \frac{\partial f}{\partial K} - \lambda r = 0；\quad \frac{\partial T}{\partial L} = \frac{\partial f}{\partial L} - \lambda w = 0$$

$$\frac{\partial L}{\partial \lambda} = rK + wL - C = 0$$

根据上式最优条件，可知最终食品企业生产的最优条件为：

$$\frac{\frac{\partial f}{\partial K}}{\frac{\partial f}{\partial L}} = \frac{r}{w}$$

进而可得 $MP_K / MP_L = r / w$，当生产函数满足柯布-道格拉斯形式时，即 $Y = aL^{\alpha}K^{\beta}$，由 $L/K = \beta r / \alpha w$，解得：

$$L = \frac{Ca}{w(\beta + \alpha)}；\quad K = \frac{C\beta}{r(\beta + \alpha)}$$

（二）厂商对生产数量的决策

假定厂商的生产数量为 Q，卖出的价格为 P，生产成本为 C（包括可变成本 VC 与不变成本 FC），则厂商利润最大化的条件是：

$$\max \pi = PQ - FC - VC$$

令 $P = P(Q)$，$VC = VC(Q)$，根据一阶最优条件（F. O. C）为：

$$\frac{\partial \pi}{\partial Q} = P + Q\frac{\partial P}{\partial Q} - MC = 0$$

假定厂商处于完全竞争市场，$\frac{\partial P}{\partial Q} = 0$，$P = MC$，为最优生产的条件。而厂商也存在生存的最优条件，即厂商的利润可以补偿固定成本，厂商会愿意继续生产。即：

$$\pi = PQ - VC > FC，P > VC/Q = SVC$$

满足 $P > SVC$ 的部分为 MC 的上半段，这时 MC 上的如何一点都对应一个 P 与一个 Q，而 $P = MC$ 是食品企业生产的最优条件，企业的生产曲线是 MC 的上半部分（图 6 - 6）。

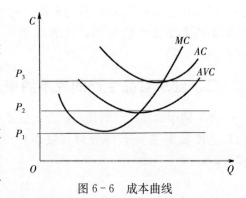

图 6 - 6　成本曲线

三、健康食品生产的利润最大化

经济学假设厂商的生产目标是取得最大的利润，根据上述对收益成本的分析后，接下来将分析总收益和总利润的问题。

（一）收益与总收益

收益是指厂商生产产品和劳务所获得的收入。收益可分为总收益、平均收益和边际收益。

总收益（Total revenue，TR）是指厂商出售一定量产品所得到的总收入。平均收益（Average revenue，AR）是指厂商出售单位产品的收入。边际收益（Marginal revenue，MR）是指增加一单位产量所引起的总收益的增量。

$$TR = P \times Q$$

$$AR = \frac{TR}{Q} = P$$

$$MR = \frac{\Delta TR}{\Delta Q} = \frac{\mathrm{d}TR}{\mathrm{d}Q}$$

（二）利润最大化原则

经济学假设理性的厂商目标为利润最大化，利润最大化原则就是指厂商力求最大利润时要遵循的一般原则。

总利润 π 是总收益和总成本的差额，要达到利润最大化就意味着厂商要力求使总收益和总成本之间的差额最大。

$$\pi = TR - TC$$

显然，总利润、总收益和总成本都是产量的函数。利润函数的极值点是其一阶导数为零，即：

$$\frac{\mathrm{d}\pi}{\mathrm{d}Q} = \frac{\mathrm{d}TR}{\mathrm{d}Q} - \frac{\mathrm{d}TC}{\mathrm{d}Q} = MR - MC$$

令 $MR - MC = 0$，则：

$$MR = MC$$

边际收益与边际成本相等即为利润最大化原则。当 $MR > MC$，表明食品企业生产者多生产一单位产品所增加的收益大于生产这一单位产品所耗费的成本，继续生产还有利润可得，对理性厂商来说应继续进行生产。反过来，当 $MR < MC$ 时，则表明多生产一单位产品所增加的收益小于生产这一单位所耗费的成本，厂商要减少生产。

因此，只有在 $MR = MC$ 时，厂商想得到的利润都得到了，生产达到了一种均衡状态。利润最大化原则一直贯穿于对厂商行为分析的始终。总之，$MR = MC$ 是利润最大化原则，同时又是亏损最小化原则，这一原则会始终贯穿于健康食品厂商行为决策分析中。

第四节 案例分析

一、国外健康食品产业发展的经验

健康食品产业是多学科、多行业衍生、融合而成的新兴产业，是传统食品产业的升级。健康食品产业贯穿第一产业、第二产业和第三产业，具有产业链长、行业跨度大的特点，覆盖了从田间到餐桌的全产业链。健康食品产业的发展过程与食品工业紧密相关，食品工业在各个国家的工业部门中占有着重要的位置。从全球范围来看，欧盟的食品工业总产值位居世界第一位；欧洲、美国、日本等发达国家和地区健康食品产业产值占到全球的80%；新西兰国内食品工业产值比例为32%，在整个制造业产值中比例最高；健康食品产业全球发展较为迅速。

（一）美国食品营养健康产业发展的经验

美国食品营养健康产业起步早、整体发展速度较快，目前已经形成较为完善的体系，具有较为成熟和完善的法律法规体系，充足的财政支持和规范的运作流程，在实现食品安全、保证国民营养健康、提高人口质量以及增强国家竞争力等方面具有积极作用。

纵观美国食品营养健康产业，其快速发展过程主要基于对食品营养健康产业的高度认知和全局规划，对于不同历史阶段的人群需求具有很强的针对性，这就要求对人群研究和产品开发保持持续的投资力度，在产业发展过程中，每一次营养健康膳食指南的发布都为其下一阶段的发展指明了清晰而明确的发展路线。

案例 1

食品工业是美国最大的制造业部门，产值占整个制造业产值的10%以上。2006年，美国食品工业产值是5 380亿美元（不包括饮料制造业）；共有28 000家企业，其中约有500家大型跨国企业是这个行业的主体；但其雇用的人员只占该行业的36%，而89%的食品加工企业所雇用的工人人数少于100人。

2008年，美国食品工业最大的10家企业分别是泰森食品、百事、卡夫、雀巢、安海斯-布希、迪恩食品、通用磨坊、史密斯菲尔德食品、康尼格拉食品公司和家乐氏。泰森食品有限公司是该行业最大的公司，共雇用了114 000名员工，拥有超过300处设施和世界各地的办事处，2008年其净收入为269亿美元。

食品行业大量投资于新技术，自动化程度的提高和生产改进使得其产出增加，而员工数目却不断下降。从1996年到2007年，该行业就业人数从156万人降到150万人，下降了5%。在地理分布上，加利福尼亚州的该行业工人人数最多，在2005年占全美食品工业劳动力总数的11%，得克萨斯州、伊利诺伊州和宾夕法尼亚州分别占7%、6%和5%。

美国在健康食品领域采取的主要措施有：①针对居民整体营养健康的综合水平，制定出台了《国家学校午餐法》，旨在提高国民身体素质，建立营养健康监测系统，避免营养摄入不足造成的疾病。②高度重视健康食品产业的发展，由农业部与卫生、福利部门联合制定了《美国营养健康膳食指南》，并每5年进行更新。③成立全国营养监测咨询委员会，专门协调监测美国营养监测计划项目的执行，有效地形成了法律法规的执行和监管体系，对健康食品产业的发展起到巨大的推动作用。④加大对食品工业科技研发经费的投入，鼓励研究和开发功能食品，简化健康食品上市的审批流程，推动新技术和新产品的迅速推广。

（二）欧洲健康食品产业发展的经验

欧洲国家在食品科技领域及营养理论方面的研究，拓展了对人类健康营养元素领域的认知和开发，为食品营养健康产业发展的多领域、多学科交叉研究奠定了基础。20世纪70年代，欧洲国家率先研究开发了功能性食品，包括功能性天然果汁、酸奶、全麦面包等，同时推动了消费者健康意识的觉醒，对膳食提出了更高的要求，推动了各种低脂、低糖以及替代食品等健康食品产业的发展。

案例 2

早在1994年，英国在《植物学》期刊发表一篇题为《心血管疾病与营养健康》的研究报告中，初步证明了高盐摄入量会对人体健康造成不良影响，并提出建议每人每天食盐摄入量应从9克降至6克，自此掀起了英国全国食品行业的减盐行动。2002年英国食品标准局在全国开展了消费者层面的减盐计划行动（如 Sid the slug）；并于2006年由英国食品标准局进一步制定了85类食品的减盐标准，旨在通过降低食品加工工业的用盐含量来达到减盐目标。到2010年，英国已经完成了计划规定的初步目标，即把食盐摄入减少了10%。例如从爱尔兰的汤料和调味品食品加工业来看，具体来说就是含盐量在干粉汤中降低25%，在速溶汤粉中降低了16%，在干调料和主食制造品中降低了10.5%，在湿调料中降低了13%。

根据世界卫生组织（WHO）研究报告显示工业生产和天然存在的反式脂肪或反式脂肪酸均对人类健康有害。意大利为响应2003年欧盟提出的设定食品中反式脂肪酸的标签标示要求（即食品中反式脂肪酸的含量超过总脂肪的2%时必须在标签上标示），对意大利食品协会（Unione Italiana Food）涉及的近550家农业企业及涉及咖啡、巧克力、糖果和烘焙等食品生产和食品加工行业进行了反式脂肪酸含量的市场监管和行业协会自我监管，进而达到减量目标。2007年意大利进一步明确对饼干、蛋糕、巧克力、糖果和冰淇淋等相关食品生产和加工行业的企业进行严格监管，并要求减少或消除在面包、糖果和食用冰块加工过程中产生的反式脂肪酸。经过2年努力至2009年，意大利实现了在小甜点蛋糕生产中产生的反式脂肪酸已被完全消除，而盐/钠、脂肪和饱和脂肪水平已经大幅降低。

土耳其国内最大的食品集团昂宿星团也很早就制定了减少反式脂肪酸的目标。早在1996年，该公司的桶装人造奶油产品中就已经没有反式脂肪酸，到2008年，其产品中的饱和脂肪也降低了10%。其生产的块状人造奶油反式脂肪酸含量也从14%降低到2004年的不足1%。整体来看，昂宿星团产品的反式脂肪酸含量从8%降到2007年的不足1%。当前，该公司生产的奶油脂肪、巧克力奶油脂肪、油炸脂肪和所有其他用途脂肪都是没有反式脂肪酸的，也就是说共减少了14 900t反式脂肪酸的生产，相当于土耳其人均少消费了200g。

联合利华也开发了一种技术可以生产不同形状的结晶脂肪粒子，可以用于生产含有更少饱和脂肪的人造黄油。另一项创新是联合利华开发的在蛋黄酱里使用柑橘类纤维，既保持了原有味道和奶油，也没有增加额外的热量和淀粉。2005—2008年，联合利华共少使用了30 370t反式脂肪、18 000t饱和脂肪、3 640t钠和37 000t糖。家乐氏在过去的 10 年间钠盐含量减少了 38%，从 2005 年以来，又进一步减少了 26%，该企业 K 品牌的产品目前的钠含量只有以前的 50%。雀巢最近几年通过努力，共减少使用了 342 000t 反式脂肪、7 330t 钠和 290 000t 糖。其他措施还包括通过烘干而不是油炸生产薯片，等等。

在欧盟成员国中，食品和饮料行业产值最大的国家依次是德国、法国、意大利、英国和西班牙。由于食品和饮料行业的收入弹性和需求弹性小，因此在流通渠道方面，欧洲国家也积极配合健康食品市场需求，建立多元化的销售渠道。

案例 3

德国绿色食品销售渠道的多元化主要包括：①农户直销，占市场份额的 20%，目前直销市场已经接近饱和，想要继续拓展这种营销途径十分困难。②绿色食品专卖店，占绿色食品市场份额的 35%。③绿色食品折扣店，由于其采取的是低价策略，备受消费者追捧，具有一定的发展空间。④健康食品商店，占绿色食品市场份额的 10%。⑤传统食品店，占绿色食品市场份额的 25%。近几年来大型食品连锁店对投资绿色食品营销产生很大的兴趣，并陆续开发自己的绿色食品商标。由于不断有零售商加入绿色食品市场，预计今后几年绿色食品市场还将继续增长。⑥网上订购和邮购，随着德国最主要的邮购服务中心将其业务拓展到食品行业，尤其是优质高价的绿色食品行业，绿色食品市场增长率将会快速增长①。

欧洲在健康食品领域采取的主要措施有：①欧洲委员会与欧洲生命科学学会联合发起了"欧洲功能食品科学研究项目"，旨在对功能食品的概念、特征以及健康声称等问题进行系统研究并提出建议。②形成了以功能性食品为主的食品健康营养产业和一批欧洲健康食品的跨国企业。③倡导居民健康饮食习惯，发起了"健康走进年轻家庭生活"活动，制定了饮食健康和营养建议手册并进行宣传推广。④欧盟委员会制定了食品和保健品中维生素和矿物质的最高和最低含量的标准。⑤完善立法，出台《食品标志法规》《食品营养价值标志法》等，在保护消费者利益的原则下，也同时兼顾营养健康食品供应的多元化。

（三）日本健康食品产业发展的经验

日本健康食品产业发展始于 20 世纪 40 年代，70—90 年代进入快速发展时期。在日本食品营养健康产业发展过程中，国家层面对产业的推动力较强，在营养健康知识的普及、健康食品产业人才的培养以及相关监管体系的建设等方面发挥了积极作用。此外，政府把技术研发和成果转化视作实现健康食品产业发展的核心动力，积极支持健康食品产业的技术创新，提高了产业发展水平。

案例 4

日本政府为了鼓励食品产业发展，也为了给消费者提供正确的保健功能食品资讯，以指导消费者选择适合自己的产品，自 2003 年起就开始重新研讨保健功能食品的管理

---

① 程兵. 德国有机食品市场 [J]. 云南农业，2004 (7)：49.

制度，于 2005 年 5 月实施健康增进法、食品卫生法以及营养标示标准等法规的修订，将个别许可型"特定保健食品"（FOSHU）标识范围扩大，增添了"附带条件的 FOSHU""规格基准型的 FOSHU"以及"降低疾病风险标示的 FOSHU"。除"FOSHU"外，日本还建立了相应的功能食品资源库和功能因子数据库。

从 21 世纪初开始，日本的食品营养健康产业的各项规章制度也日益健全。日本自 2000 年 3 月已将健康食品、功能性食品改称"营养补助食品"，与欧美各国相统一，与世界市场接轨，并于 2001 年建立《保健功能食品制度》，2005 年对该制度又进行了修订。2002 年，日本废止了《营养改善法》，开始实施《健康增进法》。2005 年 4 月起，日本全国中小学开始实施营养教员制度，这标志着日本学校的"食育"进入了一个新的阶段。食育已经被提升到与智育、德育、体育并列的重要地位。2015 年，日本整合《食品卫生法》《JAS 法》和《健康增进法》中有关食品标示的内容，将实施新的统一的食品标示法。新食品标示法中的营养成分标示从自愿变为强制，要进行标示的营养成分有能量、蛋白质、脂肪、碳水化合物和钠，其中钠用相当量的食盐标示。

同时，日本食品营养健康产业人才培养也获得了长足发展。截至 2001 年年底，共计 779 600 人取得营养士资格。2002 年 4 月，日本全国共有 258 个营养士培训机构，其中大学 35 所，短期大学（相当于中国的大专）187 所，其他学校 36 所。日本总人口共 1.2 亿，全国每 153 人中就有 1 名营养士。截至 2002 年 12 月，共向 106 020 人授予管理营养士资格证。每年约有 2 万人参加厚生劳动省组织的管理营养士考试。全国共有 75 个培养管理营养土的机构，其中大学 72 所，全国每 1 132 人中就有 1 名管理营养士。

日本在健康食品领域采取的主要措施有：①改进国民健康状况成为政府的基本理念。通过家政教育普及营养知识，加强营养状况监测并监控数据变化，建立营养士制度带动全社会健康营养知识的普及，建立专门针对学生的营养干预制度。②建立严格的监管法规。《食品卫生法》是日本食品领域的重要法规，该法的主要目的是：预防饮食引起的卫生危害，保护国民身体健康；《保健机能食品制度》于 2001 年 4 月 1 日起施行，对保健机能食品进行了严格限定。此外，日本还颁布了 8 部社会福利相关法律，被称为"社会福利八法"，是政府开展社会福利行政的法律依据，也是构建福利社会的基础。日本政府强调把"科研重点转向生命科学和生物技术"，以建立生物技术产业的竞争力为目标制定生物技术战略。③对营养健康食品的新技术和新产品研发重视度较高。政府和企业高度重视健康食品技术和产品的研发，始终保持资金和资源的持续投入。把生物技术产业纳入国家经济发展战略，全力推进技术研发和成果转化进程，支持健康食品研发的基础学科建设。

二、中国健康食品市场生产者启示

（一）重视健康食品市场的培育

健康食品消费市场是健康食品生产的起点，国外健康食品产业发展较为成功的国家和地区中，对健康食品市场的培育都较为重视并获得成功。随着消费者对健康食品认知的不断提升，健康食品产业发展受到社会各界的更多关注和重视，促进了在食品安全方面的法律法规的完善，同时也推进了政府通过财政支持、金融政策的倾斜，推动本国健康食品在生产、加工、流通、消费等各方面的发展壮大。

（二）建立完善的认证及监管体系

健康食品市场是一个具有高收益吸引力和竞争性的行业，食品市场供应链环节较多、参与者层次较复杂，如果缺乏完善的监管制度和健全的监管体系，健康食品生产者在生产决策中将难以完全避免机会主义行为。健康食品产业发展较好的国家，均较为重视通过加强制度建设以在保障食品生产安全方面发挥作用。具体体现在以下几方面：①建立严格的食品安全行业标准；②实施严密的监督检查；③确保整个食品供应链的安全；④对于食品安全有关的事务提供指导。

在健康食品生产过程中，强化政府在维护食品安全保障方面的监管地位。例如在美国，政府建立了维护食品安全的联动机制，使得各个监管部门既能够相互独立在各自监管范围开展工作，又能在有需要时进行分工合作。美国对食品安全负有职责的政府部门主要包括：食品和药物管理局（FDA）、疾病控制和预防中心（CDC）、农业部（USDA）、环境保护署（EPA）、国家科学院、州级管理部门。在措施方面：①强制实施 HACCP 体系，以强制性的标准防止食源性疾病的发生。②成立维护食品安全的协会，由协会对食品企业的行为进行自我监督和管理。③引进先进的无线射频识别技术，建立食品可追溯体系，确保食品安全。同时，各部门分工明确，并建立了共同维护食品安全的多方参与机制，因而也较其他发达国家公共食品安全事件发生率低。

（三）实施规模化生产和集约化经营

规模化生产和集约化经营是发达国家在健康食品产业发展中的成功经验。健康食品产业规模化生产和集约化经营的核心，就是用现代化的管理方式组织生产和经营，以国内外市场为导向，以提高经济收益为中心，以科技进步为手段，优化各种生产要素间的分配组合，对绿色产业实行区域化布局、专业化生产、一体化经营、社会化服务、企业化管理。

企业只有实现规模化生产，才可以有效降低成本，增强竞争力。比如，在欧盟食品与原料企业中，规模大小与其劳动生产率有着直接的关系；企业规模越大，劳动生产率越高；规模越小，劳动生产率越低。据有关学者对捷克糖类生产研究表明，生产的集中使其劳动生产率提高了 6 倍。其原因在于：规模化经营能够产生规模经济效应，可以引进先进技术，可使用先进的管理手段，在当前食品价格不断上涨、中小企业纷纷破产的情况下，大企业则具有更强的抗风险能力。此外，作为生产企业，也只有扩大规模才具有同零售商讨价还价的能力。以欧盟市场为例，欧盟的食品零售市场是高度集中化的。在大多数欧盟国家，前三位的零售商往往就占据了 30％～50％的市场份额，在爱沙尼亚超过 50％，在爱尔兰超过 70％，在瑞典接近 80％，在芬兰和丹麦接近 90％。在这种情况下，中小企业很难同零售巨头抗衡，而食品工业巨头则具有与零售企业抗衡的能力，从而获得很多有形或无形的利益。

（四）注重新技术的应用和新产品开发

研发投入的目的是进行技术创新，健康食品的创新主要体现在两个方面：一是健康食品产品创新。差异化的产品能够占据高端市场份额。二是健康食品加工过程中的工艺创新，可以提高生产效率，降低成本。

　　因此，研发对于健康食品工业是极其重要的。健康食品工业广泛运用生物技术、自动化技术尤其是计算机技术。计算机技术的应用不但可以提高效率，而且还可以用于对加工环节进行监控，减少人工成本，从而起到优化工艺流程，降低生产成本，并出现更稳定结果的作用。在当前能源价格攀升的背景下，健康食品企业加大了对能源成本的控制，如在电力驱动上使用变频器，在厂房和加热容器上使用热绝缘材料，建立能量回收系统。

　　为了采用新技术和开发新产品，大型健康食品企业纷纷加大了研发投入。例如，美国食品企业花在研发上的钱超过销售收入的 0.5%。而 2010 年在研发上投资最多的1 000家欧盟企业中，有 37 家是食品和饮料企业，它们的研发投资总额为 23 亿欧元，相当于这 1 000 家企业研发投资总额的 2.3%。除欧盟之外的 1 000 家研发投资最多的企业中，有 45 家是食品和饮料企业，相当于这 1 000 家公司研发投入总额的 2.1%。

　　发达国家或地区的健康食品企业由于重视高投入，因此还获得了较高的劳动生产率。以美国食品企业为例，由于对自动化方面的高投入，导致企业雇员数量缩减，统计数据显示 1995—2008 年，美国食品行业雇佣的人数从 156 万人下降到 148 万人，劳动力节约的背后是生产效率的提高。

　　此外，发达国家在食品和饮料方面的专利申请受理数量也较大，例如在欧盟，制造业 2% 的专利提交来自食品和饮料加工行业；1998—2008 年，世界范围内提交的农业和食品类专利中，欧盟占据了 42% 的比例。

第七章

CHAPTER 7

健康食品监管

第一节 监管的必要性与意义

现如今，我国健康食品产业蓬勃发展，但在快速发展过程中还存在着农作物过量使用化肥与农药、相关企业监管不到位等诸多问题，这些问题影响着健康食品的品质以及产业的健康发展。为了使健康食品满足人们的需求、维护健康食品的形象以及提升健康食品的品质，重视并解决发展过程中的问题以及有效落实各项监管制度成为了关键所在。

一、健康食品监管现状

从健康食品监管的发展历程来看，我国食品监管的法律法规与制度逐步完善，同时监管队伍也在逐渐壮大。

（一）法律法规基本齐全

一是在申请绿色食品许可方面，主要依据《绿色食品标志管理办法》来进行相关工作，审核通过以后还需要对其进行管理以及跟踪检查。授予绿色食品许可的对象以及相关产品的质量安全都受《中华人民共和国食品安全法》以及《中华人民共和国农产品质量安全法》的监管。二是健康食品质量的商标许可将会依照《中华人民共和国商标法》进行审核。三是健康食品在市场流通售卖过程中，其包装受到《食品安全国家标准 预包装食品标签通则》等相关法律法规监督，主要的营销行为也受到《中华人民共和国反不正当竞争法》的约束。因此，绿色食品标志许可审查程序和技术规范不断补充和修订，绿色食品企业年检、产品抽检、市场监察、风险预警、淘汰退出等证后监管制度已全面建立和实施，以健康食品标志管理为核心的制度体系已基本建立[①]。

（二）监管制度相对完善

根据相关研究，健康食品的追踪检查制度主要有以下几项：一是产品随机抽检制度。这种检查制度是对健康食品质量把关的重要手段，也用于检测健康食品安全水平是否达标。二是企业的年度检查制度。这种检查制度是对企业最直接有效的监管手段，同

---

① 张志华，余汉新，李显军，等.我国绿色食品产业发展战略研究［J］.中国农业资源分区划，2015，36（3）：35-38.

时也能将其与企业人员关联在一起从而产生多重监管效能。三是市场监管制度。该项制度主要用于检查健康食品标志的使用情况，从而严厉打击假冒伪劣产品。在我国，已经有超过 400 个超市被纳入了监管范围。四是风险预警制度。主要是用于健康食品产业的风险防范，同时也会召开专家座谈会，对于可能存在的风险隐患进行相关分析。五是产品公告制度。该制度可以将监管的相关信息通过广告等形式表现出来。

（三）监管队伍逐渐壮大

受人均可支配收入提高、饮食结构优化、健康需求提升等因素影响，人们开始探索健康饮食方式，因此国民对健康食品的关注度越来越高，从而推动了健康食品监管部门的扩大。目前在全国已经建立了省级绿色食品工作机构 36 个，地（市）级工作机构 325 家，县（市）级工作机构 2 076 个，覆盖了全国 97.6％的地（州）和 72.7％的市（县）[1]。除此之外，还设置了食品定点环境监测、产品质量检测等机构，实现了对健康食品从产地到产品整个产业链的质量监管。

二、健康食品监管的意义

食品安全标准的科学性、合理性、安全性与可靠性直接关系到广大消费者的人身安全[2]，落实健康食品监管对于促进健康食品产业高质量发展具有重要意义。

（一）有利于优化产品结构

完善健康食品监管一是有利于积极推动大米、面粉、植物油、蔬菜、水果、肉类、水产品等贴近群众生活的"米袋子"和"菜篮子"的发展。二是有利于在生态环境良好的草原地区控制好草食性动物和家禽产品的开发，在大型湖泊和水库等自然条件良好的水域控制健康水产品的开发，饲料、兽药、渔药等投入品的使用准则需要重新被修订，同时有助于构建原料基地与饲料企业、养殖企业的对接机制。三是有利于积极重点支持大型食品加工企业，开发大米、面条、食用油、果蔬和茶叶等初级加工产品，也有利于积极开发糖、果蔬饮料、果酒、调味品、休闲食品、精制盐等深加工产品。四是有利于各种"小、美、好"地方特色产品的开发，也有助于全力支持国家级和省市级健康绿色产业龙头企业的发展，使他们继续发挥带头作用以达到健康食品品牌的引领作用。

（二）有利于壮大生产经营主体

加强对生产经营单位的健康食品服务，建立大企业"一企一策"服务模式，将有助于支持企业解决生产相关问题。开展"最美丽健康食品公司"等广告宣传活动有利于打造品牌影响力大、经济效益好的榜样企业。对于长期使用该标准的健康食品企业，将采取优惠政策，以不断提高健康食品行业的吸引力。根据各地的资源质量、经济基础、市场容量和产业特点，因地制宜开发健康食品，在基础雄厚的地区推动健康食品的发展，有利于提高产业发展的质量和效率，同时有助于打造优质产品、品牌和市场。积极支持中弱小地方的健康食品行业发展，可以起到促进地方农业发展，不断扩大产量和范围的作用。

---

　　[1]　刘斌斌，何庆. 我国绿色食品监管效力的影响因素及其提升对策研究［J］. 农产品质量与安全，2017
(6)：49-52.

　　[2]　刘俊海. 论食品安全监管的制度创新［J］. 法学论坛，2009，24（3）：5-10.

（三）有利于扩大品牌影响力

实施食品监管将有助于引导地方健康食品品牌、区域公共品牌、企业品牌和健康食品品牌的有机结合，共同推进农业品牌建设。落实健康食品监管也有助于强化农业优良品种建设，提高质量，树立国际名牌，进一步提升农业的综合竞争力。好的健康食品监管有利于形成品牌效应和提升影响力，可以起到推动技术交流和协作，扩大海外产品开发，促进农业健康食品"走出去"的作用，最终增强国外知名度和竞争力。

（四）有利于服务乡村振兴，促进农民增收致富

为了加快构建以国内大循环为主体、国内国际双循环相互促进的新发展格局，必须坚持以扩大内需为战略基础。随着城乡居民消费水平的提高，农产品消费必须转向高质量绿色发展。落实健康食品监管有利于增加优质健康食品的数量，从而促进培育绿色消费市场。健康食品具有现代发展理念的特征，从绿色、优质、品牌、特色出发，推广绿色生产体系，落实监管可以促进规范生产，可以提升农村地区的特色食品产业，从而达到增强扶贫效益的目的，最终实现乡村振兴和共同富裕。

第二节　健康食品监管体系

食品安全作为人民健康生活的第一保障，历来是民生关注的焦点，在此背景下。食品安全监管工作必然深刻影响着我国人民群众的日常生活和生命健康。中国国家食物安全监管体系经过不断创新，进一步强化了对食物的监管职能[①]。特别是党的十八大之后，在提高食品质量管理水平、构建国家食物安全监管体系、有效控制重大食品安全风险等方面都取得了巨大的进展。但我国的食品安全工作也面临着诸多挑战。唯有认清过去，面对现实，展望未来，才能不断进步。纵观我国食品安全监管体系的形成和发展演变历史，健康食品及食品监督管理体系出现时间较晚，形成与发展演化历程也较短。它经历了不同的历史发展时期与过程，并表现了许多不同的特征。

一、健康食品监管体系的历史阶段

随着食品安全监督管理系统的历史发展演化，中国的食品安全监督管理工作也经过了从无到有、从聚合到离散、再到协作、最后到共同统一的不断繁荣和成长的过程。根据中国食品安全监管系统建设和发展的各种特征，结合张建成（2013）[②]、刘鹏等（2015）[③]、詹承豫（2019）[④]等学者从不同角度对我国食品安全监督管理体制的研究，将我国食品安全监管体制分为以下四个发展阶段，分别为集中监管阶段、分散化监管阶段、协调监管阶段和统一综合监管阶段。

①④ 詹承豫.中国食品安全监管体制改革的演进逻辑及待解难题［J］.南京社会科学，2019（10）：75-82.

② 张建成.我国食品安全监管体制的历史演变、现实评价和未来选择［J］.河南财经政法大学学报，2013，28（4）：90-99.

③ 刘鹏，张苏剑.中国食品安全监管体制的纵向权力配置研究［J］.华中师范大学学报（人文社会科学版），2015，54（1）：28-34.

（一）集中监管阶段

在集中监管阶段的形成初期，我国的食品安全监管体制并未确立。一直到 1953 年，国家卫生部门发布了我国第一部食品卫生法规——《清凉饮食物管理暂行办法》，并陆续发布了关于食物卫生方面的独立规范和准则。然而，这些规定和规范只关心食物中的卫生问题，并没有对食品的安全问题做出相关规定。1979 年，国务院办公厅颁布了《中华人民共和国食品卫生管理条例》，规定了各个地方政府和有关行政部门负责管理辖区部分学校和该系统内部的膳食保健工作，但该条例与《清凉饮食物管理暂行办法》相似，只关注了食物中的卫生问题，没有关注到食品安全问题，其中，各级部门主要从事食物安全产品监督工作和科技指导。1982 年，全国人民代表大会常务委员会通过了《中华人民共和国食品卫生法（试行）》，对国家饮食健康监督体制进行了重要改革和调整。第一次从行政管理规定层面上升到司法层面。至此，我国才真正拥有并实行了有法律依据的食物卫生管理体制。在这一发展阶段，食物卫生部门监督工作已成为现代消费者监督工作的市场主体。食品卫生监督网络基本形成，食品卫生状况明显改善。

（二）分散化监管阶段

20 世纪 80 年代中后期，由于某些食品安全零星个案的出现，我国社会对食品安全监管工作的关注程度逐渐增加。1995 年第八届全国人大常务委员会颁布并实行了《中华人民共和国食品卫生法》，其中规定由县级以上卫生行政管理部门来承担食品卫生监督的职责，并且规定了各级卫生行政部门在食品卫生监督中的具体职责。分散化监管阶段的主要特点是由多机关共同监督，监督管理职责也逐渐明晰，由各部门在相应范畴共同进行监督工作，并呈现出多机关监管工作、分散监管的分权管理特点，这一时期，我国食品安全的监管种类和内容不断扩大，食品安全监管机构的数量大幅增加。但分散监管也带来了新的问题，例如因管理部门过多，无法统筹各部门间的监督活动，导致食品安全监管效率低下、各个部门的监管混乱问题，一直到 2003 年我国国家食品药品监督管理局的成立，监管混乱的情况才有所改善。依照国家食品药品监督管理局的相关规定，将总监督内容延伸至食品、食品添加剂、食品容器、包装材料和食品用工具、设备和生产经营场所、设施和相关环境等。农业、卫生、质检、工商等部门的职责进一步明确化。

（三）协调监管阶段

为了缓解国内食品安全监督管理能力低、效能不足的问题，进一步改进食品监督管理体系，完善食品监管工作激励机制，中共中央、国务院研究决定，在原国家药品监督管理局的基础上，新设立国家食品药品监督管理局。作为国务院直辖机关，依法组织监督和管理国内外各类食品安全相关工作（在 2008 年国务院办公厅机关改制中，该局改为卫生部管理）。从这个意义上说，国家食品药品监督管理局还承担了国家宏观监管部门与地方监管部门之间的组织协调责任，从而形成了全国统一领导、地方政府负责、部门指导协调、各方联合行动的整体监管格局。《国务院关于进一步加强食品安全工作的决定》和中央机构编制委员会颁布的《关于进一步明确食品安全监管部门职责分工有关问题的通知》中，明确了初级食品生产过程由农业部门监督；餐饮业和食堂管理由卫生部门监督；食品生产加工由质量检验机构监督；粮食贸易环节由国家工商行政管理部门监督；农业部、国家发展和改革委员会、商务部也分别对粮食种植、畜禽和水产养殖、副产品生产、流通、消费等进行相应的监管。在协调监管阶段，我国形成了以分段监管为主、品种监管为辅、综合监督与具体监管相结合的食品安全监管体制。

（四）统一综合监管阶段

统一监管阶段的实施过程大致可分为两个时间段：

第一个时间段：2009 年 2 月至 2013 年 3 月。2009 年 2 月，全国人民代表大会常务委员会通过了《中华人民共和国食品安全法》，对于我国食品行业的发展具有里程碑含义。该法对我国饮食安全中出现的许多问题做出了具体规定，包括改进饮食技术标准、废止免检规定、设立惩罚性补偿激励机制以及设立饮食安全董事会。这对我国食品质量状况的改善具有重大意义。

第二个时间段：2013 年至今。在 2013 年 3 月上旬举行的全国"两会"上，政府换届完成。新一届政府保留了国务院食品安全委员会，新组建了负责食品药品监督管理工作的国家食品药品监督管理总局。新成立的国家食品药品监督管理总局将工商行政管理、质量技术监督部门负责的食品安全监督管理队伍和检验检测机构划转食品药品监督管理部门。在具体工作领域整合了食品安全办的职责、食品药品监管局的职责、质检总局的生产环节食品安全监督管理职责、工商总局的流通环节食品安全监督管理职责。此次机构改革整合了分散在原工商行政管理部门、质量监督部门和医药监督部门的食品安全监督职责，集中了食品安全监督职责，加强了政府监管。在此阶段，我国食品安全监管体制在组织机构层面明确了监管的独立性，并持续强化了综合监管的职能。2018 年国家市场监督管理总局进一步强化了各个环节的综合监管工作，呈现较为明显的统一综合监管的特征，并沿用至今。

二、健康食品监管体系的问题识别和问题解决

随着人们对饮食健康概念认识的深入，我国食品安全监管体制逐步转变并蓬勃发展，这也是不断破解食品安全问题，改进原有监管与治理机制的重要过程。起初，我们更多地关心食物供给，但在人们认识到健康食品的含义和重要性后，我国开始将食品安全监督管理与一般产品工作分开。在市场经济改革的背景下，对生产经营主体的责任和政府的食品安全监管责任进行了区分。在总结和认识食品安全监管领域存在问题的基础上，分析当前我国食品安全监管中亟须解决的问题。

（一）健康食品监管体系的问题识别

在我国健康食品监管体制变革的四大发展阶段，"统一、专业化"的变革发展逻辑日益强化，解决了健康食品领域的一些重要现实问题。我国食品安全状况持续好转，但仍有一些重大社会问题有待破解：

1. 分段监管和多重监管混乱

分段监督和多重监管是官方文件、学术文献和媒体报道中最常见的问题。主要针对食品安全监管职能复杂、职权不明、监督管理不足、职权协同衔接困难、管理工作协调性差等弊病，迫切需要开展法规管理体系、组织建制、监督管理方式等方面的变革；而管理的粗放、政策发展目标和管理手段的问题、各种资源的粗放式使用、社会的复杂

性、都市公民需求的漠视、明显的散乱和不连贯等，造成食品安全监管体制的严重破碎化。

2. 假冒伪劣食品层出不穷

制造费用低、卫生防疫要求差、安全系数极低是食品业的主要特点。随着科技和网络的应用，生产和营销假冒商品的技术手段不断提升，消费者无法辨别真伪。其中，假酒和食物添加剂违规使用的问题不断扩大。2016 年全国食品安全监测检验结果表明，对食用添加剂超出范围的限制使用达到了不合格产品的 33.5% 以上。食品安全最突出的问题仍然是制假、售假、贩假的问题①。在历次全国"两会"中，许多人大代表和政协委员都建议降低销售伪造品入刑的门槛，以增加犯罪成本，通过严厉追究社会责任来避免伪造品现象的泛滥。

3. 对源头危害无法控制

随着工业生产废渣和城市生活固体废物的不规律排放，导致有毒有害物质大量渗漏到了土壤和饮用水中，许多地方生产的粮食、经济作物、畜产品和水产品中重金属超标。此外，由于在农产品种植和养殖等活动中大量使用农药和化肥，也大大降低了农产品的卫生安全性。同时大部分乡村农产品加工人员都分散在个人或是组织中，且规模都比较小，从而无法完全实现具有品牌竞争力的规模化生产，也就无法有效监控土壤、水、热环境等自然资源条件的变化趋势，无法对农户和农业生产者的产品加工活动进行有效监督。

4. 没有专业的监管人员

一是食品安全检测的专业能力不足，很多威胁人体健康的残留物质没有被纳入检测项目。比如，在蔬菜准入检测中往往只涉及农药残留，缺乏重金属检测；屠宰场的检测仅仅是检疫、肉品品质（外伤等）、"瘦肉精"检测，缺少重金属、微生物等检测。与此同时，检测机构和人员缺乏专业化，机构数量、检测水平和从业人员的专业素质分布不均匀，检测技术能力远远不能满足要求。二是食品安全风险分析的专业能力不足。目前，我国食品安全风险分析受到资金投入、科研能力等因素的极大限制，专业的风险评估机构、专家和检测机构仍然不足。

（二）健康食品监管体系的问题解决

一是长期监督情况明显改善，假冒伪劣生产销售得以有效遏制。市场体制改革能够有效克服各种监督困难。我国食品安全监督体制改革的发展逻辑是为适应社会发展和用户要求转变的直接反映。在我国国家市场监督管理总局组建后，将国家工商行政管理总局的职责，国家质量监督检验检疫总局的职责，国家食品药品监督管理总局的职责，国家发展和改革委员会的价格监督检查与反垄断执法职责，商务部集中反垄断执法与国务院反垄断委员会办公室等职责整合，进行了统一监督，从部门内协同管理过渡到机构间统筹，有效促进食品安全监管能力的合理发展。

二是要提升监管部门整体综合性专业知识、科技金融服务管理工作综合应用技术和

---

① 李标，牛春安. 食品安全当前最突出的问题仍是制假售假猖獗［N］. 中国食品安全报，2015-03-12（A02）.

能力。金融科技支持粮油检测有助于提升食品安全检测质量，加速科技成果转化，促进相关食品安全检测和监督服务机构的发展，同时也有助于形成全方位的安全服务体系。我国金融机构与农业、科技部门缺乏有效的信息共享和科技服务平台，第三方网络金融机构监管管理仍不足，整合组建单独的行政管理机关相对容易，但组成完善的监管体系相对不易。食物安全监测需要专门的监测技术措施和方案，其认知基础理论、技术方法和监测方案需要专业科研组织的支持。

三是加强源头风险管控和新型食品安全监督管理。我们的起源是农产品，基础是农业生产。我们必须从农产品做起，正本清源。此外，由于网络新食品和转基因食品的产生，食品安全问题越来越受到公众关注。《中华人民共和国食品安全法》规定，转基因食品的制作和流通应当进行安全标记，但这一规定并未引起充分的注意。转基因食品的风险仍然存在。这就需要建立相应的监管体系，整体纳入健康食品监管体系，统一协调完善。

第三节　健康食品认证标识

一、健康食品认证标识概念

健康食品认证是食品认证的一种形式。为了保护消费者权益，引导消费，规范食品质量认证，进一步促进产品质量的提高，引导食品行业健康发展，根据《中华人民共和国认证认可条例》《中华人民共和国食品安全法》与《中国居民膳食指南》建立了健康食品认证制度。"健康中国 2030"是国家战略，健康食品是该战略的重要组成部分。面对琳琅满目的食品，我们如何才能快速识别出健康的食物呢？健康食品认证标志就是快速识别健康食品的一种有效方法。对通过"健康食品认证"的产品，可在包装、标签、广告、宣传、说明等方面使用"健康食品认证标志"，证明该食品通过了健康食品认证。

在全球品牌联盟的推动下，健康食品认证于 2019 年 3 月 13 日在纽约时代广场的纳斯达克屏幕上发布。健康食品认证是由全球绿色联盟（北京）食品安全认证中心（Global Green Union（Beijing）Food Safety Certification Center，GGU）发起并在国家认证认可监督管理委员会（CNCA）备案的健康食品认证项目。GGU 已向 CNCA 提交了健康食品认证实施细则，在食品营养元素评价过程中应进行产品生产控制检验和产品型式试验的健康食品认证。

二、健康食品认证标识对消费者偏好的影响

消费主义的泛滥与过量浪费，正促使人们走向了不可持续的消费道路。从 1996 年奥斯陆峰会上[①]人们提倡"可持续消费"的观点开始，可持续消费已经成为增加人们健康与社会福利的重要方式。食物消费在人类的生活消费结构中处于基础性地位[②]。但

---

① Baker S. Sustainable development and consumption: The ambiguities-the Oslo ministerial roundtable conference on sustainable production and consumption, Oslo, 6-10February1995 [J]. Environmental Politics, 1996 (03): 93-99.

② 全世文. 食品可持续消费行为：动力机制与引导策略 [J]. 世界农业, 2020 (6)：25-35, 79, 132.

是，不健康的食物仍然非常普遍，比如水果和青菜用量少，过度食用含高盐、完全饱和油脂、反式脂肪和糖的加工方便食物等。不健康的食物对人类身体是十分有害的。因此，过量的不健康食品消费不但会损害地球生态环境，还会导致很多人的身体状况不可持续，如超重和肥胖①。全球每年有 280 万人死于肥胖。所以，如何促进消费者选择更健康、更绿色的食品类型，是促进消费者保持健康、可持续生活的重要课题，对促进健康食品行业的可持续发展也具有实用价值。

促进健康食品消费的传统政策工具主要是信息教育和食品标签制度的建立，通过对不健康食品征收额外消费税和对可持续粮食生产提供补贴等。由于强制干预的政策成本较高，消费者自由选择的丧失，会导致更大的福利损失。因此，没有必要采取行政命令或经济杠杆，而是提供一个适当的选择框架，使人们的行为向预期的方向转变②。这已成为行为科学研究消费者健康食品消费的一项重大战略。以可预见的方法改善人们的行为，而不限制任何选择或明显阻碍他们的某些选择。从消费人群的视角来看，由于主要消费者人群在购买食品时大多是冲动的、不知不觉的，所以食品消费环境中的各种因素会直接影响消费者的抉择。了解现代消费者人群在复杂的美食消费环境中如何决定其可持续性的饮食活动，可以帮助我们了解如何进一步优化现代消费者人群的选择构成，使他们能够进行可持续性的饮食商品抉择。类似地，食品营销策略通常使用流行信息、新颖展示、彩色地板贴画、引人注目的商店布局和其他环境因素来吸引消费者，从而增加更健康的选择。虽然既有一些关于提高健康食品消费活动的试验论文，但目前对提高有关基础理论的研究仍存在许多不足。

三、健康食品认证标识的内在驱动

为了促进健康食品的消费，传统的政策工具主要有两类。信息工具：通过宣传教育和建立食品标签制度。以市场为基础的手段是通过对不健康食品征收额外的消费税和对可持续粮食生产的补贴。监管工具：通过制定食品生产标准和限制不健康食品的广告。由于更高的政策成本和消费者选择自由的丧失，强制性干预政策导致更大的福利损失。因此，既不是通过行政命令，也不是通过经济杠杆，而是通过提供适当的选择框架，以期望的方向改变人们的行为，这已成为行为科学研究消费者健康食品消费的一种策略。

（一）消费者对健康食品安全认证政策的认识

消费者是食品的最终目的地。食品从生产到市场最终到达消费者手中，消费者需要在这一过程中确保食品安全。一般来说，消费者倾向于选择通过健康食品安全认证的食品。在我国实施健康食品安全认证政策的过程中，健康食品安全认证标签主要通过食品检测给出，这也是消费者识别安全食品的主要依据。许多食品安全问题是由食品安全信息不对称而产生的，这与食品市场安全认证的失败直接相关。食品生产者、政府食品安

①　Mozner ZV. Sustainability and consumption structure：environmental impacts of food consumption clusters. A case study for Hungary［J］. International Journal of Consumer Studies，2014，38（5）：529-539.

②　何贵兵，李纾，梁竹苑. 以小博大：行为决策助推社会发展［J］. 心理学报，2018，50（8）：803-813.

全监管部门和消费者很难顺利获得与食品认证相关的信息，尤其是消费者很难掌握这些信息，即使很多消费者对食品安全认证缺乏必要的了解，对这一领域相关国家政策的了解程度很低，缺乏健康食品安全认证标签的基本判断能力，消费者在选择食品时难以选择安全食品，甚至选择未通过安全认证或假冒安全认证的食品。消费者对国家食品安全认证相关政策的认知程度直接决定了消费者对安全食品的认知程度，也直接影响到国家健康食品安全证书的有效性。因此，为了提高国家健康食品安全认证的有效性，有必要努力提高消费者对健康食品安全认证和相关政策的认识。

（二）消费者信赖的粮食安全证明制度

目前，我国的经济发展是以市场发展为主，政府干预为辅。在食物安全方面，除政府权威部门的认可之外，也存在着与食物安全性有关的组织。整体上，基本满足了国家关于食品安全的有关规定，并采取了国际公认的标准。但是，由于存在着经济上的利益或工作人员的疏忽，导致了食品质量的问题；有关部门之间的价格竞争也给食品质量认证带来了消极后果，从而导致了人们对国家粮食安全管理制度失去信心，同时也会对我国粮食保障战略实施效果产生重大的不利影响。从实际情况来看，消费者在选购食物时，一般都会倾向于购买熟识的品牌，而对这些食物的安全性标识也不会进行审查。消费者在选购陌生品牌的食物时，会对其外包装进行再三检验，即便有安全证明的标识，也会犹豫。因此，消费者对于国家粮食安全的信赖，将会对我国的食品安全认证制度产生重要的作用。我国在推行国家食品质量体系认证制度时，既要注重其权威，又要加强对有关社会团体的监管。与此同时，各大食品企业应主动建立自己的品牌观念，严格遵守国家有关政策规定，以保证消费者对其产品质量的信赖，加强我国粮食质量认证制度的效力。

（三）消费者的支付意愿直接反映了健康食品安全认证政策的有效性

政策是否有效主要取决于消费者。除了消费者对食品安全政策的信任和认知外，消费者在选择食品时的支付意愿也可以直接反映健康食品安全认证政策是否有效。消费者越愿意支付，食品安全认证政策就越有效。消费者在选择食品时，虽然对健康食品安全认证存在理解和信任，但如果没有支付意愿，就不会选择相关食品。一般来说，消费者有强烈的购买必需品的欲望。然而，支持此类食品消费的意愿并不直接反映食品安全认证政策的有效性。只有当消费者产生购买它们的强烈愿望时，才能真正体现食品安全认证政策的有效性。因此，在制定和实施健康食品安全认证政策的过程中，要充分考虑消费者的支付心理，通过严格的制度保证食品的安全可靠，消除消费者对食品安全的疑虑，产生强烈的支付意愿，体现健康食品安全认证政策的有效性。

第四节　健康食品可追溯系统

由于日益增长的全球化趋势导致各种食品类别和供应链的整合，进而对食品安全构成了一定威胁。随着信息技术发生的巨大变化，发展中国家和发达国家都采用了食品可追溯系统，以减少采购过程中买方的不确定性，从而提高食品质量安全。

一、食品可追溯系统概述

食品可追溯性是指在整个供应链中捕获、存储和传输食品系统细节的物流（移动）管理过程，以实现质量保证，从而向上跟踪和向下跟踪[①]。食品可追溯体系能够对食品生产的来源、过程和流通去向进行记录，形成连续且可靠的信息流，并通过追溯来识别问题和实施召回，是农产品供应链中生产、加工和流通各环节信息交流的重要工具。可追溯性在食品市场中起着至关重要的作用，涉及跟踪活动。早在 20 世纪 90 年代，许多农产品出口大国就开始研究食品追溯系统。2002 年，欧盟成立了欧盟食品安全局，并随后构建了食品、饲料和原材料可追溯系统，以解决整个食品链中加工、储存和分销的过程中存在安全和质量问题。对于我国而言，虽然近年我国食品安全追溯体系从无到有，取得了许多重大成就，但面对庞大而复杂的市场，仍任重道远。

由于小作坊普遍存在以及一些企业追溯系统效率低下，食品市场上的大量产品缺乏适当的标签和缩写，因此很难追溯其来源。研究表明，可靠的食品可追溯系统可有效促进农业可持续发展。因此，可靠和可确认的食品认证和可追溯系统变得至关重要。

二、可追溯系统在健康食品安全监督管理中的作用

可追溯系统在健康食品安全监督管理中起到的主要作用是：确责和召回、风险管理、安全信息记录。

（一）确责和召回作用

追溯系统可以在食品监督管理中起到"责任召回"和"问题处理召回"的作用。责任确认是为了明确食品安全的直接责任人，并在出现问题时找到责任人。召回是当出现问题产品时，能够快速发现大量有缺陷的产品，并准确将其召回。责任的确认和召回充分实现了责任追究和源头追踪的目标。

（二）风险管理作用

国际食品法典委员会（Codex Alimentarius Commission，CAC）认为，在食品安全风险管理过程中，运行可追溯系统对于不可预测的监测非常有效，这也是食品风险管理的最重要之处。

（三）安全信息记录作用

健康食品追溯系统可以描述每个食品安全点非常重要和准确的信息，包括产品信息的准确性和范围，以及每个产业链的覆盖范围，这对追溯效果起着至关重要的作用。目前，我们的可追溯系统具有记录信息的作用，但仍有一些因素影响着信息记录的整体准确性。例如，关于特定批次的背景信息存在一些不确定性，并且在生产的每个阶段都没有完全涵盖，有些信息标准不统一，无法追溯。

---

① 李婉雅，曲歌，Mary W，等．基于 SWOT 分析的食品产业链可追溯系统建立及其运用［J］．现代食品科技，2022，38（4）：260-274.

三、中国健康食品可追溯体系的基本类型

建立中国健康食品可追溯体系是缓解我国食品安全问题的最佳解决方案，目的是激发健康食品在社会中的健康活力，建立无中心、覆盖广泛、快速和真实的信息链，有效传递质量信号，并明确生产消费过程。我国健康食品质量安全体系回顾性建设始于2006年，近年来在政府支持和企业合作模式下取得了一定成效①。

（一）政府主导的健康食品可追溯体系

食品安全是关系到国民经济和国民生活的重大战略问题。目前，中国健康食品可追溯系统是一个由政府部门指导的公共监管系统。以农业农村部为例，其健康食品质量可追溯系统主要包括国家农业可追溯系统、动物识别和流行病可追溯系统、水产品质量和安全可追溯系统以及从生产环节构建的农业质量可追溯系统。农业农村部表示，其主要负责建立循环和健康食品质量可追溯系统，作为肉类和蔬菜循环可追溯系统的核心。

（二）社会组织主导的农产品可追溯体系

2015年修订的《中华人民共和国食品安全法》强化了生产管理者的主要责任，并鼓励食品生产管理企业利用信息技术构建食品改造系统。在这一背景下，各级政府和食品加工企业高度重视在整个食品中转系统中建立可追溯系统的信息管理。例如，中国物品编码中心创建的国家食品安全可追溯平台，不仅为企业提供了可追溯信息的集中管理，还为政府的监督管理提供了基础数据支持，为公众检索可追溯信息提供了便利。

（三）企业主导建设的农产品可追溯公共服务平台

为了扩大品牌影响力，健康食品生产企业自愿建立了内部质量可追溯体系或公共服务平台，但可追溯体系的标准尚未统一，很难开展食品质量安全的跨部门执法、联合执法和单项商品历史数据的存储与检索。鉴于当前的发展趋势，政府已经建立了健康食品安全可追溯系统，主要产业链生产主体都参与了该系统的建设。

四、中国健康食品可追溯系统发展现状

中国已形成初步的健康食品可追溯系统，但由于信息共享困难、资金投入不够、重视程度不足等问题，造成中国健康食品可追溯系统发展缓慢。

（一）信息共享困难

从我国健康食品可追溯系统建设的角度来看，由于目前还没有建立统一的食品安全信息共享平台，食品生产和运输的各个阶段还无法实现有效的信息管理。各阶段员工存在信息交流和共享困难，食品安全监督管理不足等问题。一些地区建立了健康食品可追溯系统，但系统中的信息不共享，大部分地区的信息仅在其局部地区共享，因此在共享食品信息方面存在一定困难，进而阻碍了健康食品可追溯系统的建设。

---

① 孙寒冰，余梦莹，张晨晖，等．基于区块链技术的中国农畜产品质量安全可追溯体系研究［J］．农业展望，2021，17（3）：78-83.

（二）资金投入不够

我国已经在一些地区进行了健康食品可追溯系统的试验，但从目前的试验情况来看，仍需要投入大量的人力、物力和财力来构建健康食品追溯系统。例如，为了保持健康食品可追溯系统的稳定性和安全性，在数据收集过程中需要大量人手以确保数据的可靠性，并定期进行必要的升级和修复。健康食品追溯系统的建设需要大量资金，这给大部分生产商带来了巨大的经济压力，但国家和政府的投资和支持并不显著。

（三）重视程度不足

健康食品可追溯系统的建设有助于为消费者提供合理的消费指导，消费者可以通过该系统搜索食品各个阶段的生产状态，了解食品安全和质量信息，并根据这些信息选择购买食品，从而有效防止食品安全事故的发生。然而，从目前的情况来看，我国健康食品可追溯系统的开发还处于初级阶段，消费者对该系统还不了解。一项针对消费者的调查显示，消费者对健康食品可追溯系统的操作方法认可度不高，并证明在购买食品时没有过多考虑食品各个阶段的生产安全状况。因此，我国消费者对于健康食品追溯系统的重视程度远远不足。

五、健康食品可追溯技术

健康食品可追溯系统需要追溯食品生产、加工和销售的所有过程，所以涉及技术种类繁多，目前主要包含 RFID 识别、二维码、胴体标签与编码、虹膜识别和区块链跟踪五项技术。

（一）技术种类

为了最大限度地追溯食品生产、加工和销售的所有过程，有必要有效地获取供应链各个阶段的信息，同时有效地收集所有追溯信息。从根本上讲，追溯信息的收集和传输是复合技术的核心。对于食品质量安全可追溯性，该概念具有明显的可追溯性风险元素，可用于选择更合适的模型和算法，以有效形成可追溯性信息流。同时，如果在这种情况下出现问题，则可以执行更精确和有效的定位，并且可以预先执行预测。在这种情况下，可以为食品安全提供可靠和有效的决策支持和建议[①]。相关技术的主要内容如下。

1. 收集技术

目前，在实际应用过程中，许多信息采集技术被应用到食品质量跟踪系统中，相关内容主要有条形码、射频识别技术、无线传感网络和机器视觉。

2. 可追溯性信息收集的优化技术

通过优化传感器布局，可以有效减少传感器的数量和成本，该方法可以有效提高信息传输的准确性，同时从根本上监控供应链的环境变化。该优化技术可以确保可追溯性信息收集的准确性，并进一步支持食品质量追溯技术的有效应用和实施。

3. 传输技术

从本质上讲，信息传输是一个综合系统的动态过程，相关内容主要包括传输源、传

---

① 尹彦洋. 食品质量安全可追溯关键技术发展研究［J］. 中外企业家，2019（22）：204.

输和接收。在审查食品质量安全的过程中，多个代理参与供应链，他们通常根据自己的业务内容构建逆向系统。在实践中，这些系统没有统一的计划和严格的标准，并且在许多存储区域中是相对分布和独立的数据，数据源也存在显著差异。

4. 预测技术

该技术主要应用于食品质量和保质期，通过有效利用食品质量安全追溯系统，可以有效收集供应链上的相关信息，由于所获取的信息相对复杂，因此可以在操作过程中使用该系统来研究食品变质的原因，从而找到更准确和有效的解决方法。

5. 诊断与控制技术

该技术主要针对食品质量，通过有效利用该技术，可以有效确保供应链过程中的食品质量安全，同时分析和识别影响食品质量安全的相关风险因素和特征。

（二）技术应用

目前广为人知的食品质量安全追溯技术包括 RFID（Radio Frequency Identification Devices）识别技术、二维码技术、胴体标签与编码技术、虹膜识别技术以及区块链跟踪技术（表 7 - 1）。

1. RFID 识别技术

RFID 技术由标签和读卡器组成，它是一种利用无线电波回到货源的技术。农场所有者和企业将把包含 16 位序列号的 RFID 芯片嵌入动物皮肤和植物组织，并将信息链接到数据库。此数据库可以加载到兼容的读取器中[1]。在 2004 年引入这种可追溯技术后，日本在消费者、农民和企业之间建立了"面对面关系"，以提高企业品牌传播的市场主导地位[2]。

2. 二维码技术

可追溯性二维码技术（quick response code technology）是指农产品包装的打印码，是一种在企业网站上存储数据（包括企业名称、产品名称、日期和每个质量参数的结果）的标签[3]。该标签中的所有信息均发布在企业网站，可以通过一个恒定的二维码扫描器扫描这个代码，以获取代码中的所有信息。二维码技术实际上是 RFID 技术的补充。

3. 胴体标签与编码技术

胴体标签与编码技术（electronic identification technology）指的是将电子识别（electronic identification，EID）系统应用于跟踪动物机体或动物屠宰加工，并对动物的每只耳朵使用全双工 EID 标记，以补偿单只耳朵标记始终不完全匹配屠宰识别号的

---

① Mejia C，McEntire J，Keener K，et al. . Traceability（product tracing）in food systems：an IFT report submit ted to the FDA, volume2：cost considerations and implications [J] . Comprehensive Reviews in Food Science and Food Safety, 2010, 9 (1)：159-175.

② Ozawa T，Lopezvillalobos N，Blair HT. An update on beef traceability regulations in Japan [J] . Proc. New Zeal and Soc . Anim . Prod. , 2005, 65：80-84.

③ Qian J P，Yang X T，Wu X M，et al. . A traceability system incorporating 2D barcode and RFID technology for wheat flour mills [J] . Computers and electronics in agriculture, 2012, 89：76-85.

问题[①]。由于胴体标签和编码技术与 RFID 技术的原理相似，并且在某些方面可以相互补偿，因此许多大型农场和食品企业在采用该技术时经常与 RFID 相结合。

4. 虹膜识别技术

虹膜识别技术（iris-recognition technology）实际上是一种自动生物识别方法，其目的是通过在一个或两个虹膜模式中使用复杂的数学识别技术来识别个体[②]。基于动物虹膜识别的食品生产加工识别技术目前在世界上还没有被广泛接受，但 Suzaki 等 (2010)[③] 基于马眼结构的区域提取、虹膜图案中正交褶皱的形状以及瞳孔变化的稳定坐标建立模型，并对马匹进行区分。

5. 区块链跟踪技术

区块链技术（block chain technology）是近年来引起食品安全领域研究人员关注的一项新技术，实际上是一种分布式信息系统。区块链的本质是一个数据存储系统，能够为系统中的任意数量的节点创建区块，可用于验证信息的有效性，并创建数字指纹以连接到下一个区块。区块链技术首先用于比特币，主要用于追踪资金来源和去向。随着区块链技术的成熟发展，该技术中的所有数据都呈现出公开和透明的特征，研究人员开始将区块链技术进行改造并引入到食品安全管理和追溯领域。

表 7-1　中国健康食品可追溯技术优缺点一览表

可追溯技术	优点	缺点
RFID 技术	能够快速有效追踪食品源头	无法保证追踪过程中的隐私保护问题，使用成本较高
二维码技术	成本低，易制作；是对 RFID 技术的一种补充，可以对 RFID 技术实现数据完全对接转移，帮助消费者快速进行食品识别	信息保密性较差，信息易被更改
胴体标签与编码技术	弥补了单只动物耳标总是无法与屠体识别号码完全匹配的问题	使用成本较高，仅有大型农场、大型食品企业采用这一技术
虹膜识别技术	实现了可追溯系统中活体与分割肉信息的精确衔接，溯源精度高	技术含量较高，难以在世界范围内普及
区块链跟踪技术	数据呈现出公开透明的特点；可在许多计算机之间共享信息，并且新信息写入系统后不能删除或更改	在食品质量安全追溯系统中的应用较少，技术发展不够成熟；建立成本较高

文献来源：何德华等．食品质量安全可追溯系统研究与应用综述，2019.

---

① Williams G O. Iris recognition technology [J]. IEEE Aerospace Electron Syst. Magazine，2002，12（4）：23-29.

② Davis J R，Dikeman M E. Practical aspects of beef carcass traceability in commercial beef processing plants using an electronic identification system [J]. Kansas Agricultural Experiment Station Research Reports，2002（1）：124-126.

③ Suzaki M，Yamakita O，Horikawa S，et al. A horse identification system using biometrics [J]. Syst. Comp. Japan，2010，32（14）：12-23.

第五节 健康食品的信息传递

健康食品的信息传递问题源于市场信息的不对称。相比需求方，供应方更易获取食品信息，获取较多信息的供应商可以向信息贫乏的需求方传递可靠信息获取利润。市场信号表明，信息不对称问题可以在一定程度上得到补充，同时政府也可以在降低信息不对称风险方面发挥一定作用。

一、健康食品的信息传递概述

当前可将产品分为三类：搜寻品、经验品和信用品[①]。虽然消费者在购买行为中掌握的信息不完整，但 Grossman（1981）[②] 认为，借助信贷机制可以在不依靠政府解决的情况下形成自身高质量和高价格的市场均衡。Shapiro（1983）[③] 研究了在无限重复博弈情况下企业质量声誉的形成机制。而对于信用产品，消费者无法预先判断，购买后需要时间来掌握信息，生产者难以建立质量声誉。食品市场普遍存在着逆向选择现象，这意味着第三方为确保消费者权益能够进行干预，可以通过设计第三方独立质量验证和监管来干预市场，如质量认证和标签管理，生产者必须将信用品有效地转换成经验品或搜寻品，以确保传输到外部信息的真实性和准确性[④]。

（一）健康食品的信息特征

健康食品信息具有不对称特征。一是食品生产过程复杂，有相应的条款说明，例如《食品安全法》第四十六条规定，食品生产企业应当就下列事项制定并实施控制要求，保证所生产的食品符合食品安全标准：（一）原料采购、原料验收、投料等原料控制；（二）生产工序、设备、贮存、包装等生产关键环节控制；（三）原料检验、半成品检验、成品出厂检验等检验控制；（四）运输和交付控制。二是食品生产人员的知识有限，食品生产过程中添加剂的使用不合理。三是食品生产的过程特殊，影响食品质量安全的一些可追溯性信息元素往往受到食品链丰富程度的影响。四是在食品制造过程中，供应链中各供应商在信息占有方面的优势不同。此外，由于信息沿供应链传递机制的局限性，导致信息不对称。食品可追溯性信息的不对称性也限制了其有效传播。

（二）健康食品的信息传递特征

健康食品信息以特有的形式完成传输。品牌、质量认证、质量标签管理、广告和质量等级管理是有效传递健康食品信息的形式。品牌是一种标志，表明两种相似产品间的不同，代表了企业的形象和产品质量的保证，是通过长期努力建立的质量信号。食品质量认证是国家权威机构监督和管理食品质量安全并检查信息传递的过程。食品质量标签

[①] Nelson P. Information and Consumer Behavior [J] . Journal of Political Economy，1970，78：311-329.

[②] Grossman SJ. The Information Role of Warranties and Private Disclosure About Product Quality [J]. The Journal of Law and Economics，1981（24）：461-483.

[③] Shapiro C Premiums for High Quality Products as Returns to Reputations [J] . Quarterly Journal of Economics，1983，98：659-679.

[④] 郑火国，食品安全可追溯系统研究 [M] . 北京：中国农业科学技术出版社，2012.

管理是食品产地、名称、质量、成分、储运、有效期等信息的记录，是食品信息传递的有效载体。食品等级管理通过对不同质量、功能和用途的食品进行分类，将有关食品质量的相关信息传递给相关交易主体。

健康食品信息传递的另一个特点是信息传递过程中的顺序欺骗。这决定了食品供应链的上游在整个供应链生产、加工、包装、运输和销售全过程中可以对下游进行欺骗。生产商为了自身利益向制造商隐瞒食品信息，并在机会主义行为中满足自身利益，而制造商向零售商隐瞒食品质量信息，并为了自身利益而向零售商隐瞒部分真实信息，零售商或因为无知或因为机会主义或因为自身利益向消费者提供单方面信息，导致了在沿着供应链的传输过程中健康食品信息被逐渐欺骗的特征。

（三）健康食品的信息传递过程

食品信息传递的绩效可以从宽度、深度、准确性和信息可用性几个方面进行衡量。宽度是系统记录的信息数，深度是系统定位距离（向上或向下），准确性是指面向特定产品的运动和特征系统的精度，可得性则是指供应链成员信息的可用性和供应速度以及食品危机突发时所需信息的反馈速度，这四个方面是有效传输信息的测量维度。

健康食品的信息传递过程实质上是一个信息沟通过程，食品信息传递上下游定义为信息发送方和接收方。在该过程中，发送方通过媒介渠道将信息传递给接收方。政府的监管和接收者的反馈确保了沟通过程的良好循环。如果无法保证信息传递过程的绩效，则假设已发生信息存在有效传输障碍。

二、健康食品的信息传递架构

健康食品信息传递过程复杂，当前主要集中在生产、加工、物流、销售四大环节。当前我国食品安全的信息传递主要集中在供应链环节，通过对各供应链环节上的信息进行收集、记录和传递，实现食品安全的可追溯。

（一）生产环节信息有效传递架构

生产环节是健康食品供应链中的第一环节，在生产过程中要建立食品生产档案管理子系统，记录生产过程中食品的相关信息。需对食品标识建立标识管理子系统，为全面保障食品质量安全也应建立食品质量安全预警系统，对违规生产的企业应记录在生产信息数据库中（图 7-1）。

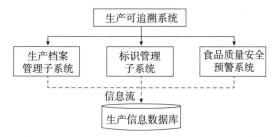

图 7-1　生产环节可追溯信息有效传递架构

来源：金海水，等，食品可追溯信息及其有效传递，2014

（二）加工环节信息有效传递架构

加工环节是实现食品信息标签从生产环节转变的节点，是食品质量信息进一步传递的环节，不仅能实现信息传递的连续性，还能保证信息链的完整性。食品加工需要记录相关信息，同样需要建立加工档案管理子系统、标识管理子系统和食品质量安全预警系统（图7-2）。

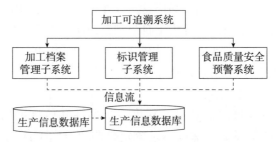

图7-2 加工环节可追溯信息有效传递架构
来源：金海水，等，食品可追溯信息及其有效传递，2014

（三）物流配送环节信息有效传递架构

供应链上的每个环节都是必不可少的，物流配送能够实现食品从一个产地到另一个产地地理位置的转换，这个环节需要记录食品配送企业（即第三方）的相关信息，即需要随时监控记录配送中食品的质量状况，信息传递的连续性可保障食品质量安全追溯体系的逆向查询。因此，食品物流配送环节的可追溯系统包括物流配送档案管理子系统、标识管理子系统、食品质量安全预警系统（图7-3）。

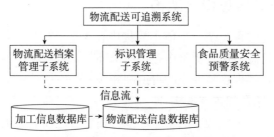

图7-3 物流配送可追溯信息有效传递架构
来源：金海水，等，食品可追溯信息及其有效传递，2014

（四）销售环节信息有效传递架构

销售环节是食品供应链的最后一个环节，消费者通过电话、互联网、超市终端设备等查询食品质量安全信息，实现食品质量信息的可追溯。同时，销售追溯体系的运行机制主要是监测食品在销售阶段的质量状况，以及从事销售的人员和环境卫生对食品质量安全的影响等，并随时记录其信息（图7-4）。

三、健康食品的信息传递障碍

结合并分析了有效沟通的相关原理和健康食品的信息传递过程，将影响追溯信息有效传递的因素分为以下几个方面：

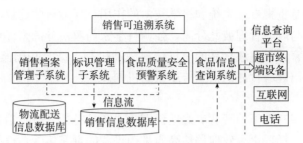

图 7-4　销售环节可追溯信息有效传递架构

来源：金海水，等，食品可追溯信息及其有效传递，2014

（一）认识障碍

认识障碍表现为信息发送者存在缺陷，具体而言，对相关项目和需求认识不足，尤其是在食品供应链上游的小规模农场。例如，缺乏对可追溯系统的理解和认知，以及对政府支持政策的理解。只向消费者提供有关法律要求和健康安全标准的信息，而没有告知消费者产品质量、社会环境伦理和动物福利等信任属性的信息。

（二）动力障碍

动力障碍表示信息发送方无权保证信息的有效性。主要动力要素包括合法权利、成本和收入。合法性是信息发送者参与的门槛，企业必须遵守体系的相关要求，并提供相关有效信息，这主要体现在政府监管和进入供应链网络的要求。成本-收入的驱动力来自降低成本和提高回报的要求。由于每个供应链的可追溯性收入不同，相应的成本-收入分析很重要，并决定了发送方在深度、宽度、准确性和可用性方面的选择。

（三）资源和能力障碍

除了动力之外，顺利进行信息交流的一个条件是系统的行为主体是否具有交流的有效性。资源和能力障碍主要体现在：技术和管理人员不足，信息资源的获取比网络更困难。主要原因是与粮食生产相关的产业往往存在内部不确定性，自身信息不确定性大，小农户知识不足，信息收集路径有限，下游企业信息整合难度较大，缺乏统一标准，信息准确性水平不一致，缺乏跨供应链整合的透明信息等。

（四）关系障碍

研究人员认为，信任是一种治理机制，可以有效影响信息交换和信息透明度。沟通中的不信任是诱发食品供应链风险的重要原因之一。不信任主要表现为对信息发送者的不信任和对过程的不信任。如果消费者不信任生产者足够诚实，则无法相信产品的质量和信息是正确的。

四、健康食品的信息传递激励机制

欧美等发达国家的健康食品信息传递激励机制主要通过如下方式建立和发展：一是通过直接立法来建立和保障食品供应链中各行动体之间互动与合作的规范性与秩序性。二是政府不断提高社会管理技术，创造健全的制度环境，提高政府的公信力。三是保障公民权利，促进其参与网络的发展。近些年来，欧盟在食品可追溯方面重新定义和检查了其治理模式，可追溯系统不仅被看作是一个风险管理的工具，更被视为信息交流和参与的关系工具。四是重视专家系统和科学技术的作用，保障科学建议的权威性。欧盟食品监管将风险评估与风险管理彼此分离，强调科学家与政治分离来保证科学建议的独立性等。基于发达国家针对健康食品的信息传递激励机制，结合我国健康食品监管现状，从以下四个方面提出健康食品的信息传递激励机制。

（一）加强认识

信任属性的标签有助于消费者更好地识别企业产品特征，减少信息成本，同时也能给予消费者更多的选择，更有效地评估高质量销售者的真实信号，提高消费者的支付意愿。让健康食品供应链中各行动主体认识到可追溯系统在食品安全风险控制中的重要性及系统信息有效传递的必要性；提高消费者对于安全食品的认知度，更多地了解产品的内在品质，让消费者认识到可追溯系统是获得安全、可信赖食品的重要渠道；让企业认识到消费者知情权和选择权的重要性；让各行动主体认识到系统顺利运行的可行性，避免因系统认识误区而产生的抵触情绪。

（二）强化动力

强化动力就是通过对动力的改进、激励，约束系统中食品供应链节点企业的信息传递行为。一是强调市场准入，提高合法动力；二是增加机会主义行为成本，减少信息有效传递成本，增加供应链行动主体的经济和社会收益。强制性的可追溯体系要求食品供应链企业必须按照法律法规的要求，提供可追溯信息。除了强制性的法规要求外，行业或企业之间也可以通过自愿的可追溯体系来建立供应网络的准入门槛，强化企业有效传递信息行为，主要是通过明确责任界定来提高供应链主体有效传递信息的动力。明确界定责任的可追溯系统能帮助建立企业的责任范围和潜在的责任转移，下游企业可以利用可追溯把责任转移到上游企业，减少食品安全问题发生的机会。责任的明确使得食品供应链的运营者有动力去投资比强制可追溯体系更优的自愿可追溯体系，因为更加准确和足够的信息可以更好地评估整个生产程序，提高产品召回的准确度。

（三）补给资源，提升能力

在日本、欧盟等实行政府主导的可追溯体系中，政府都会对企业在建立数据库、购置必要信息处理设备等方面给予补贴。目前采取的主要做法有：政府或行业协会进行相关信息技术的研究，积极支持企业信息技术的开发和试验；政府向企业提供技术和人员培训等；政府或行业协会提供相应的行动指南，让企业更清楚地了解和掌握信息传递的要求和过程，提升企业的信息收集和传递能力；提高知识普及度，提升企业和消费者信息甄别和反馈能力。提高消费者对于优质产品的认知和支付意愿，推动市场形成"优质优价"的竞争机制。

（四）构建信任关系

欧美等国家的主要经验是明晰部门分工与合作，注重风险评估、风险管理和风险交流职能的分离，从而保证政府政策和监督的效率和公平。值得信赖的特点包含三个要素：能力、仁心和正直。行动者可以从这三个方面来培养自身可信赖的声望。例如企业可以不断完善内外部的交流基础，实施如 ISO 9000 等的质量保证计划和质量控制系统。通过提升资源和能力来培养自身可信赖性。与此同时，政府亦需提升监管能力。信任信号包括：声望、规模、销售历史和第三方认证。在信任的建设过程中，能传递出信任信号的第三方推动者扮演着重要角色。第三方推动者利用他们的声望和信任把与之相联的企业从不合作的状况中摆脱出来，创造了信任。第三方推动者的能力和声望是信任产生的前因变量。除了专业能力外，还需要领导和协调能力。它们要在不同的群体间建立联系，整合不同的信息和文化，建立相应的规范和标准。

第八章
CHAPTER 8
健康食品与国际贸易

食品国际贸易作为最早的国际经济贸易活动之一，时至今日仍然具有重要地位。在漫长的发展历程中，食品国际贸易形成了粮食贸易为主体，肉类贸易增长迅速，健康食品贸易发展潜力巨大的格局和态势。在以国际标准化组织（ISO）主导制定的国际标准体系下，健康食品在国际贸易中面临着较传统食品贸易更多的贸易壁垒，同时也对国际贸易产生了新的影响。

第一节　健康食品与国际标准

随着国际贸易广泛开展，要使产品在国际市场上具备强大竞争力，除了生产较高质量、良好性能的产品，还要使产品具有广泛的通用性、互换性，以便尽可能消除标准不一致给产品国际贸易带来的障碍。基于此，国际标准化组织及其制定的诸多国际标准应运而生。

一、国际标准

（一）国际标准的定义

国际标准是指国际标准化组织（ISO）、国际电工委员会（IEC）和国际电信联盟（ITU）制定的标准，以及国际标准化组织确认并公布的其他国际组织制定的标准。国际标准在世界范围内统一使用，包括两大部分：一部分是上述三大国际标准化机构制定的标准，即 ISO 标准、IEC 标准和 ITU 标准；另一部分是其他国际组织制定的标准。需要明确的是，这里的"国际标准化组织确认并公布的其他国际组织制定的标准"包含了两层含义。一方面，能够制定国际标准的"其他国际组织"必须经过 ISO 认定并公布。截至 2021 年，ISO 通过网站公布认可的"其他国际组织"，共有包括国际食品法典委员会（CAC）、国际乳品联合会（IDF）、国际有机农业联盟（IFOAM）、世界卫生组织（WHO）等在内的 49 个国际标准化机构。另一方面，并非这 49 个国际组织制定的标准都是国际标准，只有经过 ISO 确认并列入 ISO 国际年度目录中的标准才是国际标准。

（二）事实上的国际标准

在上述正式的国际标准之外，一些专业组织甚至跨国企业制定的标准，在形式和名义上虽不是国际标准，但在国际经济和技术活动中实际发挥着国际标准的作用，被称为"事实上的国际标准"。如最先由美国提出的食品危害分析和关键控制点标准（HACCP），已发展为食品企业质量安全体系认证的标准，为国际食品行业普遍采用。

（三）区域标准

区域标准是世界某一区域标准化组织通过并发布的标准。目前世界上比较有影响的区域标准有欧洲标准化委员会（CEN）标准、欧洲电工标准化委员会（CENELEC）标准、亚太经济合作组织（APEC）标准、东盟标准与质量咨询委员会（ACCSQ）标准、阿拉伯标准与计量组织（ASMO）标准、非洲地区标准化组织（ARSO）标准等。由于区域标准既可能对国际标准化产生有益的促进作用，也很容易造成贸易壁垒，因此，现在区域标准有逐渐削弱和减少的趋势。

二、ISO 国际标准与健康食品

（一）ISO 标准

国际标准化组织（International Organization for Standardization）简称 ISO，是世界上最大的国际标准制定和发行机构，成立于 1946 年 10 月。通过制定、发表和推广国际标准，协调世界范围内的标准化工作，组织各成员国和技术委员会进行信息交流，与其他国际性组织合作研究有关标准化问题等工作，ISO 最终要实现的目标和宗旨是促进世界范围内标准化工作的发展，以利国际物资互通，并扩大科技、经济、文化交流。

ISO 的主要成员国是发展中国家，1961 年，ISO 成立了发展中国家事务委员会（DEVCO），主要负责研究发展中国家对标准化的需求，致力于更好地推动发展中国家的标准化发展进程。20 世纪 70 年代，随着中国、澳大利亚、日本等国家开始积极投身于 ISO 并开展工作，ISO 的国际影响力进一步扩大。

中国是 ISO 的 25 个始创成员国之一，也是最初的 5 个常任理事国之一。尤其是加入世界贸易组织（WTO）之后，中国在面对诸多挑战的同时，在 ISO 国际标准化工作中发挥积极作用，促进了 ISO 发展。

自 ISO 成立之后，机构的内部建设和标准制定迅速发展，1951 出版的 ISO/R1：1951 工业长度测量用标准参考温度，标志着 ISO 的第一个标准诞生。在此后的 60 多年里，ISO 先后发表超过 20 000 个标准，覆盖面涉及人类生产生活各个环节。1987 年，ISO 颁布了第一个质量管理标准 ISO 9000，其中的部分标准至今仍是最为完善、仍在使用的标准。之后，ISO 相继颁布的 ISO 14000、ISO 22000 和 ISO 26000 等标准，在环境管理、食品安全、社会责任等方面规范了企业行为。

（二）与食品相关的 ISO 标准

ISO 系列标准自颁布以来，在全世界 100 多个国家和地区实行，成为诸多行业和无数企业遵循和使用的标准。与食品行业紧密相关的主要有三个标准。

1. ISO 9000 质量管理体系标准

ISO 9000 质量管理和质量保证标准即产品质量认证，是商品经济发展的产物，颁布于 1987 年 3 月，在这之前经过了近 10 年艰苦的拟定工作。自颁布以来，ISO 9000 质量管理体系标准历经五次评审和改版，在全球范围内为建立高效的治理管理系统奠定了基础，由其产生的第三方认证已成为各国对产品和企业进行质量评价和监督的通行做法。

ISO 9000 系列标准包括四个部分即 ISO 9000：2015《质量管理体系——基础和术语》、ISO 9001：2015《质量管理体系——要求》、ISO 9004：2018《质量管理体系方法——实现高效管理》、ISO 19011：2018《质量管理体系——内部和外部管理体系审核指南》。其中 ISO 9001 是核心，依据顾客为焦点、全员积极参与、过程管理、系统管理、持续改进等管理理念，从机构、程序、过程、改进四个方面的标准管理来对产品和服务的质量进行保障。其基本内容如表 8-1 所示：

表 8-1　ISO 9001 标准内容

序号	内容	序号	内容
1	范围	8.2.1	顾客沟通
2	规范性引用文件	8.2.2	产品和服务要求的确定
3	术语和定义	8.2.3	产品和服务要求的评审
4	组织环境	8.2.4	产品和服务要求的更改
4.1	理解组织及其环境	8.3	产品和服务的设计和开发
4.2	理解相关方的需求和期望	8.3.1	总则
4.3	确定质量管理体系范围	8.3.2	设计和开发的策划
4.4	质量管理体系及其过程	8.3.3	设计和开发的输入
5	领导作用	8.3.4	设计和开发的控制
5.1	领导作用和承诺	8.3.5	设计和开发的输出
5.1.1	总则	8.3.6	设计和开发的更改
5.1.2	以顾客为关注焦点	8.4	外部提供的过程、产品和服务的控制
5.2	方针	8.4.1	总则
5.2.1	制定质量方针	8.4.2	控制类型和程度
5.2.2	沟通质量方针	8.4.3	提供给外部供方的信息
5.3	组织的岗位、职责和权限	8.5	生产和服务提供
6	策划	8.5.1	生产和服务提供的控制
6.1	应对风险和机遇的措施	8.5.2	标识和可追溯性
6.2	质量目标及其实现的策划	8.5.3	顾客和外部供方的财产
6.3	变更的策划	8.5.4	防护
7	支持	8.5.5	交付后活动
7.1	资源	8.5.6	更改控制
7.1.1	总则	8.6	产品和服务的放行
7.1.2	人员	8.7	不合格输出的控制
7.1.3	基础设施	9	绩效评价
7.1.4	过程运行环境	9.1	监视、测量、分析和评价
7.1.5	监视和测量资源	9.1.1	总则
7.1.6	组织的知识	9.1.2	顾客满意
7.2	能力	9.1.3	分析与评价
7.3	意识	9.2	内部审核
7.4	沟通	9.3	管理评审
7.5	成文信息	9.3.1	总则
7.5.1	总则	9.3.2	管理评审输入
7.5.2	创建和更新	9.3.3	管理评审输出
7.5.3	成文信息的控制	10	改进
8	运行	10.1	总则
8.1	运行的策划和控制	10.2	不合格和纠正措施
8.2	产品和服务的要求	10.3	持续改进

ISO 9001 标准强调明确划分和协调各部门的职责权限，以使企业能有序、高效地开展各项活动，最终保证工作顺利进行。在其中最主要的 ISO 9001：2015 标准中，尤其注重在发生失效前及时纠正、采取风险评估应对措施来预防事故发生，消除产生不合格产品的潜在原因，从而降低成本。同时，标准强调员工全员参与，事中持续审核与监督，以对企业的管理和运作及时修正与改良。

ISO 9001 系列标准的颁布，把系统理论引进了标准化，将个别制定的技术标准形成体系，同时将国际标准化活动同国际贸易紧密相连，在产业界引起对标准前所未有的重视。随着在世界各国与国际间的普及和运用，ISO 9001 系列标准在各行各业，尤其食品行业发挥了提升产品和服务质量，节省审核费用，消除国际贸易壁垒，促进国际间技术交流等十分积极的作用。

ISO 9001 标准为企业提供了具有科学性、系统性的质量管理和质量保证方法和手段，在世界范围内适用于所有行业，包括健康食品行业。因此，ISO 9001 标准为国际间的合作各方提供了统一、互信的平台，为促进国际间技术交流与合作发挥了积极作用。由于体系庞大，ISO 9001 质量管理体系并没有针对健康食品行业进行具体分析并制定标准，但其标准的内容对健康食品行业指明了大的发展方向，取得 ISO 9001 认证，既是健康食品企业生存的必要条件，也是健康食品企业发展的必经之路。

2. ISO 14000 环境管理系列标准

世界贸易迅猛发展，伴随经济增长而来的人口资源和生态环境问题日益突出，各国相继制定有关标准约束企业在生产中破坏生态环境的行为。ISO 历经 3 年制定工作，于 1996 年颁布了 ISO 14000 环境管理系列标准，包括了环境管理体系、环境审核、环境标志、生命周期分析等方面，以指导各类组织取得和表现正确的环境行为，使之与社会经济发展相适应，改善生态环境。

ISO 14000 是一个系列的环境管理标准，共分环境管理体系、环境审核、环境标志、环境行为评价、生命周期评估、术语和定义、产品标准中的环境指标七个系列，其中 ISO 14001 环境管理体系标准为主干，是企业建立和实施环境管理体系并通过认证的依据。ISO 14001 环境管理体系，是一个组织内全面管理体系的组成部分，包括为制订、实施、实现、评审和保持环境方针所需的组织机构、规划活动、机构职责、惯例、程序、过程和资源，还包括组织的环境方针、目标和指标等管理方面的内容。ISO 14001 标准包含五大部分，分别是环境方针、规划、实施与运行、检查纠正措施和管理评审。这五大部分又分为 17 项要素 10 个章节，包含了环境管理体系的建立过程和建立后有计划地评审及持续改进的循环，以保证组织内部环境管理体系的不断完善和提高。

ISO 14000 遵循的原则与 ISO 9000 相似，强调领导作用、全员参与、实施过程控制、持续改进等。在管理实践中，领导者带领全员通过过程控制，对环境管理进行持续改进，是十分有效的途径。因此，环境管理体系是一项内部管理工具，用来帮助组织实现自身设定的环境水平，并加以改善。

虽然 ISO 14000 建立于 ISO 9000 的基础之上，但与 ISO 9000 存在很大程度的不同：ISO 14000 环境管理体系强调以污染预防为主，符合法律法规和标准，满足相关方需求，在全过程控制中有针对性地改善组织的环境行为，以期达到对环境的持续改进，走可持续发展道路，同步实现经济发展与环境保护。

与 ISO 9000 标准相比，ISO 14000 标准提出了目标管理、全面管理、信息沟通等新的管理要求，具有更多的灵活性和兼容性，以"预防为主"思想为主导，推崇全员参与和持续性改进。

ISO 14000 环境管理系列标准并不是强制性标准，企业可以根据自身特点自愿采用。但是，对大多数企业，包括健康食品企业来说，实施 ISO 14000 环境管理系列标准势在必行。原因不仅仅因为实施之后有利于企业节能降耗、减少成本，还能降低企业的环境与法律风险，利于提高企业的社会形象和竞争力，同时，为企业避免了国际贸易中的重复检验、认证、注册和标志等过程，可在很大程度上消除国际贸易中发生的矛盾和交易壁垒。

3. ISO 22000 食品安全管理系列标准

20 世纪末期，疯牛病、口蹄疫、苏丹红等引起的重大食品安全事件引起了世界各国广泛关注。开发相关国际标准，成为各国食品行业的共同期盼。2005 年，ISO 颁布了历时 4 年制定的 ISO 22000 食品安全管理系列标准，基于 HACCP（危害分析和关键控制点）原理分析，旨在从整体食品供应链上建立有效沟通，充分预防和控制食品安全危害。

ISO 22000 食品安全管理系列标准适用于整个食品供应链，它将食品安全管理要求从技术方面扩展到整个食品供应链，以危害分析为核心，增加了应用方式和方法上的灵活性。其基本内容如表 8-2 所示：

表 8-2　ISO 22000 基本内容框架

序号	内容	序号	内容
1	范围	6.4	工作环境
2	规范性引用文件	7	安全产品的策划和实现
3	术语和定义	7.1	总则
4	食品安全管理体系	7.2	前提方案
4.1	总要求	7.3	实施危害分析的预备步骤
4.2	文件要求	7.4	危害分析
5	管理职责	7.5	操作性前提方案的建立
5.1	管理承诺	7.6	HACCP 计划的建立
5.2	食品安全方针	7.7	预备信息的更新、规定前提方案和
5.3	食品安全管理体系策划		HACCP 计划稳健的更新
5.4	职责和权限	7.8	验证策划
5.5	食品安全小组组长	7.9	可追溯性系统
5.6	沟通	7.10	不符合控制
5.7	应急准备和响应	8	食品安全管理体系的确认、验收和改进
5.8	管理评审	8.1	总则
6	资源管理	8.2	控制措施组合的确认
6.1	资源提供	8.3	监视和测量的控制
6.2	人力资源	8.4	食品安全管理体系的验证
6.3	基础设施	8.5	改进

从表 8-2 中可以看出，ISO 22000 标准体系是适用于整个食品供应链的食品安全管理体系框架。它将食品安全管理体系的侧重点从技术方面扩展到了整个食品供应链，适用范围覆盖了食品链中包括餐饮的全过程，即种植、养殖、初级加工、生产制造、分销，直到最末端的消费者，同时也包括与主要生产经营组织相关的其他组织，如生产设备制造商，包装材料商，食品添加剂和输料生产商，杀虫剂、肥料和兽药生产者等。标准规定了食品安全管理体系的要求以及包含的关键原则，即交互式沟通、体系管理、过程控制、HACCP 原理和前提方案。体系以危害分析为中心，要求在对食品链中可能引入危害的食品安全因素进行分析控制的同时，灵活、全面地与实施的前提方案相结合，在明确食品链中各环节组织的地位和作用的前提下，将危害分析所识别的食品安全危害根据可能产生的后果进行分类，并通过控制措施组合来控制。

在采用 ISO 22000 标准时，各组织可以将该标准制定为审核准则，也可以自由地选择必要的方式和方法来满足该标准的要求。但由于该标准重点关注的是食品加工、工艺、卫生、原料、仓储、运输、销售等方面，各组织建立和实施该标准需要非常专业的知识，因而对于小型组织，尤其是食品行业小型企业来说，需要通过外聘专家、向行业协会寻求技术力量支持等办法，借助外界力量来完成对 ISO 22000 标准的采用。

ISO 22000 标准与 ISO 9000 标准和 ISO 14000 标准在基本思想上一致，结构框架上趋同，既能够独立使用，也可以与三个体系的标准结合起来构建成完整的食品安全管理体系。

ISO 22000 食品安全管理系列标准也是自愿性标准，但它对食品供应链各环节的操作规范提出了系统、完善的管理要求，确保了食品供应链的安全，降低了世界各国组织和食品企业生产、管理、销售成本，实现了"从农田到餐桌"的全过程质量和安全控制，已成为食品企业与国际接轨，进入国际市场的通行证。与此同时，也成为了世界各国进行国际贸易的技术壁垒标准。

三、世界贸易组织及其食品相关标准

（一）世界贸易组织简介

世界贸易组织（WTO）的前身是关税与贸易总协定（GATT）。GATT 是第二次世界大战结束后在美、英主导下处理国际贸易问题的"临时性"适用议定书，自 1948 年正式实施，直至 1995 年正式的世界贸易组织成立。GATT 共有 128 个缔约方，其拟定的主要原则和规则在 40 多年的实践中得到了世界上大多数国家的认可。但随着世界经济的迅猛发展，GATT 无法克服自身缺陷以适应经济全球化的发展趋势。1995 年，WTO 作为一个更加开放的多边贸易体系应运而生，取代 GATT，成为唯一的世界性贸易专门组织。

WTO 以"为了所有成员的利益开展贸易活动"为宗旨，遵循九大基本原则：无歧视待遇原则、最惠国待遇原则、国民待遇原则、透明度原则、贸易自由化原则、市场准入原则、互惠原则、对发展中国家和最不发达国家优惠待遇原则、公正平等处理贸易争端原则，建立一体化的多边贸易体制，负责多边协议的实施、管理和运作，为谈判提供场所，解决争端，审议贸易政策，对发展中国家和最不发达国家提供技术援助和培训。

其协议分为六类：货物贸易、服务贸易、知识产权、争端解决、政策复审和诸边贸易协议，达成了一系列协议标准和法规。

（二）WTO 与食品相关的法规和标准

在 WTO 达成的诸多协议中，与食品相关的主要有《技术性贸易壁垒协议》（简称 TBT 协议）和《实施动植物卫生检疫措施协议》（简称 SPS 协议）。

1. TBT 协议

随着关税贸易壁垒不断被削弱，利用技术性贸易措施形成的非关税贸易壁垒维护本国利益的做法日益突出。签订 TBT 协议的目的，就是在技术壁垒方面规范各成员国的贸易行为和义务履行，减少和消除国际贸易中的技术壁垒，实现国际贸易自由化。在技术壁垒客观存在的事实前提下，TBT 协议强调不能以本国的技术法规和标准为手段来设置非必要的"贸易技术壁垒"，对协议成员方政府制定、采用和实施技术法规应遵守的原则做出了详细规定。

2. SPS 协议

动植物检疫作为一种隐蔽性较强的技术壁垒措施，在国际贸易中往往被一些发达国家用于阻止发展中国家农畜产品进入本国市场。签订 SPS 协议的目的，在于保护人类和动植物的生命健康，促进贸易自由化。SPS 协议规定：为保护国家主权，各成员方有权采取严于国际标准的卫生措施，但必须保证采取的措施只是为了保护人类、动物或植物的生命或健康，并且不能导致不必要的国际贸易障碍。SPS 协议的目的是实现自由贸易，但实际上，各成员方政府为解决市场失灵进行的干预会反过来限制自由贸易。

四、国际食品法典委员会及其标准

（一）国际食品法典委员会简介

1963 年，世界卫生组织（WHO）和联合国粮食及农业组织（FAO）联合设立了专门负责协调食品标准的政府间国际组织——国际食品法典委员会（简称 CAC）。截至 2022 年 6 月，CAC 拥有 188 个成员国和 1 个成员组织（欧盟），共 189 个法典成员，设有 243 个法典观察员。CAC 以保护消费者健康和公平食品国际贸易为宗旨，自成立以来的 60 年间，共制定了覆盖食品添加剂、食品卫生、检验方法、农药残留等诸多领域的 300 多个食品标准、准则和操作规范，为其成员国提供食品安全和贸易问题交流的平台，指导各国建立食品安全体系，协调各国的食品标准立法。

CAC 由全体成员国大会、执行委员会、常设秘书处和技术附属机构组成。截至 2022 年 6 月，其主要运行机构如图 8-1。

近两年来，由于新冠疫情影响，CAC 一方面通过组建电子工作组保持法典标准制定工作顺利开展，另一方面以风险为中心、以科学为基础，为全球食品贸易中的食品安全设定了基准，以确保总体食品卫生以及处理肉类和其他食品时的卫生，同时以控制食品中的病毒为目标，制定了若干国际最佳规范，在全球范围内鼓励各国实施这些最佳规范，确保消费者健康得到保护，同时为日益复杂的国际贸易体系中的食品行业从业者降低了风险。

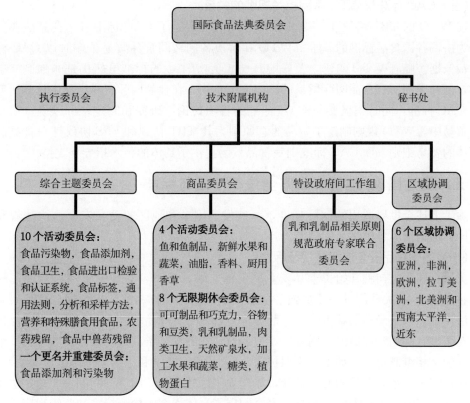

图 8-1 国际食品法典委员会的主要运行机构

（二）CAC 的标准及其制定

CAC 的标准集中体现在其颁布的《食品法典》，这是一套力图保护消费者健康和确保食品贸易公平的国际食品标准、准则和操作规范。其发行目的是指导并促进食品定义与要求的制定，推动其协调统一，并借以促进国际贸易。

截至 2022 年 6 月，CAC 颁布的食品法典标准共有 374 个，分为通用标准和商品标准两类。通用标准由主题委员会制定，包括各种通用的技术标准、准则和操作规范，其中准则 81 个，操作规范 55 个；商品标准由各商品委员会制定，包括各类商品的具体标准，共有 238 个，主要的商品种类是鱼和鱼制品，新鲜水果和蔬菜，油脂，香料、厨用香草，可可制品和巧克力，谷物和豆类，乳和乳制品，肉类卫生，天然矿泉水，加工水果和蔬菜，糖类，以及植物蛋白。

《食品法典》汇集并以统一方式呈现了全球通过、在用的食品标准及相关文本，包括所有面向消费者提供的食品的标准，无论是加工、半加工还是未加工食品，甚至是供进一步加工成食品的原料也包括在内，覆盖面非常广。在制定相关标准时，CAC 遵循的原则是以科学危险性评价为基础，考虑不同国家、地区的发展情况，以保护消费者健康和促进食品国际贸易公平为目标和宗旨。

国际食品法典委员会申明，《食品法典》标准为自愿性质，不能取代各国立法，各国可根据本国需要转为国家立法或条例加以执行。

（三）CAC 标准与 WTO 食品相关规则的关系

在 WTO 的 TBT 协议和 SPS 协议中，均明文规定了 CAC 标准（《食品法典》标准）为协调各国食品标准的基准。WTO 在解决各国之间食品贸易争端时以 CAC 标准为仲裁依据。随着 WTO 的建立及影响日益扩大，CAC 的标准虽然仍是非强制、推荐性质，但却受到所有食品国际贸易的国家充分重视，在食品国际贸易活动中认真研究和遵循 CAC 标准，同时积极参与 CAC 标准的各项讨论、研究和制定。可以说，在食品国际贸易中，WTO 规则制定了贸易的总原则，其 TBT 协议和 SPS 协议针对食品制定了具体的贸易细则，而 CAC 标准则为食品贸易提供了具体的技术指导和支持。

五、发达国家/地区食品安全法律法规与标准

除了上述全世界适用的国际标准，一些发达国家和地区的食品安全法律法规和标准，同样值得世界各国学习和借鉴。

（一）美国食品安全法律法规及标准

美国在建国之初就开始了食品安全方面的立法，1938 年国会颁布了《食品、药品和化妆品法》，有关部门进一步加强了食品安全的监管工作。此后出台的与食品安全有关的法律都以该法确立的基本框架为前提，或者如《禽产品检验法》和《蛋类产品检验法》对某种食品的管理做出专门规定，或者对该法的部分条款进行修改。"9·11"事件后，美国又相继制定了《动物健康保护法》《公共卫生安全和生物恐怖防范应对法》，在法律中规定了一系列食品的反恐措施，如建立国内外食品厂商登记制度等。这些法律法规几乎涵盖了所有食品类别，为食品安全制定了具体详细的检测标准和监管程序。

从 1906 年起，美国逐步建立形成了一整套完备的食品安全法律体系，以及联邦政府各管理部门相互依存、互为补充的高效食品安全监管体系。涉及食品安全监管的主要机构达 20 多个，其中最主要的有美国联邦卫生与人类服务部所属的食品与药物管理局（FDA）、美国农业部所属的食品安全检验局（FSIS）、动植物卫生检验局（APHIS），以及联邦环境保护署（EPA）。由于长期以来美国食品安全相关部门对食品从"农田到餐桌"整个流程科学监控所做的努力，美国食品被认为是世界上最安全的食品之一，民众对食品放心度普遍较高。

（二）欧盟食品安全法律法规及标准

欧盟的食品安全法规体系主要以欧盟委员会 1997 年发布的《食品法律绿皮书》为基本框架，基本涵盖了从"农田到餐桌"的整个食物链（包括农业生产和工业加工的各个环节）。2000 年 1 月，欧盟又发表了《食品安全白皮书》，将食品安全作为欧盟食品法的主要目标，形成了一个新的食品安全体系框架。白皮书中的一项重要内容是建立欧洲食品管理局，设立食品安全程序，建立一个对所有饲料和食品在紧急情况下的综合快速预警机制。白皮书中各项建议所涉及的标准较高，是欧盟食品安全法律的核心。时至今日，欧盟食品安全方面的法律法规数量和内容仍在不断更新与完善。在欧盟食品安全的法律框架下，各成员国也各自形成了一套法规框架。

（三）日本食品安全法律法规及标准

日本食品安全管理的主要法律包括《食品卫生法》和《食品安全基本法》。《食品卫

生法》涉及众多对象，是其食品安全管理的重要法律依据。该法制定于 1947 年，后来根据需要几经修订，将权力授予厚生劳动省，赋予地方政府管理食物的重要职能，二者共同承担责任。地方政府主要负责的工作是制定本辖区的食品卫生检验和指导计划，对本辖区内与食品相关的商业设施进行安全卫生检查，并提出指导性建议，颁发或撤销与食品相关的经营许可证。

《食品安全基本法》草案于 2003 年在日本参议院通过。该法是以保护消费者为根本前提，确保食品安全为目的的一部法律，是保障日本食品安全的基本法，为日本的食品安全行政制度提供了基本原则和要素。主要包括：确保食品安全；地方政府和消费者共同参与；协调政策原则；建立食品安全委员会，负责进行风险评估，并向风险管理部门提供科学建议。

第二节　健康食品与国际贸易壁垒

随着经济全球化浪潮的兴起和贸易自由化的发展，加上 WTO 规则的有关限制，国际贸易壁垒的种类和形式在不断地变化，关税税率不断下降，传统的非关税壁垒也在逐步减少，新型的更灵活、更隐蔽的贸易壁垒——技术性贸易壁垒却在不断发展，种类在不断增多。技术性贸易壁垒作为贸易保护主义的新形式，正以较快的速度在各国尤其是发达国家盛行。

一、技术性贸易壁垒概述

（一）概念
技术性贸易壁垒（Technical Barriers to Trade，TBT）是指国际贸易中，商品进出口国在实施贸易进口管制时，通过颁布法律、法令、条例及规定等，对外国进出口产品制定苛刻的技术法规和标准、卫生检疫标准、商品包装和标签标准等，从而提高进口产品的技术要求，增加进口难度，最终达到限制进口目的的一种非关税壁垒措施。它是目前各国尤其是发达国家人为设置贸易壁垒、推行贸易保护主义的最有效手段。

（二）类型
虽然世界各国的技术性贸易壁垒种类繁多，层出不穷，但主要有以下几种类型：

1. 技术法规
技术法规主要由国家立法机构制定的法律法规，行政部门颁布的命令、决定、条例、规范及指南等构成，涉及的范围包括劳动安全、环境保护、卫生健康、节约能源与材料等。技术法规对商品和服务的生产、材料的使用、工艺流程、污染的控制、质量控制、包装等均产生强制性约束。

2. 技术标准
技术标准主要包括生产标准、实验与检验方法标准、安全卫生标准等。为了阻碍外国商品的进口，保护本国市场，许多国家制定了繁多、严格的标准。目前，欧盟拥有的技术标准达 10 多万个，其中德国的工业标准约 1.5 万个；日本约有 8 184 个工业标准和 397 个农产品标准。

3. 质量认证与合格评定程序

指任何直接或间接用以确定产品或服务、生产与管理体系是否符合技术法规和标准所要求的程序。质量认证与合格评定程序没有独立的存在形式，是依附于技术法规和技术标准的一个概念。它可以是强制性的，也可以是自愿性的。以技术法规形式出现的合格评定程序是强制性的，以标准形式出现的合格评定程序是自愿的。

目前，国际上著名的认证有 ISO 9000 质量管理体系认证、ISO 14000 环境管理体系认证、IEC 电气设备安全标准认证、欧盟 CE 认证及美国 UL 认证等。

4. 卫生检疫规定

随着国家之间贸易竞争的加剧，发达国家更加广泛地利用卫生检疫规定限制商品的进口。要求进行卫生检疫的商品越来越多，卫生检疫规定也越来越严格，例如，日本、加拿大和英国等国要求花生内黄曲霉素含量不得超过 20mg/kg，花生酱内不得超过 10mg/kg，超过者不准进口；日本规定茶叶农药残留量不得超过 0.2～0.5mg/kg；美国、加拿大规定陶瓷制品含铅量不得超过 7mg/kg，澳大利亚规定含铅量不得超过 20mg/kg；美国要求其他国家或地区输往美国的食品、药品及化妆品必须符合美国的《联邦食品、药品及化妆品法》，否则不准进口。

中国出口食品在卫生检疫规定面前频繁受阻。如日本在对中国出口的冷冻蔬菜实施农药残留检查中使用新鲜蔬菜的标准，使得中国对日出口的冷冻蔬菜农药残留比例不符合标准，限制了中国该类产品的对日出口。

5. 商品包装和标签的规定

由于包装材料及其所形成的包装废弃物和包装容器结构可能对生产者和使用者的安全与健康或环境造成负面影响，许多国家专门颁布了有关包装的法律，对包装材料的内容、包装废弃物的处理、包装容器结构等作了明确规定，要求生产者、进口商、批发商和零售商等强制执行，否则不准相关商品进口。

美国和新西兰禁止利用干草、稻草、谷糠等作为包装或填充材料，在某些情况下，这类包装只有在提供消毒证明后才可以允许使用。德国和法国禁止进口外形尺寸与本国食品罐头不一致的罐头产品。新加坡要求黄油、人造黄油、食用油、米、面粉、白糖等依照标准进行包装，否则不得进口。许多外国产品为了符合有关国家的这些规定，不得不重新包装或改换商品标签，耗时费工，增加了商品的出口成本，削弱了商品的价格竞争能力。

二、技术性贸易壁垒盛行的主要原因

(一) 国家间技术水平差异

随着科技的进步，技术密集型产品占世界贸易额的比例进一步上升，国际贸易中所涉及的各种技术问题变得更加复杂。科学技术发展的结果，导致工业发达国家技术法规、标准、认证制度及检验制度等的制定水平和内容居于领先地位。高灵敏度检测技术和电子技术的不断发展，给发达国家限制进口商品提供了快速准确的数据，而他们在激烈的国际市场竞争中，凭借其先进的技术法规、产品标准等，不断生产和出口具备先进性、科学性、经济性、实用性、可靠性和竞争性的商品，在国际贸易中始终占据主导地位。由于发展中国家科技发展水平、技术法规、标准和认定认证等的制定水平和内容与发达国家存在很大的差距，出口商品往往难以达到发达国家的规定，从而容易受技术性贸易壁垒的影响。

（二）传统贸易保护手段弱化

"乌拉圭回合"谈判成功地签署了一揽子协议，进一步强化和完善了直接非关税壁垒的约束机制，尤其是传统的限制类措施被规定了削减或取消的时间表。在此背景下，进口国如再设置过高的配额、出口补贴、许可证等障碍以达到保护本国市场和限制商品进口的目的，必将招致有关国家的谴责和反对，甚至贸易报复。所以，世界各国特别是发达国家纷纷高筑技术性贸易壁垒这种无形的间接非关税壁垒。关税的大幅度削减及传统数量限制措施被抑制，促使技术性贸易壁垒成为贸易保护的新式武器。

（三）消费者消费行为变化

随着生活质量的提高和消费者自我保护意识的增强，消费者对商品的选择性强，对质量要求高，对款式变化敏感，对卫生安全指标的要求更加严格，要求制定相应技术标准的呼声越来越强烈，这在很大程度上促进了国际贸易中的技术性贸易壁垒合理合法的存在且不断强化。目前，世界上许多国家对外国产品进入本国市场都有严格的质量要求。例如，欧盟要求销往欧盟的大部分商品必须经过 ISO 9000 体系的认证，以确保消费者的权益。

（四）例外规定

实践证明，世界贸易组织某些协议中的例外规定给技术性贸易壁垒的设置创造了某些条件。《技术性贸易壁垒协议》中虽然规定要保证技术法规及标准，包括包装、标志和标签要求以及技术法规和标准评定的程序都不至于给国际贸易造成不必要的障碍，但也允许各参加方为提高产品质量、保护人类健康和安全、保护动植物生命和安全、保护环境和防止欺诈行为等，可以提出一些例外规定。在《服务贸易协定》《农产品协定》以及《和贸易有关的知识产权协定》中都有类似的例外规定。诸如此类的弹性规定，实际上给技术性贸易壁垒的设置提供了法律基础，也使某些发达国家打着维护人类健康和安全、维护动植物生命和安全以及环境保护等旗号，制定出严格、繁多、苛刻的技术法规和标准，名正言顺地达到既扩大本国商品出口，又限制别国商品进口的双重目的。

三、食品国际贸易中的技术性贸易壁垒

（一）农药残留壁垒

1. 欧盟为第三国动物源性产品中的残留物质制定统一检测标准

2005 年 1 月，欧委会发布了第 2005/34/EC 号决定，对从第三国进口的动物源性产品中的药物残留限量做出了规定。根据规定，欧委会第 2002/657/EC 号决定附件 2 中规定的各类残留物最低限量值将作为欧盟判断药物残留是否符合标准的依据，对于残留物检出值等于或高于最低限量标准的进口产品，欧盟将进行销毁或退运；对于虽然检出禁用物质残留但低于最低限量的产品，可允许其进入欧盟市场但将被记录在案，一旦在 6 个月内同一来源同一禁用物质出现 4 次或以上记录时，欧委会将向出口国进行通报并采取相应的措施。

2. 欧盟提高对中国茶叶中农药残留的检验标准

欧盟和日本是中国茶叶的主要输出地区。2000 年，欧盟先后发布了 2000/42/EC 指令，增加茶叶农残限量 10 项，改变茶叶农残限量 6 项。2001 年 7 月，欧盟新的茶叶农药残留量检验标准猛增到 108 项，并规定凡超过农残标准的茶叶实行就地封存、销毁或退回到原产地国家。2006 年 1 月，欧盟最新的食品及饲料安全规定中对茶叶农药残留的检验项目从原先的 193 项增加到 210 项，210 项以外的农药残留项目采用 0.01mg/kg 的 "默认标准"。而茶叶中硫丹的限量从原来的 30mg/kg 改为 0.01mg/kg，限量标准提高了 3 000 倍，直接导致了中国对欧盟茶叶出口的减少。此外，日本、美国和澳大利亚也纷纷效仿欧盟，提高茶叶中农残的检测要求，严重影响了中国的茶叶出口贸易。

3. 日本的肯定列表制度

2006 年 5 月 29 日实施的日本的肯定列表制度明确设定了进口食品、农产品中可能出现的 734 种农药、兽药和饲料添加剂的近 5 万个暂定标准，大幅抬高了进口农产品、食品的准入门槛。肯定列表制度的实施反映了日本从 2003 年《食品卫生法》修订以来，全面系统地加强本国食品安全管理的基本策略，即由以往单个或局部化学品残留标准调整转化为全方位的标准。实际上，日本政府从 2002 年将各种贸易技术壁垒合法化、制度化。肯定列表制度是一套全新的、庞大的农产品、农药与兽药残留的标准系统，它是一个既庞大又杂乱，既严又不严，具有明显歧视性的技术性贸易措施，是相互矛盾的产物。

(二) 体系认证壁垒

1. 马来西亚的 Halal 认证

2004 年开始，马来西亚规定，进口禽畜产品需向马来西亚农业部下属的兽医局或马来西亚国家检疫局提出书面申请，获得进口准许证后才能办理其他进口手续。此外，销往马来西亚的肉类及其加工产品、家禽、蛋品等都必须通过 Halal 认证，该认证由马来西亚兽医局和伊斯兰发展局在现场检查后联合做出。由于 Halal 认证过程缺乏足够的透明度，导致认证过程混乱，在一定程度上构成了技术性贸易壁垒。

2. 印度有关的进口强制检验制度

印度规定，2004 年后凡是进口属于印度标准局 109 种强制进口认证产品范围内的产品，外国生产商或印度进口商必须事前向印度相关部门申请产品质量认证，并获得认证证书，海关方可对其进口产品予以放行。列入强制进口认证产品清单的 109 种产品，主要包括食品防腐剂和添加剂、乳粉等。为进行认证，外国制造商除缴纳申请费、检验组的所有旅途费用以及 300 美元的检验费用之外，还需再缴纳一定数额的认证费及每年不少于 2 000 美元的认证标志使用费。认证证书有效期为一年，期满可申请延期。印度进口强制检验制度下的外国生产商申请进口产品认证证书的程序复杂，费用昂贵，申请时间长，给外国生产商带来了不合理的负担。

(三) 标签壁垒

1. 日本关于食品原产地标签的要求

根据日本农林物资规格化和质量表示标准法规的规定，从 2000 年 12 月开始，在日本市场上销售的食品都必须标注原产地。2004 年 9 月，日本农林水产省对加工食品的质量标签标准做出修正，扩大需标明原产地的加工食品范围。对无义务标明原产地的加工食品，规定须有防止对原产地产生误导性的标识。2005 年 9 月，日本再次修改有关规定要求，严格区分加工产品的加工地和原产地，同时将 20 类接近于生鲜食品的加工产品列入标注对象。日本还经常对水产品品质和原产地标识进行检查，甚至对标识为国产的鳗鱼加工品进行 DNA 分析，并在官方网站上公布检查结果。由于日本政府政策措施的诱导，加上日本媒体对中国农产品药残超标过度的片面渲染，导致日本消费者产生使用中国农产品不安全的错误印象。

2. 欧盟关于转基因食品标签的规定

从 2004 年 4 月起，欧盟开始执行有关转基因食品标签的新规定，这项规定是世界上同类规定中最为严格的，它要求凡含有转基因成分超过 0.9% 的食品都要贴上标签，以确保消费者有充分的知情权。该项规定同样适用于饲料和动物食品。该规定还确立了备案制度，要求能跟踪转基因产品的来源及流向，并要求将产品的产地成分和去向等资料保存 5 年。

3. 美国食品标签标识技术壁垒

美国对食品标签的要求极为严格，食品与药物管理局要求大部分的食品必须标明至少 14 种营养成分的含量，加大了发展中国家出口商的成本，尤其是对没有条件进行食品成分分析的国家而言，无疑是禁止进口的措施。2006 年 1 月 1 日，美国食品与药物管理局（FDA）开始强制性实施两项新的食品标签要求，分别是将反式脂肪酸列为必须标识的营养成分，但每份用量中脂肪含量低于 0.5g 的食品可以不标出反式脂肪酸含量；以及对于含有致过敏物质的食品要求，必须在食品标签上标识出有可能导致过敏的成分（即使仅含微量过敏源）。

（四）其他技术性贸易壁垒

1. 欧盟关于有机食品进口的法规

欧盟理事会关于农产品和食品的有机产品及其标识的第 EEC2092/1991 号规则，是欧盟关于有机产品生产加工标识标准和管理的基础性法规。修订后的规则规定 2005 年 12 月 31 日后出口到欧盟的有机产品只能通过政府间互认协议的方式，即只有列入欧盟第三国名单的国家的产品才能出口到欧盟。目前，进入欧盟第三国名单的只有 6 个国家。2005 年 9 月下旬，欧盟通过决议推迟执行该项法规至 2006 年年底。中国已向欧盟提出关于加入第三国名单的申请，但欧盟有机产品第三国名单的评估非常严格和复杂，一般至少需要两年左右的时间。

2. 美国的生物反恐法

美国于 2002 年颁布《公众卫生安全和生物恐怖防范应对法》（简称《生物反恐法》），为食品和生物反恐问题制定了严格的指导原则。美国食品与药物管理局为执行该法，于 2003 年分别颁布了《行政性扣留可疑食品法》《食品企业注册法规》《记录的建立和保持法》《进口食品的预先通报制度》等 4 个过渡性法规，并在 2004 年确认了前 3 个法规为最终法规。中方对美国食品与药物管理局上述反恐努力表示认同，但同时对以上措施可能产生的有关问题表示关注。因为新的系列规定将降低通关速度，增加企业出口成本。同时，新措施扩大了出口市场的不确定性。根据原有规定，美国食品与药物管理局可基于第 801a 节对进口品进行扣留。2005 年 1—12 月，中国被拒绝进入美国市场产品总批次高达 2 071 批次，同比增长 12%，被拒货物批数位居各国之首。

3. 动物福利壁垒

1976 年，美国人休斯提出了动物福利的概念，认为饲养在农场中的动物要使其与其环境保持协调一致的精神和生理完全健康的状态。目前，国际上通用的动物福利基本原则为生理福利、环境福利、卫生福利、心理福利和行为福利。美国于 2002 年启动了"人道养殖认证"标签，该标签的作用是向消费者保证提供这些肉、禽、蛋、奶类产品的机构在对待畜禽方面符合文雅、公证、人道的标准。欧盟也出台了一系列措施，如 2003 年 1 月，欧盟理事会提出欧盟成员在进口动物产品之前应将福利考虑在内，从 2004 年开始市场上出售的鸡蛋必须在标签上标明是"自由放养的母鸡所生"还是"笼养的母鸡所生"。在 2005 年中国哈尔滨国际经济贸易洽谈会期间，欧盟一个畜产品进出口贸易商到我国黑龙江正大企业预采购金额达上亿元的活体肉鸡，但是，在欧盟厂商代表参观完正大企业后宣布交易取消，原因是正大企业"不够宽敞的鸡舍"。

四、主要发达国家食品贸易壁垒现状及特征

(一) 主要发达国家食品贸易壁垒现状

1. 美国食品贸易壁垒现状

美国食品技术法规主要由食品与药物管理局（FDA）、农业部（USDA）等机构颁布，主要有《婴儿配方食品法》《营养标签与教育法》《美国食品标准法》《食品质量保护法》等。美国关于食品化学品的标准主要是由美国国家科学院药品研究院下属的食品与营养委员会制定的《美国食品化学品法典》（FCC），该法典是 FDA 以及许多国际食品检验检疫机构用于鉴定食品化学品标准的综合性集成。此外，美国还不断颁布新的技术法规和技术标准，例如从 1995 年到 2001 年，美国先后在水产品、肉类制品、乳制品、果蔬汁中引入 HACCP 体系，禁止进口未实施 HACCP 管理的上述食品。近年来，美国在加强本国技术性贸易壁垒的同时，还开始有意识地对其标准战略进行调整，以期打破欧盟和日本等国家的 TBT 限制。2000 年下半年，美国国家标准协会等出台了《国家标准战略》，明确提出要利用美国标准体系的优势，整合各方面资源，大力推进美国标准的国际化，此举旨在进一步控制国际市场，同时达到突破他国壁垒的目的。2011年 1 月 4 日，美国总统签署了《食品安全现代化法案》，将原有的食品安全管理体系基础由"食品安全反应机制"转变为"食品安全预防机制"，授予美国 FDA 更大的监管权力；对进口食品的要求更为严格，美国食品进口商必须核实外国供应商和进口食品是否安全可靠，否则不得进口。

2. 欧盟食品贸易壁垒现状

欧盟委员会于 2000 年发布了《食品安全白皮书》，确立了欧盟食品安全法规体系的基本原则，并进行了完整规划，形成了从"农场到餐桌"的食品安全法律体系。2004年欧盟又发布了 4 个补充性法规，涵盖了 HACCP、可追溯性、饲料和食品控制、动物健康和动物福利以及从第二国进口食品的官方控制等内容。此外，欧盟还分别在食品卫生、动物副产品、残留和污染、食品标签、食品添加剂、食品接触材料、转基因食品等

方面制定了具体要求。欧盟食品技术标准体系逐渐形成了上层为具有法律强制力的欧盟指令，下层为包含具体技术内容、厂商可自愿选择的技术标准组成的两层结构标准体系。该体系的建立有效消除了欧盟内部市场的贸易障碍，但对欧盟以外的国家，常常构成贸易障碍。

3. 日本食品贸易壁垒现状

日本保障食品安全的法律法规体系由基本法律和一系列专业、专门法律法规组成，食品卫生法和食品安全基本法是两大基本法律。另外，日本于 2006 年 5 月起正式实施《食品中农业化学品残留的肯定列表制度》，主要是为了加强食品中农业化学品残留管理而制定，在该制度下，日本对所有农业化学品（个别豁免物质除外）在所有食品中的残留均制定了严格的限量要求，对于该国认为有科学依据的则按科学测定值来制定限量要求，对无科学依据的则采用 0.01mg/kg 的统一标准。据有关部门统计，日本认为有科学依据的具体限量指标，共有 67 140 条，其中现行标准 10 118 条，暂定标准 56 752 条，其他标准 270 条。肯定列表制度的实施无限放大了需要检测和使用苛刻限量标准的化学品种类，全面提高了输日食品、农产品的技术门槛。

（二）主要发达国家食品贸易壁垒特征

1. 食品安全技术性贸易壁垒体系复杂

复杂性是发达国家和地区食品安全技术性贸易壁垒最明显的一个特点。具体如下：

措施性质复杂。从性质上说，各种技术性措施几乎都存在强制性与自愿性、官方与民间等多种类别；从适用对象上说，这些技术性贸易壁垒有的针对产品本身，有的针对企业，还有的针对生产体系。

适用范围广泛。技术性措施不仅仅针对食品的成品阶段，更渗透进其原材料来源阶段、物流运输阶段，强烈地体现着"从农田到餐桌"的立法理念。

彼此有机结合。主要发达国家食品技术性措施之间是互相联系的，其形成的贸易壁垒实际上是一个有机体。技术法规中可能包含着技术标准与合格评定程序的内容，使之具有强制力。合格评定程序也可能以技术标准的形式存在，三者互为表里。

内容更新频繁。主要发达国家对于瞬息万变的国际食品贸易形势一直保持着高度关注，一旦在科技领域取得新的进展便立刻将其应用在技术性贸易措施上，不断使各项措施达到并超越国际水平。

2. 注重与国际法领域的互动

纵观发达国家的食品安全技术性措施发展史，无论是美国将 HACCP 推广至全球，还是欧盟制定引导世界食品贸易的 CAC 标准，或是日本对于国际标准的引入和借鉴，都体现了与国际食品贸易法律、标准及有关程序的互动。发达国家和地区对于与食品安全 TBT 相关的国际法和国际标准一直保持着微妙的关系。当某一食品贸易国本国的食品可以完全符合国际条约的相关规定或者达到国际标准的要求，甚至创造了某项标准的时候，该国会对进口食品全面实行该类与国际接轨的措施；如果尚不能达到某种要求，则会强化国内立法，使其规制水平接近于实施了该国际标准的国家对食品规制的水平。

3. 强调科学在技术性贸易壁垒中的主导作用

从风险评估的手段、各标准限量值的确定到各种检验检疫程序，无不贯穿着以科学为准的思想。这不仅是发达国家利用自身科技优势在政策法律方面的体现，更是其输出"科学至上"价值观的手段。发达国家对于科学的重视不仅使本国的技术性措施更具有实效，同时也刺激发展中国家不断提高科技水平以跨越食品安全技术性贸易壁垒。

五、全球重大食品安全事件与成因

食品在从"农田到餐桌"整个食品链的传递过程中，会接触到很多可能给消费者带来危害的因素，这些危害因素来自食品从业人员、加工运输设备、食品原料辅料、加工工艺和环境，具体表现为农（兽）药残留、生物制剂、烹饪和加工不当、环境污染物、食品添加剂、食品加工助剂、微生物制剂、包装迁移物、物理危害、生物毒素、放射性核素、营养失衡、转基因食品和辐照食品等。同时，随着食品生产传统方式的逐步退出和工业化进程的不断加快，食品被污染的机会正逐渐增加。而且随着国际贸易的不断发展，食品污染扩散的速度之快、范围之广，对人民身体健康和国家经济影响之大是前所未有的。多年来，世界范围内发生的典型性重大食品安全事件足以说明，食品安全已经成为一个世界性的挑战，是全球必须共同关注的重大公共卫生问题。

食品的安全性关系到人民的健康和社会的稳定，加强食品安全，防止大规模的食物安全事件的发生是摆在世界各国面前的紧迫任务。

（一）全球重大食品安全事件典型案例

案例1 疯牛病事件

疯牛病自1985年在英国首次发现以来，逐渐在世界范围内蔓延，扩散到了欧洲、美洲和亚洲多个国家，造成了巨大的经济损失和社会恐慌。食用被疯牛病感染的牛肉、牛骨髓的人，极有可能感染具有致命性的雅各布氏症，其典型临床症状表现为出现痴呆或神经错乱、视觉模糊、平衡障碍、肌肉收缩等症状，最终病人因精神错乱而死亡。

1996年3月，欧洲理事会禁止英国出口牛肉及相关产品，除了通过出口禁令阻止疯牛病的蔓延以外，欧盟还采取了其他防范措施，包括1997年4月1日开始实施关于处理动物肥料的"严格加工标准"，1998年5月1日开始对检测、控制和消除疯牛病实施"积极监督"。2003年5月，加拿大确诊1头牛感染疯牛病后，美国立即停止从加拿大进口所有牛及其制品，日本、澳大利亚、新西兰、墨西哥、韩国、中国等相继禁止进口。2021年9月，巴西农业部证实在米纳斯吉拉斯州和马托格罗索州的两个牧场发现疯牛病病例。作为全球最大牛肉出口国的巴西立即暂停向其第一大客户中国出口牛肉。暂停出口业务的决定，是中国和巴西之间达成的动物卫生协议的一部分，旨在让双方有时间评估具体问题，决定何时重新开始进口巴西牛肉。

案例2 禽流感事件

禽流感是禽类流行性感冒的简称，它是由甲型流感病毒的一种亚型引起的传染性疾病，被世界动物卫生组织确定为甲类传染病，又称真性鸡瘟或欧洲鸡瘟。按病原体类型不同，禽流感可分为高致病性、低致病性和非致病性禽流感三大类。非致病性禽流感不会引起明显症状，仅使染病的禽鸟体内产生病毒抗体；低致病性禽流感可使禽类出现轻度呼吸道症状，食量减少，产蛋量下降，出现零星死亡；高致病性禽流感最为严重，发病率和死亡率均高，感染的鸡群常常全军覆没。自1878年意大利首次报道禽流感以来，至今历史上已有三次较大的流行。2003年年底至今的第三次流行，先是越南、泰国、柬埔寨、老挝、印度尼西亚和中国均发生了高致病性禽流感病例和死亡病例，2005年开始扩散到土耳其、罗马尼亚和希腊等国家，亚洲损失已超过50亿美元，造成上百名密切接触者死亡。2021年6月1日，国家卫生健康委员会通报，江苏省发现一例人感染H10N3禽流感病例。2022年4月15日，日本北海道白老町的一家养鸡场发现疑似因高致病性禽流感病毒致死的鸡；16日，北海道当局已开始扑杀该养鸡场饲养的大约52万只鸡。2022年5月，法国禽流感疫情持续蔓延，不仅给养殖业带来严重冲击，还让不少米其林星级餐厅叫苦不迭。由于鹅肝酱供应紧张，不得不将其从菜单上撤下。

案例3　苏丹红事件

"苏丹红"是一种人造化学制剂，这种色素常用于工业，比如机油、蜡和鞋油等产品的染色。由于用苏丹红染色后的食品颜色非常鲜艳且不易褪色，能引起人们强烈的食欲，一些不法食品企业把苏丹红添加到食品中。常见添加苏丹红的食品有辣椒粉、辣椒油、红豆腐、红心禽蛋等。2002年，研究人员发现苏丹红能造成人类肝脏细胞的DNA突变，显现出可能致癌的特性。全球多数国家都禁止将其用于食品生产。2005年初，英国食品标准署就食品中污染有动物致癌偶氮类工业染料苏丹红向全世界消费者提出警告，英荷联合利华、亨氏等30多家生产虾色拉、泡面、熟肉、馅饼、调味酱等掺有被苏丹红污染的辣椒及其制品的食品增加至600多种，波及20多个国家（联合利华在全世界食品年销售额达500亿美元，相当于中国食品工业产值的25%以上），仅英国就有几百万件食品被撤下，货架损失超过1亿英镑，成为英国历史上最大一次问题食品召回行动。其原因是来自印度进口的辣椒及其制品被早在20世纪90年代已禁用的染料污染所致。

（二）成因

食品贸易的全球化发展使大量高品质、价格合理、安全的食品应运而生，在保障世界食品需求、改善营养状况、增进人类健康等方面发挥了重要作用。但是，在全球化背景下，由于食品生产、流通、销售方式的改变，以及科学技术的迅速发展而产生的新技术广泛应用而产生的负面作用，食品国际贸易在使广大消费者受益的同时，也给全球食品安全带来了前所未有的挑战。

1. 原料生产与加工环节

食品污染引起的食源性疾病是影响食品安全的主要因素。现代食品供给链越来越长，环节越来越多，造成污染的因素也越来越多，每一个环节都存在食品被污染的可能性。食品污染可分为两大类：一是微生物污染。据估计，世界90%以上的食源性疾病是由20～30种微生物污染所致，发达国家由于生产规模大、交叉污染难以控制，而发展中国家则主要由于食品卫生条件差，易造成污染。二是化学性污染。主要是农药、兽药、饲料添加剂、杀虫剂、除锈剂及灭鼠药滥用，含铅、汞、砷等有害物质的"工业三废"污染，烘烤、熏、腌、腊制食品用高温烹调不当产生的致癌物质及食品包装材料造成的污染。同时，食品原料自身固有或携带的自然界中有些动植物自身含有的天然有毒、有害物质也能够诱发食品安全事件，例如河鲀含有河鲀毒素，毒蘑菇含有多种有毒物质，畜禽自身存在感染使其肉或肉制品中携带病原体等。

2. 生产与生活方式变化

与 20 世纪 80 年代以前相比，当前全球的食品生产和销售方式发生了重大变革，食品的全球性流通和跨国跨境贸易的开展，导致一个国家或地区生产的食品一旦被污染，可同时威胁其他国家乃至整个世界消费者的健康。20 世纪 90 年代中期以来，禽流感先后在美国、欧洲和韩国肆虐，严重打击了这些国家的养殖业。我国一些省份也相继暴发了禽流感，上百万家禽染病死亡，造成巨大的经济损失。更可怕的是，已经证实禽流感病毒对人类的安全也存在巨大威胁，与"非典"相比具有更大的潜在威胁。由于人类目前尚不具备抵抗这种疾病的任何能力，如果禽流感一旦和人类的流感病毒结合后产生变异，将会在全球造成严重后果。同时，食品和饲料集约化生产、异地市场销售等形式为食源性疾病的传播流行创造了条件。著名的"二噁英"事件就是由于在欧洲多个农场从同一供货商处购买了被二噁英污染的饲料，然后以进食此种饲料的动物为原料加工制成的食品在几周内发往世界各地，从而在世界范围内扩散了污染。

与此同时，全球范围的城市化日趋加速，人们生活方式发生显著改变，快速发展的社会环境使人们对食品种类的需求越来越广，食品供应链不断加长。成品、半成品的食品消费量剧增，户外进食机会增多，对储存食品的依赖性加强。学校、幼儿园、医院以及单位食堂等为密集人群提供膳食的机构不断增多，群聚饮食机会急剧上升，增加了食源性疾病暴发的机会，也是其发病的主要根源。同时，人类对食品的要求已从寻求温饱和满足味觉转到了注重安全、改善健康的更高要求。因此，消费者对纯天然、无污染、高品质的无公害食品表现出强烈的需求欲望，对食品质量的挑剔以及对食品安全性的关注也与日俱增。

3. 新技术应用的负面影响

在农业和食品生产领域中广泛采用各种高新技术，包括转基因技术、现代加工技术、物流配送技术、欧姆加热和改变包装气体环境等技术，在提高农业生产率和延长食品货架期的同时，自身的负面影响对食品安全带来了新的危害，诱发了食品安全事件。新技术、新材料、新原料的使用导致食品受污染的因素日益复杂化和多样化。如果控制不力，新技术引发的食品安全问题不仅不能伴随国民经济的发展、医学技术水平的提高和人民生活的改善而得到控制，反而会因为工业化程度的提高、新技术的采用以及贸易全球化趋势的加快而进一步恶化。除此之外，生物恐怖主义及蓄意污染的风险也日益引起人们的关注。

4. 社会责任意识淡漠

食品添加剂的滥用、有毒物质的错加错用造成的食品安全问题常酿成严重的后果，如错将亚硝酸盐当作食盐使用，误食灭鼠诱饵粮等。有些食品添加剂使用过量或滥用也能对人类造成危害。个别不法之徒在食品中掺杂使假，如用工业用甲醇兑制白酒出售，面粉中掺滑石粉，甲醛浸泡海蜇等。2008 年 9 月暴发的"三鹿奶粉事件"再次在全国范围内引发社会责任的重大争议。随后，加苯甲酸（食品防腐剂）的腌菜，用明矾（含铝，会降低智力）催熟的桃子，加凝固剂（石蜡）的火锅底料，用毛发加工生产的酱油不断被曝光，严重危害人民的饮食健康甚至生命安全。

第三节　健康食品对国际贸易的影响

一、健康食品消费市场火热，贸易额将不断攀升

后疫情时代，世界各地消费者对自身健康的关注度持续上升，健康消费正逐步渗透到生活各个领域。就每天都要摄入的食品而言，随着经济的不断发展，饮食结构优化及居民人均可支配收入水平上升，从"吃饱""吃好"到"吃出健康"，人们对食品的消费已然出现质的改变，越来越多的消费者不仅要追求营养均衡，还要健康养生。消费者对健康、养生、变美的旺盛需求，刺激了健康食品的涌现，有机食品、绿色食品、无糖食品及非转基因食品等需求量剧增。消费者对于营养健康食品的消费需求比例上升，也驱动着整个健康消费市场快速增长，健康食品贸易额将大幅上涨。

相关数据统计，2015 年，中国健康食品市场规模达 6 500 亿元，2020 年，市场规模突破了 8 000 亿元，预计 2025 年我国健康食品市场规模为 11 408 亿元。伴随着市场竞争加剧，我国健康食品行业市场规模逐年攀升，正成为全球最大的健康食品消费市场。

二、更高标准的消费需求，倒逼食品企业不断提升产品质量

食品企业为了提升产品在国际上的竞争力，让本国食品走出国门，走向世界，企业将选择生态环境较好、产品开发较多的区域，建设高起点、高标准、高效益的健康食品基地，为促进健康食品出口创造条件。同时，食品企业将加强技术设备更新，采用国际标准进行食品销售，做好食品安全监测工作，保障食品的安全性，不断提升产品的质量水平。同时，食品企业将遵守世界贸易组织的各项规则，严格按照相关规则要求开展贸易活动。积极实施名牌战略，打造自己的品牌，确保出口食品在国际上能够占据有利地位。

三、各国将健全与国际接轨的健康食品进出口安全法律保障制度

标准化是食品走向国际市场的"通行证"，突破国外技术壁垒必须要建立与国际接轨的食品标准体系。尤其是近几年世界各国动植物流行病如口蹄疫、疯牛病、小麦矮星黑穗病、玉米细菌性枯萎病等时有暴发，再加上转基因产品（GMO）的安全性仍无法科学测定，各国将建立和健全食品安全风险评估预防体系，完善农产品质量可追溯制度。健全重大动物疫情监测和应急处置机制，建立和完善动物标识及疫病可追溯体系；建立先进完备的质量检验检测体系和动植物检疫体系及与之相配套的管理、监督机制，并使之法制化和制度化。实施质量安全认证是保障食品质量安全和突破贸易壁垒的重要手段，各国将力求使本国的质量体系认证制度向国际标准靠拢并获得国际上的普遍承认，以适应消费者对健康食品的旺盛需求。

就我国而言，目前虽然有众多食品质量方面的法规，但这些法律并没有涵盖整个食

品链，缺乏系统性。然而，食品安全问题涵盖了从农田到餐桌的全过程，法律应反映出整个食品链条。其中，食品认证是食品安全监管过程中比较关键的环节。目前，我国食品安全认证体系的更新速度落后于科技发展速度，不少认证标准无法满足现实需求和食品安全管理的需要。在日益激烈的市场竞争环境下，参与国际食品安全风险监测和评估的法规建设势在必行，因而学习国外食品认证经验，完善我国食品安全认证法律体系，有助于提升我国健康食品国际市场竞争力。

四、国际贸易食品安全相关措施具有演变为贸易壁垒的倾向

食品贸易在货物贸易中占有重要地位，食品的进出口既关系到国家的食品供给安全、卫生安全和生态安全，也关系到本国食品产业的经济利益。在实施保障食品安全具体技术措施过程中，有的 WTO 成员方以保护人类、动植物的生命与健康，保障国家安全为名义，通过采取一系列不符合 WTO 框架下贸易自由化原则，以不尽合理的手段，来实现其限制、减少或消除与出口国进行食品贸易的真实目的，从而形成贸易障碍。食品安全贸易壁垒是对 WTO 赋予的国家安全合法目标的不合理运用，超出了实现保护目的的必要限度，使原先的技术措施异化成为食品安全贸易壁垒。

如日本的《食品卫生法》作为控制食品安全与卫生的根本法典，其目的在于通过法律手段使公众远离由于食品而导致的生命健康危险，维护公共健康。但该法自 1947 年颁布以来已经历了 1972 年、1995 年及 2002 年等大大小小的 10 多次修订并于 2006 年 5 月完成最新的修订。纵观这部最新修订的《食品卫生法》可以发现，相关药物残留限量的标准与卫生要求被提高，而且还增加了诸多限制项目，且强化了进口农产品的相关检查制度。而发展中国家经济落后，食品进出口安全标准相对较低，不得不在这方面进行妥协以求经贸发展。由于各国的法律差异，食品安全相关措施具有逐渐演变为贸易壁垒的倾向。

2009 年，美国等发达国家禁止从中国进口月饼，提高月饼相关进口安全标准，要求作为蛋黄类月饼食材的鸡蛋必须在相关溶液中浸泡至少 20 天，同时对相关溶液的成分亦有苛刻的标准，另外还有严厉的温度标准及制作加工标准。在如此苛刻的条件下，国内许多出口商放弃了这一商机，认为照此标准不可能生产出月饼。为此中国出口贸易损失惨重。

2011 年 5 月肆虐欧洲的肠出血性大肠杆菌（EHEC）疫情，一开始在德国汉堡发现的两根西班牙黄瓜被认为是肠出血性大肠杆菌的"毒源"。德国停止了从西班牙进口黄瓜，另有不少国家撤销了对西班牙黄瓜的订单。西班牙蔬果种植业遭受了无可弥补且不公正的伤害，仅由于德国取消进口，西班牙每周损失就达 2 亿欧元（约合 19 亿元人民币），食品出口受到重创，进而影响经济发展。此外，食品安全问题会引发"蝴蝶效应"，即消费者不仅对问题食品产生抵触情绪，还会波及整个食品链，食品安全的这种信任危机会导致社会的不稳定因素增多。

第九章
CHAPTER 9
健康食品市场失灵与管理政策

第一节　健康食品市场失灵的含义及其原因

一、市场失灵的含义及原因

（一）市场失灵的含义

1. 市场失灵的起因

1776 年，亚当·斯密在《国富论》里阐述了"看不见的手"理论，此后有多位经济学者从不同层面丰富其内容，证明"市场自动调节经济"的绝对正确性和真理性。他们认为，在价格机制的自动调节下，市场能够实现资源的最优配置，全社会的利益和福利会自动增加。这就是市场机制，也就是所谓"看不见的手"。

但是，完全依靠市场机制这只"看不见的手"自动调节经济达到均衡发展的理论，在资本主义经济实践中受到了一次次经济危机的严重挑战。1929 年资本主义国家爆发的经济大危机，宣告古典经济学自由放任经济政策的失败。接着"市场失灵"这一经济学术语在西方经济学界被广泛使用。

2. 市场失灵的含义

市场失灵最早在经济学中的表述为：一种活动如果使别人得到附带的利益而受益者不必做出相应的报酬或使别人受到附带的损害而造成损害者不给予相应的补偿。对造成这种副作用的利益创始者，市场并未给予报酬，同时对造成损失的创始者市场也不给予惩罚，这种生产要素或行为的成本和收益在市场价格中得不到反映的现象，叫做"市场失灵"①。包括五方面的内容：不完全竞争、信息失灵、负的外部性、公共产品和协调失败①。

（二）市场失灵的原因分析

"市场失灵"的五个具体内容按诱发成因可以归结为两大类：市场边际缺乏带来的"市场失灵"和市场自身缺陷带来的"市场失灵"②。

1. 市场边际缺乏带来的"市场失灵"

---

① 王宇．西方学者关于"市场失灵"与"政府失灵"的论述［J］．经济学动态，1993（6）：53-56.

② 蔡景庆．"两只手"调节经济的深入辨析与"第三只手"的必然介入［J］．天津师范大学学报（社会科学版），2019（3）：62-72.

所谓市场边际缺乏带来的"市场失灵"，是指市场本身除市场机制外，在范围和范畴上，并无其他边际限制和约束，市场依靠其强大外张力使资源不能实现最优配置，对他人和环境带来扭曲甚至伤害的行为。主要包括信息不对称和外部负效应两个方面，具体包括"信息不对称"中虚假信息传播给经济带来的不利影响；"外部负效应"中污染物的大量排放导致生态环境被严重破坏等。"利益驱动"和"价值规律"是市场机制的基本准则，除此之外，市场运行本身再没有其他边际与边界；"利益个体"扛着市场机制和等价交换的大旗，可以渗入到经济社会的每个角落、浸入每个层面，甚至可以不顾对资源环境和"非己"的人与社会造成伤害。这样的市场行为一次次践踏着生态环境的红线和社会道德良知的底线，是市场机制外张力带来的"市场失灵"。

2. 市场自身缺陷带来的"市场失灵"

所谓市场自身缺陷带来的"市场失灵"，是指市场依照市场机制运行，因其自身内化层面的缺陷，必然出现资源不能最优配置，从而产生经济扭曲甚至伤害行为。主要包括不能提供公共产品、垄断、分配不均和经济波动四个方面。人们不可能指望市场依靠自身力量提供公共产品尤其是全面优质的公共产品；它会形成垄断；产生贫富差距、收入差距、地区差距、行业差距等分配不均；带来经济大幅波动甚至经济危机等。

（三）解决市场失灵的探索

从 1825 年英国首次爆发国家层面的经济危机开始，此后陆续爆发了多次世界性经济危机，给资本主义经济带来了沉重的打击。对此，凯恩斯认为"有效需求不足"是引发经济危机的主要缘由，提出需要政府这只"看得见的手"主动调节经济，主张国家采用扩张性的经济政策，如扩大政府开支、实行赤字财政等，通过增加需求促进经济增长。凯恩斯主义的出现是资本主义国家管理宏观经济方式的一个转折点，即由自由放任主义转变为国家干预经济。

市场机制这只"看不见的手"在经济社会运行中表现出了高效率，但其存在的严重缺陷也需要政府作为社会公平正义和经济稳定发展的最大倡导者和主导者介入经济进行弥补。因此，依靠市场"看不见的手"和政府"看得见的手"作为理论基础来配置和调控经济资源，成为 20 世纪 30 年代后很多国家认同的经济管理理论。政府"看得见的手"对经济的干预与调节，可以分为基本作为型经济调节和主动作为型经济调节两大类。

1. 基本作为型经济调节

基本作为型经济调节是指政府干预和调节经济的主要任务是解决市场外张力产生"市场失灵"的边际问题和市场内生力产生"市场失灵"的规矩问题（图 9-1）。基本作为型经济调节主要采取经济法制手段对经济进行调节，经济法制的实施以法律手段为主，但其中又有一定的行政力量介入。任何坚持经济社会基本公平的市场经济国家（或地区），都会实施至少是部分实施基本作为型经济调节。

2. 主动作为型经济调节

主动作为型政府对经济调节也称为"经济经治"，具体的任务有两个（图 9-2）：一个是政府主动维护基本经济公平和基本民生保障，另一个是政府主动缓解经济大幅波动所引发的失业、通货膨胀和经济紊乱等问题。基于这两个任务，政府将用财政政策和

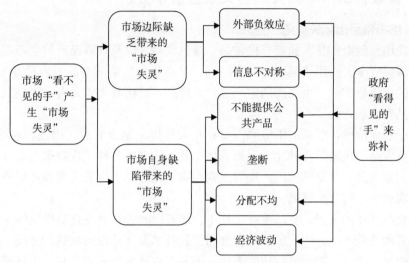

图 9-1　政府"看得见的手"对市场失灵的弥补①

货币政策等手段，维护基本经济公平和民生保障。具体措施可分为两个层面：其一，政府主动采取经济手段解决基本民生保障、提供基本公共产品与服务、减少贫富差距过度等基本经济公平问题。其二，政府以总供给和总需求的均衡为出发点，以防止经济大幅波动特别是防控经济危机为主要目标，采用财政政策和货币政策，设立通货膨胀率、失业率和经济发展速度等指标调控宏观经济的行为。

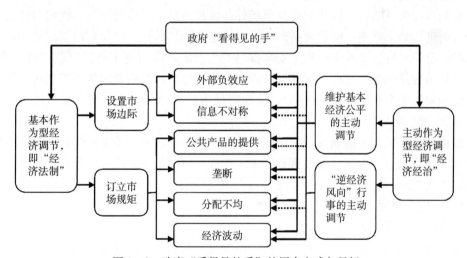

图 9-2　政府"看得见的手"的用力方式与目标

备注：图中实线代表财政政策和货币政策"逆经济风向"行事的主要用力方向与目标，虚线代表朝这一方向与目标用力，应同时解决的相应问题

①　蔡景庆．"两只手"调节经济的深入辨析与"第三只手"的必然介入［J］．天津师范大学学报（社会科学版），2019（3）：62-72.

二、健康食品市场失灵的含义及经济学分析

（一）健康食品市场失灵的产生

本文使用"健康食品"涵盖有机食品、绿色食品，以及日常提到的生态农产品，强调食品的质量安全。使用"健康食品"一词，是将受到污染的食品（农产品）、使用对人体有害的化学添加剂、生物药剂生产的食品排除，特指对人体无害，能提供能量和营养的农产品和合成食品。

在原始农业阶段，食品的供应和消费在很大程度上是重叠的，因此，在这个阶段，基本上没有农药、化肥等各种化学污染和加工及运输中的各种工程技术污染。随着社会的发展，大量农药、化肥的施用，连同工业污染一起加剧了生态失衡和环境恶化，继而又造成对农业生产的二次污染。

随着食品产业的发展，食品生产、加工、流通以及餐饮业在食品供应体系中扮演着越来越重要的角色。一方面，虽然各种食品工程技术及其使用的配剂、介质、添加剂等满足了企业延长产品货架期或营销的需要，但各个主体在技术安全和卫生管理上的任何疏漏都会构成对最终食品消费的威胁。另一方面，工业化农业造成的环境污染及各种残留、生物工程技术（如转基因）以及生产工程技术（如辐照、膨化）使得一些既存或潜在的有害物质或因素通过食品侵入人体后可能积累或潜伏相当长的时间，甚至传至后代才表现出临床症状或产生不易察觉的影响，这些都加剧了食品市场的外部性和信息不对称性，导致健康食品市场失灵[①]。

（二）健康食品市场失灵的含义

根据市场失灵的含义以及对食品市场外部性和信息不对称的分析，我们对健康食品市场失灵进行如下界定：由于食品产业链主体之间的外部性，以及食品供应者与消费者之间的信息不对称，导致生产质量安全食品的生产者难以通过市场机制获得成本弥补，而生产伪劣食品的生产者也很难被及时识别并得到惩罚，消费者因为不能通过市场价格有效识别质量安全食品（健康食品），从而降低为健康食品多支付的意愿，形成低质低价食品驱逐健康食品的现象。

健康食品市场失灵造成食品市场秩序的混乱和消费者安全消费的恐慌，使人民群众身体健康受到威胁，尤其这种损害具有不可逆性，更可能导致潜在的死亡和疾病总数的增加，也对生态环境、人类可持续发展带来消极影响。

（三）健康食品市场失灵经济学分析

1. 健康食品的信息不对称性

尼尔逊、达比和卡尼等学者所进行的搜寻品、经验品和信任品之间的划分为正确认识供给者和需求者之间如何传递有关食品质量的信息、市场如何确定食品的质量水平提供了极大的方便[②]。搜寻品特征，指形状、大小、色泽、新鲜度等外观特征，消费者一般能通过自己的感官判断其优劣。经验品特征，指消费者只有在购买消费之后才能知道

---

① 周应恒，霍丽玥. 食品质量安全问题的经济学思考 [J]. 南京农业大学学报，2003 (3)：91-95.
② 王秀清，孙云峰. 我国食品市场上的质量信号问题 [J]. 中国农村经济，2002 (5)：27-32.

的质量信息，如风味、口感、纤维含量等，直接影响消费者的再购行为。信任品特征，是消费者即使在消费之后也很难知道其好坏的质量信息，如营养成分、农药残留、重金属污染、微生物污染等，此类信息的事前和事后探测成本都很高，消费者甚至无法承担[1][2]。

食品的信息兼具上述三种特征。作为搜寻品和经验品，销售者积极地改善其属性，迎合消费者需求；消费者购买过程中通过对食品的外观或者购买后的消费经验辨别食品。但是消费者与食品生产经营者之间存在严重的信息不对称，即使是销售者与生产者之间，也存在信息不对称。首先，消费者和经营者往往不了解食品生产过程中的情况；其次，食品的营养成分和污染残留等属性看不见、摸不着，消费者无法鉴别，但是这些不安全因素对消费者身体会产生慢性危害[3]。

（1）对于食品供应者而言，市场上的正规厂商和不正规厂商完全了解自己出售的食品质量，这两类厂商在决策所采取的行动时都没有将外部利益（或危害）考虑到边际成本中去的动机，双方均依然保持确定的供给曲线。

（2）对于食品购买者来说，食品种类繁多，品质差异性极大，存在信息不对称性。另一方面，消费者搜寻食品质量和价格的信息成本过高，购买者也难以搜集到足够的信息进行分辨。信息不对称一方面会造成生产者、经营者的"道德风险"行为；另一方面会导致消费者的"逆向选择"行为[4]。生产健康食品时如果提高食品安全性的成本不能在销售时得到消费者认可支付弥补成本，就会降低生产者提高食品质量安全的积极性。消费者支付高价也不能保证获得健康食品，消费者的支付意愿也同样降低，造成健康食品市场的萎缩。

2. 食品市场的外部性

食品市场的外部性是指市场上提供食品的生产者无论是正规厂商还是不正规厂商，都不能通过市场机制使正规厂商因为产生外部利益而得到补偿，也不会因为不正规厂商产生外部危害而付出代价[5]。

（1）正规厂商对不正规厂商产生正的外部性。正规的厂商生产并出售合乎标准的食品，优质产品在消费者心目中留下了良好的印象，当消费者不能准确分辨优质产品和伪劣产品时，就可能凭借着正规厂商留给他们的印象而实际结果是购买了不正规厂商生产的伪劣产品，结果给不正规厂商带来了收益。

（2）不正规厂商对于正规厂商产生负的外部性。不正规厂商生产的伪劣产品不仅影响了消费者的正常食用，而且还给消费者带来了不安全的食品购买心理，同样这种感觉可以被传递给更多的其他消费者。消费者凭借着伪劣产品在其心目中留下的恶劣印象就会对市场上的产品产生怀疑，也就影响了正规厂商优质产品的销售。

① 尹志洁，钱永忠. 农产品质量安全信息不对称问题研究评述 [J]. 农业质量标准，2008（1）：44-47.

② 宁璟，牛刚. 中国肉鸡产品跨国供应链质量信息披露的博弈分析 [J]. 调研世界，2009（5）：43-45.

③ 樊孝凤. 我国生鲜蔬菜质量安全治理的逆向选择研究——基于产品质量声誉理论的分析 [D]. 武汉：华中农业大学，2007.

④ 妥艳贞. 不对称信息经济学理论观点述评 [J]. 兰州学刊，2004（1）：88-90.

⑤ 谢敏，从市场失灵角度对食品安全问题的分析 [J]. 消费经济，2007（6）：72-75.

3. 健康食品的公共品属性

就健康食品来说，市场参与者所需要的信息本身就是公共物品：一个消费者对信息的享用不影响其他消费者享用，也不能加以限制。对于食品市场的监督和管理本身也是公共物品。食品质量安全整体水平的提高，对于所有消费者都有益处，同时，一个消费者即便不为食品质量安全水平的提高支付任何费用，他也能从整体质量安全环境的改善中享受这种益处。所以食品质量安全（健康食品）是一种公共物品。

由以上分析可得，食品质量安全产生的经济学原因是其具有信息不对称性、外部性和公共物品属性的特征，因此，健康食品的有效供给存在着市场失灵。需要政府提供有效的治理对策，降低健康食品信息不对称性，减少其外部性。

三、健康食品市场失灵的案例

案例1 "香河毒韭菜"事件①

香河县隶属于河北省廊坊市，在2004年，韭菜是当地经济的三大支柱产业之一，其中韭菜主要产自五百户镇。五百户镇的韭菜种植面积在3万亩②以上，北京市场中1/3~1/2的韭菜均来自香河。

当地韭菜种植户间有一个公开的秘密：都采用3911（甲拌磷乳油，属国家明令禁止在蔬菜上使用的剧毒农药）灌根，使韭菜看起来外观品质好，收购价格高。而种植韭菜的生产者往往通过收购商来收购、销售农产品，这就造成了生产者与收购商之间的信息不对称问题。

收购商并不关心农产品是否是健康产品，仅仅通过外观对农产品品质性状进行判断。2004年"香河毒韭菜"事件中，收购商就是挑选外观品质好的韭菜。实际调查中，农户种植的无农药的韭菜，由于外观叶小、色黄，在卖给收购商时，价格降低将近一半。收购商与消费者之间同样存在信息不对称。

如果种植韭菜不用3911而用乐斯本（国家允许使用的低毒、低残留农药）灌根，除去药钱、化肥钱，农户种植还可能要赔钱。对于农民而言，种韭菜就是他们全部的收入来源，如果韭菜赔了，也许就意味着收入全没了。

"香河毒韭菜"事件中，不使用剧毒农药的种植户，在事件没有曝光前，种植的韭菜因受到病虫害的影响，长势不好、外观不好，得不到好价格；事件曝光后，由于消费者无法辨别，同样被消费者放弃。

案例2 "双汇瘦肉精"事件

"瘦肉精"大剂量用在饲料中可以提高瘦肉率，但相关科学研究表明"瘦肉精"具有较强的毒性，食用含有"瘦肉精"的猪肉对人体有害。2002年开始我国将"瘦肉精"纳入全国饲料质量安全监测，并以饲料生产经营企业和养殖场（户）为重点，连续9年

---

① 香河毒韭菜大肆进京．中国质量万里行．http://www.enorth.com.cn2004-04-2913：19.

② 亩为非法定计量单位，1亩等于1/15公顷。

组织开展专项整治行动，严厉打击使用"瘦肉精"违法行为①。

2011年3月15日，央视曝光双汇下属企业——河南济源双汇食品有限公司用于生产火腿肠的猪肉违规使用国家明令禁止药物"瘦肉精"。此事件引起了社会各界的极大关注，不仅双汇的品牌与信誉受到了消费者的质疑，对于国内肉类加工行业也是一场重大危机。

究其原因，在养殖行业也存在严重的外部性，对于肉类加工企业和消费者之间也存在多环节的信息不对称。对于双汇集团，企业收购生猪是采取"公司＋农户"模式，虽然双汇集团严格规定了猪肉生产加工流程，但企业并没有进行严格遵守与实施②。另外，根除"瘦肉精"最大的难题在于：一方面是中国生猪养殖分散、规模不大，不论是政府监管还是企业检验成本都很高；另一方面，市场上流通的"瘦肉精"二代产品多达五六种，检验成本极高。

经过此次事件，双汇集团吸取教训，转变了生猪生产加工模式。首先是生猪养殖。从以往单一直接向农户采购生猪，转变为"公司＋合作社＋农户"的合作模式。其次，双汇集团的检验人员对生产加工的各个环节进行严格的质量检验和把关，生产过程中对生猪实行在线头头检验，确保食品安全。与此同时，双汇通过第三方监督审核和检测检验，对双汇集团的产品质量、食品安全和内控体系进行企业外部专业化的监督。

第二节　国际健康食品管理制度

目前，主要发达国家尚没有一部专门的规范食品质量安全的法律或法规，而是通过制定多部法律、法规和规章来对食品生产的不同方面、不同环节进行管理。这些立法大致可以分为两种情形：一种是在一些综合性法律中直接或间接地涉及对农产品质量安全的调整；另一种是在单一性法律中专门就农产品（或农业投入品）的某一种类或某一环节的质量安全问题做出规定。食品安全主要是指在食品生产和消费过程中没有达到危害一定剂量的有毒、有害物质或因素的加入，从而保证人体按正常剂量和以正确方式摄入这样的食品时不会受到急性或慢性的危害，这种危害包括对摄入者本身及其后代的不良影响③。本书借鉴国际健康食品管理制度和政策，目的是保障食品安全的管理。

一、美国健康食品管理制度

美国的食品安全监管模式在世界范围内被公认为灵活、高效的模式之一，该国也是世界上食品安全水平较高的国家，有许多值得我国借鉴的地方。

---

① 扬帆. 双汇"瘦肉精"事件的教训和反思 [J]. 畜禽业，2011（5）：4-6.

② 钭露露，王缘. 肉类加工企业的安全风险防控研究：以双汇"瘦肉精"事件为例 [J]. 现代商贸工业，2019，40（19）：106-108.

③ 林晓平. 食品安全的定义及保障措施 [J]. 中国食品药品监管，2010（9）：65.

（一）完善的食品安全法律法规体系

美国食品安全的立法，开始于 1890 年制定的《联邦肉类检验法》，后来 1938 年又出台了《联邦食品、药品和化妆品法》，规定了伪劣品的标准。1958 年美国对《联邦食品、药品和化妆品法》做了修订，规定生产商使用食品添加剂必须保证对人体无害，同时要求所有注册在食用农作物上使用的农药都必须取得环境保护署认定，并对使用限量进行规定①。

2011 年，美国通过了《食品安全现代化法》（Food Safety Modernization Act，简称 FSMA），2013 年，美国政府启动对食品安全法律法规的首次"大修"，详细规定了企业如何履行主体责任，强化进口食品的境外检查监管，并注重政府部门间的协调合作和监管能力建设，目标是建立能够预防食品安全事故的法律法规体系。通过不断制定和完善食品药品安全监管法律法规，美国形成了比较完善的食品安全法律体系。

（二）从上到下集中统一管理的食品药品监管体系

美国食品药品安全监管体系中，最重要和权限最广泛的管理部门是美国食品和药物管理局（FDA）。2011 年《食品安全现代化法》（FSMA）进一步增强和扩展了 FDA 在全国食品安全方面的集权性、统一性、主导性和执法监管权，典型体现了美国食品药品监管集中统一的特点。

在集中统一监管方面，尤其值得借鉴的是美国食品药品标准和检测的科学统一和集中管理。具体做法是：在 FDA 领导和协调下，制定统一的全国标准，贯彻实施全国统一的食品药品科学标准和检测流程，对食品药品安全进行科学化的监督、检测和管理。这种统一管理体制，不仅可以科学准确地监管食品药品生产和销售，还可以排除地方保护主义的干扰。

（三）美国食品安全监管部门职能明确，监管环节相互衔接

在授予美国食品和药物管理局主导地位的同时，《食品安全现代化法》也明确要求 FDA 必须与其他相关部门大力合作、协调和整合。农业部（USDA）、全国疾病防控中心（CDC）、环境保护署（EPA）和国土安全部（DHS）也对食品安全负有责任。美国各州和地方政府中的卫生与农业部门主要负责监管各地餐馆和杂货店的食品安全，监测和应对食源性疾病疫情。各州和地方的卫生检疫与农业部门是具体执法者，对有害食物样本进行常规检测，并采取具体执法行动。各主体的食品安全监管职能是相对明确的，一个部门只负责一个或几个产品的全部监管工作，并对该食品安全工作实现一体化管理。

（四）食品质量安全立法和管理过程公开透明，公众广泛参与

美国政府十分重视食品安全制度建设以及食品安全管理的透明度和公开性。美国积极发动公众参与，包括消费者和消费者协会、非营利性社会组织、食品生产企业等都参与②。公众参与就需要政府的相关检查和法规透明，公众可以随时方便地了解食品安全

---

① 于杨曜．比较与借鉴：美国食品安全监管模式特点以及新发展［J］．华东理工大学学报（社会科学版），2012，27（1）：73-81.
② 崔子龙．美国食品质量安全监管的经验及启示［J］．世界农业，2013（6）：21-24，166.

的信息。信息的公开最终也使得美国对于食品安全的监管更加有效。另外，信息公开在暴发食源性疾病时可以有效减少消费者恐慌，降低社会事件的发生强度，实现了保护国民健康的目标。

二、德国健康食品管理制度、政策

德国是世界公认的食品安全监管最好的国家之一，食品领域的"德国制造"是高质量的象征，这得益于德国高效的食品安全保障体系。德国的食品安全保障体系可以归纳为三层网络管理、八个保障体系和个项保障原则。

（一）三层网络管理

德国将食品生产者、加工企业、销售商、检验机构、消费者保护机构等联合起来，形成了政府、企业、研究机构和公众共同参与的食品安全保障网络。对该网络中的主体按照生产层面、联邦层面和欧盟层面进行分类，不同层面的主体在整个食品安全监管中承担不同的义务和职责。食品检测机构通过抽样定期检测食品生产者的产品质量及其自身管理情况。联邦层面负责制定有关食品安全的法规，并采取不同的风险管理措施。欧盟层面负责及时通报欧洲的食品安全风险，为德国制定风险管理措施提供依据。

（二）八个保障体系

1. 食品安全法律体系

德国针对食品安全的立法可以追溯到 1879 年的《食品法》，后不断完善和修订，形成了德国完备的食品安全法律制度。这些法律法规涵盖了食品生产从原材料采购、生产加工、运输、储藏和销售所有环节。在执法上，各州及地区（市、县）自然环境、农业和消费者保护局或相应机构是食品安全法律执行情况的监督主体。一旦发生问题，警方立即介入调查和执法。

德国食品安全法律制度的显著特点是立法、执法、监督和研究机构权限分立、职能分开。食品安全法律由联邦议会和国会通过并颁布实施，各州是食品安全法律执行情况的监督主体，食品安全问题的评估和监督工作，则主要由联邦消费者保护和食品安全局负责[1]。为了保证国家制定的食品法得到实施，德国设立了覆盖全国的食品检查机构，联邦政府、每个州和各地方政府都设有负责检查食品质量的监管部门。

德国在制定食品安全的有关法律、法规时，紧紧围绕着三个目标[2]：首先是保护消费者健康，仅允许生产和提供安全的食品；其次要保护消费者不受欺骗，严防欺诈行为；最后是维护消费者的知情权，必须向消费者提供实事求是的信息。

2. 技术标准体系

德国食品安全标准体系由欧盟标准、德国国家标准、各州食品标准以及行业协会标准构成。欧盟标准是各成员国遵守的基本标准；德国国家标准是德国在欧盟标准基础上根据本国特点和要求建立的标准；每个州则根据欧盟和德国标准制定便于执行的规定和

---

① 丁声俊 . 德国食品安全保障和食品风险防范措施 [J] . 中国食物与营养，2011，17（5）：9-12.

② 童建军 . 德国食品安全监管的经验与启示 [J] . 世界农业，2013（9）：136-139.

操作标准。德国的行业协会则根据本行业特点制定相关的质量控制要求和规定。这四类标准构成了德国的食品安全标准体系。

3. 监督管理体系

德国食品监督管理体系由食品监督立法、食品风险评估和食品监督执法三个层级构成。德国联邦食品、农业及消费者保护部是德国食品安全最高主管部门，主要负责立法和出台政策，下设联邦消费者保护与食品安全局和联邦风险评估研究所，独立负责食品安全风险评估，然后提交风险管理部门，风险管理部门依照风险评估结果进行风险管理，负责食品安全事故的应急处理等。

在德国，监督管理采取政府督查与企业自律相结合的方式，所有企业无论规模大小和行业差异均须进行食品安全自我监制，另外德国还鼓励消费者保护协会等组织和消费者主动参与食品安全监督。分级负责的思想决定了食品质量安全的责任和决定权必须落在能够解决问题的最小社会团体，这种分级负责的原则也被认为是德国食品安全监管体系突出的特点。

4. 质量监测体系

德国食品安全监测是通过政府引导、民间组织的技术支持、生产企业的自律来实现的。官方和非官方的多层次检验检测机构和体系大体上分为三个层次：第一层次为企业自我检测；第二层次是介于企业与政府之间完全独立的中介检测；第三层次是政府检验检测[①]。政府检验检测是由官方组织，不收费，而对不合格的复查则由企业承担检验费用，对小农户也采取同样的监控方法，但项目较少；企业监测环节是合作社抽样（每周2～3次）送至官方指定的实验室进行检验，同时官方也不定期地进行抽检；食品相关企业自觉加强自我检验。

5. 质量认证体系

德国在食品质量安全认证方面较早就建立了相对完善的认证体系和认证工作程序。首先是食品质量安全的研究机构和检测机构要通过资质评估，取得资质认可方可从事相关工作；其次是食品生产者必须接受标准化生产培训，得到资格认证后方可进行食品生产；再次是所有涉及食品加工的企业都推行 HACCP、ISO 等质量管理体系的认证；最后是对有机农产品进行有机认证。

6. 质量追溯体系

欧盟要求对食品、饲料制造相关的物品在生产、加工、流通的各个阶段强制实行溯源制度。在德国，无论是国产还是进口食品，在包装标签上都须注明商标、食品成分和有效期，还有有关商检机构质量认可的显著标志。监管人员或消费者可以在商店通过手机或电脑查询追溯码包含的信息，能明明白白地知道手中的食品是哪个地方哪个企业生产的。一旦出了问题，就可以迅速追查责任。

7. 风险评估和风险管理体系

联邦风险评估研究所负责本领域内风险评估相关工作，完成对食品的生物和化学物质安全性的健康评估，并以风险评估结果为基础提出降低风险的管理措施，为联邦政府

---

① 孔英戈. 德国食品安全监管体系概况 [J]. 中国质量技术监督，2019 (6)：76-79.

部门和其他风险管理机构提供建议。

联邦消费者保护与食品安全局通过发现风险、评估风险、制定和实施风险管理措施实现风险管理。发现风险是通过联邦风险评估研究所将风险信息输入联邦消费者保护与食品安全局的快速预警系统来实现；评估风险是由联邦消费者保护与食品安全局或其他联邦机构评估风险对人和动物健康或环境的影响；根据评估结果，联邦消费者保护与食品安全局制定风险管理措施并组织实施。

8. 职业教育体系

德国的食品安全与其教育体制有很大关系。在德国，国民素质整体水平较高，社会诚信的氛围浓厚，这也是食品质量安全的基本保证。德国的职业教育是采用国家立法、校企合作、企业为主的办学制度，强调技能和实践能力的培养。德国对职业农民要求很严，农业就业者在正式上岗之前必须经过 3 年的正规职业教育，上岗后还必须经过 5 年的生产实践，并参加行业协会组织的职业技能鉴定。完善的国民素质教育和职业教育对食品的质量安全起到了积极作用。

（三）七个保障原则

德国在食品安全保障的网络管理中设置了七个保障原则，构成了全国食品安全保障和风险防范的基石[①]。七个保障原则是食品链原则、企业家责任原则、可追溯原则、独立科学的风险评估原则、风险评估与风险管理分离原则、预防原则和风险沟通透明化原则。

1. 食品链原则

德国对食品生产实行"从田野到餐桌"的全程监管，包括化肥、农药、饲料、运输工具、包装、标签等多个方面，所有步骤都有相应的管理条例和监控措施。

2. 企业家责任原则

在德国食品法典中，有一个针对食品生产商的"谨慎义务"，该义务认为每个食品生产商（包含种植者、养殖者和食品加工者）都必须承担起食品安全的义务和责任。在德国，只要监管部门履行了管理职责，出现食品安全事故，一律由企业承担责任并赔偿经济损失，政府监管与企业之间的责任与界限划分清楚。

3. 可追溯原则

所有食品生产、加工和销售企业有义务记录所用原料的质量、进货渠道和销售对象等信息。发生食品安全事件时，生产商和监督机构能快速查找到原因。

4. 独立、科学的风险评估原则

德国负责对食品领域进行研究和检测的机构是联邦风险评估研究所。联邦风险评估研究所的中心任务是在科学基础上鉴别和评估风险，对可能风险提出控制措施，以此为政府和公众提供咨询。目标是通过科研独立性以及评估的透明性，成为消费者信赖的健康消费保护机构[②]。

① 郭林宇. 德国的食品安全监管 [J]. 时事报告，2011（6）：70-71.

② 魏益民，郭波莉，赵林度，等. 联邦德国食品安全风险评估机构与运行机制 [J]. 中国食物与营养，2009（7）：7-9.

5. 风险评估与风险管理分离的原则

德国和欧盟法律要求风险评估和风险管理双方应有明确的分离，互不干扰。首先由联邦风险评估研究所提供评估报告，之后才是风险管理者参与。

6. 预防原则

联邦风险评估研究所的重要职能之一就是独立、公正、权威的食品安全公共实验室，其业务核心不仅涉及食品和饲料的健康评估，还包括原料、产品、加工过程等，为食品安全风险防控提供技术支持，充分发挥食品安全预警的作用，尽量将风险降到最低程度。

7. 风险沟通透明化原则

德国食品安全风险沟通的透明化是通过多个层面进行的[①]。第一个层面是科研层面，研究人员针对某种食品的风险程度进行科研成果的交流，第二层面是政治、经济和科学界对该风险评估和相应的风险管理措施进行的讨论，第三个层面是媒体必须以合适的方式向公众发布最新的风险信息。通过这些层面的讨论与沟通，能够让消费者了解真实的食品安全风险信息。

三、日本健康食品管理制度、政策

日本非常重视食品安全，其食品安全监管体系较为完善[②]。

（一）以核心法律为基础，制定配套法规对食品安全进行全程监管

日本食品领域最重要的法律是1947年制定的《食品卫生法》[③]，该法主要从卫生角度对食品生产过程进行监管，以确保食品安全。为了实现全程监管，日本2003年3月通过了《食品安全基本法》。《食品卫生法》和《食品安全基本法》成为日本食品安全监管制度的核心法律。以这两部法律为基础，日本出台了系列配套法规对不同农产品生产安全进行了详细规定。主要包括：

1. 配套法规

（1）通过农业立法，规范农药、化肥等农业生产资料的使用，对转基因农产品和食品的质量检验及其标识方法分别进行明确规定。

（2）通过畜牧业立法，规定日本厚生劳动大臣与农林水产大臣的质量监管职责；并确定牛肉及其制品的全过程追溯制度。

（3）通过食品标识方面的立法，不仅规定了农产品、食品的具体标识要求、标识的识别、更新和溯源等方面的操作细则，还对食品健康方面的广告和宣传进行了全面规范[④]。

2. 日本食品安全法律法规的特点

（1）食品安全立法的宗旨和目标是有效保障国民健康；

---

① 梁珊珊. 德国食品安全保障体系研究 [J]. 世界农业，2012（11）：91-93.

② 贺彩虹，卢萱. 日本食品安全监管体系及其对我国的启示 [J]. 中国管理信息化，2021，24（5）：195-199.

③ 彭华，王爱梅. 美国、欧盟、日本食品安全监管体系的特点及对中国的启示 [J]. 粮食科技与经济，2018，43（8）：44-48.

④ 董晓文. 日本食品安全监管法律制度的新发展及其启示 [J]. 世界农业，2017（4）：120-125.

（2）通过设立食品安全委员会，保障食品安全监管的无缝衔接；

（3）设置严厉的食品安全惩罚措施，确保食品安全责任与危害性相匹配[①]；

（4）法规全面，法律法规与安全标准相辅相成，科学分工。

（二）多个监管主体，监管体制完备

日本的食品安全监管主体包括中央政府、地方政府、行业协会、食品生产经营者和消费者多个层级，不同层级的监管主体具有不同的监管职责。中央政府的食品安全机构包括农林水产省、厚生劳动省、食品安全委员会以及消费者厅。

1. 多主体监管，职责分明

（1）农林水产省的职责。农林水产省下设消费安全局，负责生鲜农产品生产和初加工阶段的安全监管和农产品的质量安全，包括制定农产品的产品标准及生产阶段的风险规制。

（2）厚生劳动省的职责。厚生劳动省下设食品安全部，主要负责制定残留农药标准、食品添加剂安全标准、食品在加工和流通环节的安全标准，并进行检查和监督，同时负责进口食品的监管。

（3）食品安全委员会的职责。食品安全委员会的职责是根据相关政策进行风险评估、风险管理和监督，同时在政府监管机构、生产经营者和消费者之间开展风险信息的沟通。

（4）消费者厅的职责。消费者厅的职责一方面是维护消费者权益，另一方面则是站在消费者的立场对食品安全进行监管。

除了以上部门对食品安全的监管，地方政府的职责是根据国家的食品安全标准和相关监管规定，对辖区内的食品安全进行监管。日本的食品生产经营企业实行自我规制，在生产加工过程中全面公开安全生产状况，并在发现食品安全隐患之后，主动、及时召回相关食品。

2. 完备的食品安全监管机制

日本的食品安全监管机制包括食品安全多主体协同监管机制、食品安全可追溯机制、食品安全风险交流防控机制，这些机制相互作用，在日本食品安全监管过程中发挥了卓越效能。

（1）多主体协同监管食品安全机制。日本的规制权利主要集中在农林水产省和厚生劳动省两个部门。这两个部门共同负责食品安全的标准制定及日常监管；食品安全委员会是独立机构，负责食品安全风险评估；行业协会通过向政府规制部门提出建议，促进食品安全管理方式和管理手段的变革，以规范食品市场；食品生产加工企业则实行自我规制；消费者则通过多种诉求渠道，表达自己的意见。

（2）全程可追溯监管食品安全机制。日本建立了食品安全全程可追溯质量保证体系，食品从原材料开始进行编码，相关编码伴随食品生产、加工、流通以及仓储至销售的所有环节。如果食品安全出现问题，通过相关编码就能在食品安全追溯系统中对各个

---

① 武丽君. 日本《食品安全基本法》的立法创新与立法价值及其启示［J］. 食品与机械，2019，35（4）：64-67.

环节进行排查，从而追溯到出现问题的源头。

（3）安全风险防控机制。日本食品安全风险防控机制包括食品安全风险评估、风险管理，再到风险交流三重机制。食品安全风险管理是一个动态过程，从风险源头入手，强化食品企业的信息公开、信息披露和信息共享，避免因食品安全信息不对称而引起规制失灵[①]。食品安全风险交流注重企业、媒体、专家和消费者等多主体的双向互动交流，既包括对食品生产企业食品安全的教育，也包括提升公众食品安全风险素养。此外，还要提高媒体对食品安全风险把控的专业度。

3. 全民参与监管的制度设计

（1）食品安全教育理念。为了更好地保障食品安全，法律条文里就专门规定有食品安全教育培训制度。在《食品安全基本法》里就要求各级政府要将食品安全教育法制化，对食品生产和消费相关主体进行培训。

（2）营造良好的公众参与食品安全氛围。日本首先从法律上制定了全民食品安全意识培训制度，无论是涉及食品生产的人还是消费者，食品安全意识都较强，都深刻明白食品安全的重要性，政府为了公众能够参与到食品安全监管中，也全方位提供便利条件，让食品生产信息透明，便于公众监督。

（三）食品安全问题的处理与追责制度

1. 设立严格的责任追究制度

日本对食品安全事故生产企业的处理十分严厉，对于出现食品安全问题的生产企业，将受到致命打击。因食品安全事件曝光而倒闭的日本企业很多，相关责任人员也将受到严厉惩处。与此同时，政府监管人员同样会受到严格的责任追究和极其严厉的处罚。因此，各监管部门之间必须协同合作。

2. 问题食品的召回制度

日本通过法律规定了问题食品的召回制度。食品召回分为强制召回和自愿召回两种模式。强制召回主体是食品安全委员会，对于进口食品由厚生劳动省配合，这种召回属于国家行政权力。自愿召回主体是问题食品的生产企业，食品生产企业要严格自律，如发现问题食品应主动及时召回。当监管当局发现食品安全存在相关风险，就会在评估和核查之后，第一时间对相关产品进行召回并销毁，将风险和危害降到最低程度。

四、国际健康食品管理的经验与启示

（一）规范和完善食品安全法律法规体系

根据发达国家食品安全的管理经验，各国均有一部全国性的最高法律统管。美国根据实践需要不断修正《食品安全现代化法》，通过法律强化了联邦政府的相关权力，并充实了美国联邦食品和药物管理局（FDA）的执法、监督和管制权限。日本食品领域最重要的法律是1947年制定的《食品卫生法》和2003年3月通过的《食品安全基本法》。为了使法律更具有操作性，日本又以这两部法律为基础出台了相关的配套法规。德国食品安全法律体系由《食品法》《食品和日用品管理法》《HACCP方案》和《指导

① 李向安．论美国食品安全监管体系对我国的经验借鉴［J］．商品与质量．2010，7：23-24.

性政策》构成，其中又以《食品和日用品管理法》为核心。近年来，经过多次修改，法律涵盖范围和执行效果愈加完善。

这些做法为我国完善和修订全国性食品安全领域最高法提供了较好的借鉴，必须有规范性和严密性的全国性食品安全监管法，让各个监管部门有法可依。同时要注重法律的可操作性，以法律为依据制定一些法规对具体操作进行细致规定，让监管部门在执法过程中便于操作。

（二）建立统一的食品质量标准

建立统一的食品质量标准，给出明确标识，一方面便于监管部门核查，另一方面便于民众识别。中国的食品质量标准存在国家标准、行业标准和企业标准的差异，对食品质量安全监管依据的标准难以确定，因而就无法监管。因此，我国有必要建立统一的食品质量安全标准。

（三）强化全流程监管和食品安全追溯体系

1. 对食品实行全流程监管

我国的食品尚未建构形成统一的全流程、全过程的监管机制，食品安全监管的特殊性和专业性，要求分别在中央政府和地方政府层面设置专业的监管机构和部门，才能取得良好监管效果。我国可以参考美国经验，在中央与地方政府各个层级上设置专门对口监管机构，将食品安全专管职权统归专门监管机构，并实行垂直化管理。

2. 对食品生产全过程实现可追溯

食品安全追溯体系对于食品质量安全具有重要意义。中国的食品安全追溯体系还处于初始阶段，涉及的产品种类也不多，没有形成完整的追溯链条，缺乏统一的标准和统一的标识体系。为此，我国应借鉴日本的成功经验，第一是从法律层面规定食品安全可追溯制度的实施路径，使得制度具有法律依据，确保食品安全可追溯系统的建设逐步推进；第二是制定全国统一的食品安全可追溯系统各类技术标准，规定不同类别食品可追溯系统的建设要求，制定不同产品生产、加工、流通和销售等环节的操作指南，从技术和操作层面为食品安全可追溯系统的建设提供指导；第三是按照强制性和自愿性相结合的原则，先易后难，分步实施，先对一些重点类别的食品进行试验示范，然后逐步推广，经过5～8年的建设，将食品安全全程可追溯制度普及化。

（四）食品安全风险管理的专业治理

1. 明确食品安全风险管理权责

世界上食品安全监管好的国家基本都实现了对食品生产的全产业链监管，每个企业在生产中承担的环节均通过相关编码将相关信息全部标注清楚，一旦食品安全出现问题，通过编码就能对各个环节进行排查，从而追溯到出现问题的源头。在德国，只要监管部门认真履行了管理职责，出现食品安全事故，一律由企业承担责任并赔偿经济损失。在日本，不仅严厉处罚出现食品安全问题的生产企业，而且政府相关监管人员也将受到严厉惩处。

2. 食品安全风险管理的信息沟通充分、透明

一方面，无论是德国还是日本，都将对国民食品安全素养的提升作为食品安全监管的重要环节，国民食品安全教育让公众不仅关注食品安全问题，也让公众具备一定的专业能力参与监督。另一方面是提高媒体的专业性。这有利于公众能及时获得专业信息，也有助于客观反映实践的全部事实。德国食品安全风险沟通中，有一个层级是媒体必须以合适的方式向公众发布最新的风险信息。在日本，食品安全风险管理有一个重要环节是食品生产企业、媒体、专家和消费者等多主体的双向互动交流，这些交流不仅提升了公众食品安全风险素养，还提高了媒体对食品安全风险把控的专业度。

案例　老坛腌菜食品安全事件

一、事件回顾

2022 年的 "3·15" 晚会上，湖南插旗菜业有限公司（以下简称插旗菜业）加工生产的老坛酸菜被曝存在食品安全问题。插旗菜业是湖南省华容县较大的蔬菜再加工企业，为多家知名企业代加工酸菜制品，也为一些方便面企业代加工老坛酸菜包。号称老坛工艺、足时发酵的酸菜，竟是在 "土坑" 里腌制的。工人光脚踩，甚至将烟蒂直接扔到酸菜上……事件曝光后，"老坛酸菜" 一词迅速登上微博热搜。"老坛酸菜" 事件被曝光后，被牵连的企业纷纷发表声明，或致歉，或否认合作。

二、老坛酸菜事件引发的连锁反应

1. 对上游市场的影响

"老坛酸菜" 事件发生后，酸菜行业遭受了灭顶之灾。华容县的 "插旗菜业" 生产线全部停工，酸菜的所有企业人员，都受到了波及。受伤的还有菜农，该县共有 20 万～30 万人从事酸菜工作，全部停摆。湖南岳阳市华容县素有 "中国芥菜之乡" 的美称，芥菜是当地的经济支柱，有多家龙头企业从事研发、生产、收购、加工、销售，带动了农民致富，年产值达 50 多亿元。过去的家庭式作坊，的确需要脚踩酸菜，原汁原味，但现在人人讲究食品安全卫生，再用过去的陋习生产，已经跟不上时代了，必须被抛弃。

2. 对下游市场的影响

公开资料显示，国内几乎所有方便面企业都曾在酸菜品类下广泛布局，带动全国 2.7 万家酸菜相关企业持续发展。以康师傅品牌为例，在其全国 14 家方便面工厂当中，"3·15" 晚会提及的仅为其中 1 家供应商的 4 家工厂，其余 10 家均未涉及。但在第一时间，不少线下商超、主要电商平台均采取了直接下架全部老坛酸菜面的 "扩大化" 处理，而大多数证照齐全、正常经营的供应商们极难在这突如其来的 "风暴" 中自辩。

值得注意的是，经过市场监管部门的现场调查走访，并比对插旗、锦瑞此前召回的产品目录，实际上并无切实证据表明 "土坑酸菜" 问题产品曾经面向康师傅、统一等方便面企业供货。但在 "土坑酸菜" 的恶劣生产环境影响下，不少网友仍然感到不太敢买。

三、"持证上架" 能否重建消费者信心

随着执法部门在全国范围内广泛排查酸菜问题产业，供应链企业开始升级安全工艺、出具专业检测报告，各地商超也顶着压力上架老坛酸菜面，被误伤的合规酸菜面也

看到了正常回归餐桌的曙光。在全国多地，如昆明、郑州、长沙、杭州等地，康师傅和统一的"老坛酸菜"方便面已陆续上架。

食品生产规范化是产品经营的重中之重，严格审视与评价是消费者的权利，自省自查是企业的义务，而产品是否清白则需交给权威官方检测。对于那些已完成"自证清白"的老坛酸菜面来说，允许它们"持证上架"。纵观酸菜产业，过去数年间仅 1.2% 的企业曾遭到行政处罚，能做到"持证上岗"的合规产品依旧是市场主流。当然，一个庞大的市场想要做到精准治理，把失去的消费信心找回来，并不是仅凭几张检测报告就能完成的。但让合规守法的"良币"驱逐罔顾食品安全的"劣币"，也离不开消费者的支持与认可。这意味着，品牌方、供应链企业以及监管机构应当积极联动，多拿出一些触及生产制度、食品品质保障的改进方案，共同担起更大的责任，通过精准治理才能让行业走向正循环，重构消费信心，让消费者再次通过一包包方便面做出正确的选择。

四、启示

记者暗访拍摄到的一段画面，点出了真问题：涉事企业的负责人说，"国内的产品即便有树叶、纤维，顶多罚一两千元，放在国外得罚十万元"——言下之意就是，国外罚得狠，不敢造假出问题；国内罚得轻，只要能压低成本，不干白不干呀。食品安全是个老话题，如何行之有效地保障亿万人民"舌尖上的安全"，事关重大，且不容易。食品生产、流通、经营、消费，涉及部门多、环节多、生产经营者多、地域跨度也大。日常监管执法如果薄弱，全流程中只要有一环掉链子，就可能出现食品安全事故。此次查处的土坑酸菜就是例子：生产环境不达标，质量监测没跟上，自查监管都缺位。

《食品安全法》是食品安全法治的基本法律，涉及多个部门和领域，够不上犯罪的，就要靠日常监管处罚。但《食品安全法》对监管部门缺乏明确法律责任界定。此外，中国食品安全是"分段监管"，机构改革后共有多个部门负责，没有统领机构、权责界定不清，存在重复监管、遗漏监管。业内人士指出，虽然国内已初步建立食品污染网络监测，但只针对县级以上，乡镇一级尚未建立，监管体系仍需下沉。而国内食品安全监测技术尚未达到国际先进水平，监测机构数量、监测能力不能完全满足监管需要，亟须提升。

说到底，保障食品安全是一项永无止境的工作，必须天天抓、时时抓，不仅需要衔接完善的立法基础，也需要权责明确的执法队伍。这是民心工程，更是治理能力的体现。

（资料来源：央广网、腾讯网、搜狐等收集整理）

（五）监管重心从危机管理转向风险防控

王浦劬等（2016）提出应该把工作重心转向以"防范食品安全事故"的风险防控为主，运用科学合理的制度和政策手段把食品安全事故发生的可能降到最低。首先，是建立食品安全信息公报制度，定期通报质量抽检结果，使公众能够拥有充足的信息。其次，还要及时发布食品安全预警信息、有毒有害物污染警报和疫情警报，提醒公众采取必要的防范措施。最后，要畅通投诉渠道，提高政府工作的透明度，使信息社会化、公众化①。

健康食品监管部门还要根据食品安全的新情况、新要求，不断调整充实完善食品安全突发事件应急处理预案，做好人力、设备、技术的储备，随时预防和应急处理重大食品污染、食物中毒及食品安全恐怖事件。重视高危食品生物性或化学性危害的危险性评估。

第三节 我国健康食品管理体系

食品安全是保障人民群众身体健康、生命安全的基础。2018 年我国新修订的《食品安全法》第一百五十条，将食品安全定义为：指食品无毒、无害，符合应当有的营养要求，对人体健康不造成任何急性、亚急性或者慢性危害。食品安全包括数量安全、质量安全和营养安全三个层次，数量安全解决的是吃饱的问题，质量安全解决的是吃得放心的问题，营养安全解决的是健康提升的问题。

一、我国早期食品安全监管机构及职能

在对食品安全的管理上，我国政府早期采取以政府多个部门实行切块分段共管的模式。这些部门按照分段监管的原则对食品进行监督管理：食品从原料到加工成成品的过程，一个环节由一个部门负责。

（一）农业部负责种养殖环节的监管

农业部主管农产品在种植养殖过程的安全，负责农田和屠宰场的监控以及相关法规的起草和实施工作，负责食用动植物产品中使用的农用化学物质（农药、兽药、鱼药、饲料及饲料添加剂、肥料）等农业投入品的审查、批准和控制工作，负责境内动植物及其产品的检验检疫工作。

（二）食品药品监督管理局的监管

食品药品监督管理局是国务院综合监督食品、保健品、化妆品安全管理和主管药品监管的直属机构，负责食品、保健品和化妆品安全管理的综合监督，组织协调和依法组织开展对重大事故的查处，负责保健品的审批。

（三）卫生部负责食品卫生政策和食品管理工作

卫生部主要职责是：负责拟定食品卫生安全标准；牵头制定有关食品卫生安全监管的法律、法规、制度，并对地方执法情况进行指导、检查、监督；负责对重大食品安全事故的查处、报告；研究建立食品卫生安全控制信息系统。

（四）国家质检总局负责出口领域内的食品加工和安全控制

国家质量监督检验检疫总局主要负责食品生产加工和出口领域内的食品安全控制工作。负责食品安全的抽查、监管，并从企业保证食品安全的必备条件抓起，采取生产许可、出厂强制检验等监管措施对食品加工业进行监管，建立与食品有关的认证认可和产

① 王浦劬，刘新胜．美国食品安全监管职权体系及其借鉴意义［J］．科学决策，2016（3）：1-9.

品标识制度。特别是出口食品加工厂的注册、出口动物和植物性食品检查、活体动物的进出口检疫、出口检验检疫证书的发放等。

（五）商务部侧重于食品流通环节的管理

商务部的主要职责是通过积极开展争创绿色市场活动，整顿和规范食品流通秩序，建立健全食品安全检测体系，监管上市销售食品和出口农产品的卫生安全质量。

（六）工商行政管理局负责市场交易秩序的规范管理和监督

工商行政管理局负责组织实施市场交易秩序的规范管理和监督，对食品生产、经营企业和个体工商户进行检查，审核其主体资格，执行卫生许可审批规定。同时，查处假冒伪劣产品和无证无照加工经营农副产品与食品等违法行为。

除上述部门外，还有一些政府机构也参与食品检验和控制，如科学技术部负责食品安全科研工作等。这样，中国就形成了按照食品链环节进行部门分工为主、品种监管为辅的监管机制。

二、我国食品安全监管机构职能分配变化

随着人民生活水平的提高，食品营养、安全性等各方面要求发生了巨大变化。针对中国食品安全监管和建设的关键问题，中国的食品安全管理也逐渐经历了由一个部门管理到分段监管，再到逐步相对集中在一个部门监管、其他部门参与的监管模式变动历程[①]。按照实现目标可以分为 3 个阶段，每个阶段都对食品安全监管机构进行了改革和创新，促使食品安全监管模式不断完善，取得了良好的监管效果。

（一）第一阶段：将进出口食品和国内食品集中在一个部门监管的目标

第一次调整实现了将进出口食品和国内食品集中在一个部门监管的目标。2001 年，组建了国家质量监督检验检疫总局（简称国家质检总局，AQSIQ），负责进出口食品的监管。形成了国内食品生产环节和进出口食品安全由国家质检总局为主、其他多部门配合的食品安全监管模式。

（二）第二阶段：集中在国家食药总局监管食品的目标

伴随着国内外食品安全事件的发生，2009 年 6 月我国制定了《食品安全法》，将食品供应链划分成不同环节，由不同部门负责食品安全管理，形成由国务院食品安全委员会宏观协调，地方政府负总责的不同部门分段监管的食品安全监管框架。2013 年国家重新调整食品安全机构和职责，组建国家食品药品监督管理总局，负责监管国内食品安全。

（三）第三阶段：实现了大市场中（市场监管总局）的食品安全监管目标

为了适应社会主义市场经济体制要求，实施大市场中的大食品监管。2018 年 3 月，根据国务院机构改革方案，组建了国家市场监督管理总局，除进出口食品监管职责划入海关总署外，其余一并划入国家市场监督管理总局。除食用农产品安全生产（种植/养殖质量监管）、食品安全风险评估、进出口食品安全监管之外，国家市场监督管理总局负责食品从生产、加工、流通到餐桌的所有食品链条的质量监管。随着发展需要，还涵

---

① 边红彪．中国食品安全监管的进程智慧和经验［J］．食品安全质量检测学，2021，12（4）：1600-1606.

盖网络食品安全监管、农贸市场监管、校园食品安全监管等方面。

三、完善我国食品安全监管的政策建议

根据食品安全监管的国际趋势，结合我国健康食品安全监管特殊性，应主要从食品安全的源头、校园食品安全、建立食品企业诚信等级积分制度等方面提出政策建议，完善我国健康食品安全监管体系[①]，为我国广大人民群众日益增长的健康需求保驾护航。

（一）加强对农产品、食品加工源头的控制

1. 制定农业生产中化学品使用的管理制度

借鉴美欧日等发达国家在食品安全源头控制方面的经验。第一是对农业生产过程中投入品的使用制定农（兽）药的使用标准、最大残留量标准；第二是借鉴其他国家只允许添加经过政府注册或批准的食品添加剂的经验，制定食品添加剂残留限量标准。采取严格的市场准入或检验制度，确保食品安全。

2. 明确监管各部门之间的责任

我国现行监管制度中，食品农（兽）药残留标准的制定部门有三个：国家卫生行政部门、农业农村行政部门、市场监管部门。农（兽）药标准的制定部门、执行部门及日常监管需要进一步厘清，明确各自的职责范围。同时要进一步探讨我国食品中农（兽）药残留限量标准制定的程序和科学性。

（二）加强校园食品安全监管

目前，我国尚无独立的校园食品安全法律，应在现有法律基础上，完善相关校园食品安全监督管理规范和标准，制定校园食品安全规范和标准；明确国家、地方、主管部门和校园主体的食品安全监管责任；加强对校园餐厅和校园食品供应企业的监督，实现校园食品的可追溯。

（三）加强对小商贩、小摊贩和餐饮街道的监管

在对待小商贩和餐饮街的监管方面，政府应划出专门的区域和场地，引摊入市，便于集中管理，也有利于食品安全监管。

（四）建立食品企业诚信等级积分制度

食品企业的自律性是保证食品安全、民众健康的关键因素。我国可以借鉴国外建立食品企业诚信等级积分制度，及时公布，让遵规守纪的诚信企业及时被公众知晓，违法企业亦然。另外，对于等级较差的企业要加强监管，加大其违法成本和诚信缺失的社会成本。

（五）建立统一的食品安全风险监测体系

当前，我国的食品安全风险监测工作仍处于分段管理的状态，农业农村部门、粮食和物资储备部门、市场监管部门分别对初级农产品、主粮、加工食品进行监测；卫生健康部门开展服务于食品安全风险评估、标准和发现食品安全隐患的监测。各部门之间执行统一的食品安全风险监测计划，其间存在着重复和交叉。需要建立一个高于现行监测部门之上的管理部门，统筹管理国家食品安全风险监测工作。

---

① 边红彪，王菁. 食品安全监管的国际趋势与经验借鉴［J］. 中国市场监管研究，2021（11）：35-38.

主要参考文献

安玉发，任燕，刘畅，等，2014. 供应链主体食品安全控制行为与政府监管研究［M］. 北京：中国农业出版社.

陈绍虎，朱玉峰，2020. 健康管理与康复［M］. 北京：中国轻工业出版社.

陈有华，2021. 食物经济学［M］. 北京：中国农业出版社.

段鸿斌，王文静，乔新荣，等，2015. 食品微生物检验技术［M］. 重庆：重庆大学出版社.

高秀兰，2015. 食品营养与卫生［M］. 重庆：重庆大学出版社.

胡浩，2012. 中国畜产经济学［M］. 北京：科学出版社.

黄洪民，2000. 现代市场营销学［M］. 青岛：青岛出版社.

贾玉娟，刘永强，孙向春，2017. 农产品质量安全［M］. 重庆：重庆大学出版社.

江汉湖，2012. 食品安全性与质量控制［M］. 北京：中国轻工业出版社.

靳国章，2015. 饮食营养与卫生［M］. 重庆：重庆大学出版社.

李保民，2014. 中原经济区食品工业发展研究［M］. 北京：社会科学出版社.

李国平，姬玉梅，2017. 粮油食品加工技术［M］. 重庆：重庆大学出版社.

梁兰兰，卞华伟，严思敏，等，2017. 运动营养与实践［M］. 成都：四川大学出版社.

刘翠格，2013. 营养与健康［M］. 2 版. 北京：化学工业出版社.

刘翠玲，吴静珠，孙晓荣，2015. 近红外光谱技术在食品品质检测方法中的研究［M］. 北京：机械工业出版社.

刘志皋，2014. 食品营养学［M］. 2 版. 北京：中国轻工业出版社.

齐艳玲，王凤梅，2014. 食品添加剂［M］. 北京：海洋出版社.

钱和，王周平，郭亚辉，2020. 食品质量控制与管理［M］. 北京：中国轻工业出版社.

钱和，等，2019. 食品安全法律法规与标准［M］. 北京：化学工业出版社.

秦卫东，2014. 食品添加剂学［M］. 北京：中国纺织出版社.

全国人民代表大会常务委员会法制工作委员会，2015. 中华人民共和国食品安全法［M］. 北京：中国法制出版社.

全国人民代表大会常务委员会行政法室，2015. 中华人民共和国食品安全法解读［M］. 北京：中国法制出版社.

全国卫生专业技术资格考试专家委员会，2012. 营养学［M］. 北京：人民卫生出版社.

石瑞，2012. 食品营养学［M］. 北京：化学工业出版社.

史清华，2001. 农户经济活动及行为研究［M］. 北京：中国农业出版社.

王熹，2015. 食品安全与质量管理［M］. 重庆：重庆大学出版社.

王志刚，韩青，王玉斌，等，2022. 食物经济学［M］. 北京：中国人民大学出版社.

吴林海，2019. 食品国际贸易［M］. 北京：中国轻工业出版社.

谢笔钧，2013. 食品化学［M］. 北京：科学出版社.

杨建军，2019. 消化与营养［M］. 银川：阳光出版社.

曾果，2017. 营养与疾病 [M]. 成都：四川大学出版社.

张玮，2018. 国际贸易 [M]. 北京：高等教育出版社.

张小莺，孙建国，2012. 功能性食品学 [M]. 北京：科学出版社.

赵黎明，2020. 食品过程工程 [M]. 北京：中国轻工业出版社.

赵英军，2009. 西方经济学 [M]. 北京：机械工程出版社.

郑火国，2012. 食品安全可追溯系统研究 [M]. 北京：中国农业科学技术出版社.

郑建仙，2019. 功能性食品学 [M]. 北京：中国轻工业出版社.

中国营养学会，2013. 营养科学词典 [M]. 北京：中国轻工业出版社.

中国营养学会，2014. 中国居民膳食营养素参考摄入量（2013 版）[M]. 北京：科学出版社.

中国营养学会，2016. 中国居民膳食指南（2016）（科普版）[M]. 北京：人民卫生出版社.

中国营养学会，2016. 中国居民膳食指南（2016）[M]. 北京：人民卫生出版社.

中粮营养研究院，2017. 食品健康产业创新发展战略研究 [M]. 北京：知识产权出版社.

周家华，2011. 食品添加剂安全使用指南 [M]. 北京：化学工业出版社.

DAVIS J R，DIKEMAN M E，2002. Practical aspects of beef carcass traceability in commercial beef processing plants using an electronic identification system [M]. Manhattan.

FENG T，2016. An agri-food supply chain traceability system for China based on RFID & blockchain technology [M]. Kunming.